震災と企業の社会性・CSR
―東日本大震災における企業活動とCSR―

矢口義教［著］

創 成 社

はしがき

　2011年3月11日，東日本大震災が発生し，宮城，岩手，福島3県の沿岸部は大きな津波被害を受けた。
　私は宮城県石巻市（大川地区）出身であり，壊滅的被害と報道で取り上げられたあの大川小学校の卒業生である。当時，北陸富山県に在職していたため，私自身は被災地域の状況もわからず，ただニュースから流れる映像を呆然と観ていた……。
　このようなことから，東日本大震災と私の専攻分野であるCSR（企業の社会的責任）との関係でどのような研究が可能であるか，そして，学問的にも実践的にも何らかの社会貢献・地域貢献ができないかと考えるようになっていた。
　地元企業の娘である家人は，「うちも，被災企業だけど，父（社長）は地元の方々に，地域に自分たちがお役に立てること，やれることを精一杯させてもらっているだけだって話すの。だからうちは社会貢献だとかCSRだとかそんな大それたことなんかやってない」と，思い込んでいる。
　被災地企業の震災時とその後における役割とは，事業そのものによって，できる限りをすることなのである。企業家・実務家はそれを意識しないで懸命に事業を遂行している。本来，事業そのものに社会性が具備されており，緊急時においても，このような経済的責任をしっかり果たすことが，企業の地域社会に対する貢献になるのである。このことを踏まえ，稚拙な内容ながら，本書が震災時の企業行動に対する考察だけでなく，CSRそのものの理解に貢献するものでありたいと思っている。

　本書の学術的な研究目的や問題意識は第1章において述べられているが，ここでは，より主観的な側面からの研究動機を述べたいと思う。まず，東日本大

震災の風化に対する懸念である。風化の防止にわずかでも貢献することで，被災地域の復興への全国的な関心を高め，より良い復興へ向かってほしいという思いである。たしかに，被災3県において津波被害を受けなかった地域は，震災の痕跡もないほどに復興していて，にぎわいを取り戻していると言って良いかもしれない。しかし，津波被害を受けた激甚災害地域では，復興が緒に就いたばかりであり，その目途さえ立っていないと言っても過言ではない。そのようななか，2013年9月には，2020年の東京オリンピック開催国としてはなばなしく決定したが，このことにより，社会の関心が被災地域から離れていくことも想定されている。

　ついで，震災が発生した際には，被災地域に対する支援活動に注目が集まり，そのような行動は，「美徳」として，経営学的にはCSRとして取り上げられ，企業の社会的役割や社会性として評価されてきた。たしかに，このような役割は極めて重要であるが，被災地域に本拠を構える被災地企業のそのような性質については，あまり知られていない。たしかに，被災地域外の大企業の制度化された，大々的なCSRに比べれば，ある意味では，被災地企業のCSRは「地味」なのかもしれない。しかし，被災地企業の震災時および震災後の取り組みは，被災地域の社会や経済にとって，欠くことのできない行為であったと考えている。それゆえに，被災地企業が果たした役割を多くの方に知って欲しいと思うだけでなく，そのような行為のケースから，次に東日本大震災のような大規模災害が発生した際に，被災地企業が「社会的」に，つまりCSRとしてどのような役割を果たせるのかを示したい。

　本書の執筆過程では，全国・地方を問わず，学会や研究会などで，多くの研究報告機会をいただくことができた。その場を通じて，多くの有益なコメントや質問をいただくこともでき，本書をより良いものにすることができた。この場を借りて感謝申し上げたい。最後に，イシイ株式会社代表取締役　石井吉雄社長，株式会社創成社　塚田尚寛代表取締役社長，同社　西田徹出版部課長に感謝申し上げたい。

本書が，経営学・社会科学の発展，震災復興や震災時行動指針の一助となることを願っている。

2014 年 3 月　　　東日本大震災から 3 年の歳月が経過しようとしている
　　　　　　　　　被災地宮城県仙台市の研究室にて

矢口義教

※本書は，日本学術振興会科学研究費補助金「東日本大震災における企業の社会的責任と被災企業の復興過程に関する研究」（若手研究 B，研究課題番号：24730332，研究代表者：矢口義教）の研究成果である。

目　次

はしがき

第1章　震災と経営学・企業の社会性 ──── 1
1. 東日本大震災と地域社会，ソーシャル・キャピタル ………… 1
2. 東日本大震災と経営学，企業の社会性 ……………………… 4
    2.1　東日本大震災についての経営学的研究　4
    2.2　企業を見る2つの視点　7
3. 本書の意義と全体構成 ……………………………………… 10
    3.1　本書の意義　10
    3.2　本書の全体構成　13

第2章　CSRの基本と新しい視点 ──── 21
1. CSRの基本の理解 …………………………………………… 21
    1.1　CSRの構成要素：キャロル＝ブックホルツのモデル　21
    1.2　各研究者・団体によるCSRの定義　25
    1.3　CSRの客体であるステークホルダー　30
2. CSRの新しい視点：CSRと経営戦略 ……………………… 36
    2.1　CSRの明示化と制度化　36
    2.2　ポーター＝クラマーによるCSR経営戦略　41
    2.3　経済的価値と社会的価値の両立に向けて　44
3. 本章のまとめ ………………………………………………… 48

第 3 章　CSR の国際的潮流 ―― 53
1．CSR をめぐる国際的な動向 ················· 53
2．EU の CSR ······················· 55
　2.1　EU における CSR の特徴と背景　55
　2.2　EU の CSR 政策　57
　2.3　CSR ヨーロッパと CSR のための欧州アライアンス　60
3．アメリカの CSR ···················· 62
　3.1　アメリカにおける CSR の背景と政策　62
　3.2　民間機関による CSR への取り組み　64
4．日本の CSR ······················ 67
　4.1　日本における CSR の背景と政策　67
　4.2　日本経済団体連合会や経済同友会などの取り組み　69
　4.3　社会的責任に関する円卓会議：
　　　政府と民間の CSR 促進パートナーシップ　71
5．本章のまとめ ····················· 73

第 4 章　先行研究のレビューおよび本書の分析枠組み ―― 77
1．先行研究のレビュー ·················· 77
　1.1　非被災地企業による被災地支援についての研究　78
　1.2　被災地企業の取り組み事例についての研究　82
　1.3　震災と CSR に関する海外の研究動向　83
　1.4　先行研究レビューから析出された研究課題と本書の意義　86
2．本書における企業分類の枠組み ············· 90
3．宮城県の被災概況について ··············· 94
4．本章のまとめ ····················· 100

第 5 章　東日本大震災と CSR：非被災地企業の支援活動 ―― 103
1．被災地支援の全体的動向 ················ 103

1.1　緊急・救援期の支援の動向：
　　　　　奥村・塚本・重信（2011）の研究に依拠して　104
　　　1.2　復旧期の支援の動向：高浦（2013）の研究に依拠して　106
　　2．被災地支援における各企業の取り組み･･････････････････････110
　　　2.1　震災直後における各社の役割　111
　　　2.2　日本の代表的企業による被災地支援の取り組み　114
　　　2.3　日本の代表的企業による被災地支援の変容　124
　　3．本章のまとめ･･127

第6章　東日本大震災とCSR：被災地企業の活動 ── 131

　　1．被災地企業（〔Ba〕および〔C〕）による震災時および
　　　　復旧期の活動･･132
　　　1.1　被災地企業の取り組み：各産業の簡略的な事例考察　132
　　　1.2　被災地企業の取り組み：簡略的事例考察のまとめ　144
　　2．被災地企業の具体的事例考察：
　　　　イシイ，高政，舞台ファーム･･････････････････････････････147
　　　2.1　卸売・流通を主とした取り組み：
　　　　　　イシイ株式会社のダブルストーン事業　147
　　　2.2　女川町における地域社会の復興
　　　　　　イニシアティブ：株式会社高政　158
　　　2.3　被災地農業の復興・強化を目指す
　　　　　　取り組み：株式会社舞台ファーム　165
　　3．本章のまとめ･･175
　　　3.1　本章の要約　175
　　　3.2　被災地企業のCSRの枠組み　177

第7章　結論：CSRの本質と実践的インプリケーション ── 183

　　1．アングロ＝サクソン型企業経営とCSRの現実問題･･･････184
　　2．東日本大震災時の企業活動から見るCSRの本質････････188

3．実践的インプリケーションと今後の研究課題……………… 193
    3.1　実践的インプリケーション　193
    3.2　今後の研究課題　196

引用文献一覧　201
索　　引　219

第1章 震災と経営学・企業の社会性

1．東日本大震災と地域社会，ソーシャル・キャピタル

　2011年3月11日の14時46分頃に発生した東日本大震災から3年の歳月が経過しようとしている。東北地方の被災地域では，テレビや新聞などのマスコミによる報道や大学の復興支援活動は現在も積極的に行われている。また，書店においても震災関連の文献が多く陳列されており，被災地域においては，東日本大震災の記憶が依然として鮮烈に強く残っているのである。東北地方の多くの大学では，各大学が単独，あるいはコンソーシアムを組む形で復興支援が行われている。さらに，実際に全国の大学が，その取り組みの大小を別にしても，震災直後から復旧・復興期の過程で何らかの協力体制がつくられ現在も継続している[1]。筆者が所属する東北学院大学の所在地宮城県においては，15の大学・短期大学・高等専門学校が「復興大学」というコンソーシアムを形成してワンストップのボランティア・サービスを提供する仕組みをつくり，復興支援に取り組んでいる（復興大学ホームページ）。

　現在，その遅れが指摘されながらも，集団移転，がれき処理，農水産業振興などの多くの分野において復興に向けた取り組みが行われている。実際に，日本経済新聞は，震災後2年半が経過したことを踏まえて，被災地域の復旧・復興がどれほど進んでいるかを主要調査機関へアンケートして調査している。これによると，このような調査機関の多くが，地域社会の衰退と復興の遅れを強く指摘している。一時的には，復興需要のような形で被災地域における雇用問題などの課題は解決しつつあるが，将来的には，継続的な雇用の確保，市町村

における人口減少，産業・企業再生の遅れなどについて，主要研究機関・シンクタンクは重大な懸念を示しているのである（『日本経済新聞朝刊』2013年9月6日）。つまり，東北の被災地域の長期的な復興については懸念される事項が多く，完全な復興を遂げるまで政府・民間の双方も含めて多くの関心が集まることが今後とも重要なのである。

　しかし，関東や関西さらには西日本など，東日本大震災による直接的な被害を受けなかった地域（非被災地）では，震災に関することは風化しつつある現状も否定はできない。被災地住民が最も恐れることが，震災被害の風化により，被災地域が取り残されてしまい，十分な復興を遂げないまま衰退していってしまうことであろう。実際に，「東日本大震災」というキーワードで過去の新聞記事を検索してみた。その結果，震災直後からの1年間（2011年3月11日から2012年3月10日まで）の新聞記事数は，日本経済新聞朝刊が2万4,502件，毎日新聞朝刊（東京版）が1万4,302件，読売新聞朝夕刊が1万5,361件，朝日新聞朝刊が4万4,261件，宮城県の地方新聞である河北新報朝夕刊が3万2,600件という状況である[2]。これに対して，本書の執筆時点の直近1年（2012年5月20日から2013年5月19日まで）の新聞記事を検索した場合の数は，日本経済新聞朝刊が3,583件，毎日新聞朝刊（同上）が3,589件，読売新聞朝夕刊が5,576件，朝日新聞朝刊が1万3,710件，河北新報朝夕刊が2万1,075件となっている。このように主要各紙において，東日本大震災関連の記事は依然として主要記事の1つになっているが，時間が経つにつれてその記事数は大きく減少してきており，その取り上げ方においては，被災地域と非被災地域では乖離が生じてきていることがわかる。やはり，当然ながら地元紙である河北新報と比べれば，全国紙の取り上げ方は，大きく低下していると言わざるを得ない。

　ともあれ，東日本大震災は，マグニチュード9（最大震度7）という震度もさることながら，それによって発生した大津波は，宮城・福島・岩手県の沿岸部を中心に大きな被害を及ぼすことになった。また，その大津波によって東京電力の福島第1原子力発電所1～3号機がメルト・ダウンし，大量の放射能を拡散することになり，福島県の双葉町や飯舘村などの放射線濃度が高い地域は，

その一部あるいは全部が警戒区域に指定され，居住困難になり，地域の住民が帰還する目途さえ立っていない。東日本大震災は，東北沿岸部および福島第1原発近隣の諸地域の地域社会（コミュニティあるいはローカル・コミュニティ（community, local community））に壊滅的な被害を及ぼすことになったのである。

　その結果，職業と生活，人と人とのつながりなどの側面からソーシャル・キャピタル（Social Capital，社会関係資本）の重要性が指摘されることになった。ソーシャル・キャピタルとは，「規範，価値観，そして理解をともに共有するネットワークであり，それは集団内部または集団間の協力関係を促進するもの」と定義されている（OECD, 2001, p. 41）。この定義のみではその理解は不十分であるため，筆者なりに解釈すれば，特定の基準によって形成される人々の関係は，その内部および外部とのさまざまな協力関係を構築し，そこから社会にとって望ましい何らかの有用性を生み出すことになる。東日本大震災で津波被害を受けた東北沿岸部の地域社会は，関東や関西などの都市部とは違い，人口の少なさ，地域住民が従事する仕事の限定性，何代にもわたる親密な隣人関係などから，相対的に堅固で濃い社会関係が構築されている。それゆえに，そこにはさまざまな共助の取り組みが行われ，良好な治安，孤独死の防止，コミュニティ全体での健全な教育推進など地域の人々に恩恵がもたらされる。このように，人と人との関係が，社会にとって便益を生み出す一種の「資本」として捉えるのがソーシャル・キャピタルの考え方である。

　東日本大震災という未曽有の大震災は，多くの人命や資産を奪い，産業や社会関係を崩壊せしめただけでなく，人々の関係によって構築されるソーシャル・キャピタルをも破壊したのである[3]。東日本大震災で大きくクローズ・アップされたのは，このようなソーシャル・キャピタルを形成するまさに地域社会なのである。また，東北沿岸部の地域では，地域社会そのものが壊滅的な被害を受けたところが少なくはなく，自治体や警察などの公共部門さえ機能できなくなった。それゆえ，NPOの支援活動，ボランティアの存在，自衛隊の救援活動，世界各国の支援活動，さらには被災者同士の支え合いなどの取り組みが行

われ，被災地域は，緊急・救援期と復旧期を乗り越え，復興に向けて進んでいる。東日本大震災では，「助け合い」の下で，地域社会の再生に向けた取り組みが行われたのであり，現在では，その支援から少し離れて，徐々に自立的な再生に向けて被災地域の各主体による取り組みが懸命に行われている。

東日本大震災時において，その緊急時対応や現在の復旧・復興に向けて，重要な役割を果たしている主体の1つに企業の存在を挙げることができる。つまり，東日本大震災では，企業による支援が地域社会を支える中心的役割の1つを担ったのである。後述するところではあるが，史上空前規模の資金や物資の提供，当該企業の技術的特性を利用した支援活動，従業員のボランティア休暇促進など，被災した地域社会を支えるためのさまざまな支援活動を見ることができた。企業という「私的な営利追求機関」が，東日本大震災との関連で果たした役割はまさに公共的な性格を帯びているのである。

このような活動で注目を集めたのは，被災地域に本拠を置いていない，当該企業それ自体の被害は皆無か軽微な非被災地企業による被災地支援なのである。もちろん，この取り組みは極めて重要であるが，被災地域に本拠を構える企業においては，自らも大きく被災しながらも地域社会を支え，復旧・復興を担う活動が行われたのである。より端的に言えば，被災地企業が果たした被災地支援，すなわち事業継続による雇用維持，供給責任，地域経済活性化などの社会的責任が実行されなければ地域社会そのものが成立し得ないと言っても過言ではない。これには，企業自体も地域社会の存在がなければ，その存在を維持しえないことも示されたのであって，企業と地域社会との間には，相互的な依存関係および相互的な信頼関係が存在していることになる。

2．東日本大震災と経営学，企業の社会性

2.1 東日本大震災についての経営学的研究

東日本大震災のインパクトの大きさは，研究者，ジャーナリストやそのほか出版関係者にも大きな影響を及ぼし，その関連で発表されている著作（図書）

は，少なくとも1,270件にも及んでいる[4]。正確にその数を知ることはできないが，東日本大震災と企業経営をテーマにした著作もさまざまに出版されてきている。たとえば，震災復興に挑戦する日本のモノづくりや「現場」の考察（グロービス経営大学院・田久保，2012；関編，2012など），リスク・マネジメントや事業継続計画（Business Continuity Plan, 以下，BCP）の視点（インターリスク総研，2012；戸村，2012など），雇用や地域産業復興などの観点（関編，2013；戸室・殷・山口，2013など）といったように多様に出版されている。また，経営学関連の学会においても，東日本大震災は大きなテーマの1つになってきた。たとえば，日本経営学会の第85回大会（2011年9月）では，「特別フォーラム」として【A】「東日本大震災を考える」と【B】「『日本再生』と経営者の役割」，第86回大会（2012年9月）でも「東日本大震災を考える　第2回」が開催されている[5]。このようなことから，経営学においても，東日本大震災が企業経営に与える影響の大きさを目の当たりにして，学問としても重要な関心を集めているのである。

しかし，東日本大震災時とその後の復興過程における企業の取り組みのなかでも，とくに被災地域の中堅企業や中小企業が果たした社会的役割や社会性を考察する研究は少ないし，それに関する図書も発表されているわけではない。なお，これについては，本書の第3章の先行研究レビューにおいて詳細に示される。現代企業の社会性は，「企業の社会的責任」という概念，より現代的かつグローバルな側面からはCSR（Corporate Social Responsibility）として定着し，議論されており，そこには多様な意味が内包されることになっている。このようなCSRの視点から，東日本大震災と経営学・企業経営を再考察してみようというのが本書の主たる研究課題であり，研究目的でもある。

企業の社会性に関するアプローチとしては，経営学においては，「企業と社会」（Business and Society），「企業倫理」（Business Ethics），「コンプライアンス・マネジメント」（法令遵守マネジメント，Compliance Management），「コーポレート・ガバナンス」（企業統治，Corporate Governance），「環境経営」（Environmental Management）などの形で議論されるようになっている。本書では，これらに

ついて詳細な概念の検討や関係性の整理を行うものではないが，これらは企業の社会性に対する個別的なアプローチであると考えられる。そして，CSRは，これら社会性に対する個別的アプローチを包含するものであり，「社会的責任」という行為で表象される企業の社会性に対する総合的なアプローチであると言うことができる。

そもそも，企業の「社会性」(sociality) とは何か。企業の社会性の見解については，経営学の研究者においても多様な見解が見られており，それについて統一的な見解はないように思われる[6]。『広辞苑』によれば，社会性とは，「集団をつくって生活しようとする人間の根本性質」と定義されている（新村編，1998，1232頁）。この定義に基づけば，ロビンソン・クルーソー（Robinson Crusoe）の物語のように，無人島で誰とも関わらず，つまり一切の社会関係を持たないで生活をしていくのならば，そこには社会性は必要ない。しかし，人間は社会生活をしており，さまざまな社会関係のなかで生きている。たとえば，1人の大学生を考えてみると，彼または彼女が有する社会関係は，両親，親戚，兄弟，友人，ゼミナールのメンバー，指導教員，アルバイトやサークルでの同僚・後輩・先輩など多様である。彼（彼女）は，これら各主体との関係を良好に保とうとするが，その性質こそが社会性なのである。そのためには，彼は，彼の社会を構成する各構成員とのコミュニケーションを円滑化するだけでなく，義務や責任を果たす必要があるのである。

企業（株式会社）は，法律上において人格を認められた人間（法人，法人格）である[7]。第2章において詳述するが，企業は，従業員，消費者，取引先などさまざまな社会関係を有している。もちろん，企業は，私的な営利追求機関であるが，当該企業の利益を追求するだけでなく，そのような社会関係のなかで活動している。それゆえ，企業にとっての社会を構成する構成員（ステークホルダー，Stakeholder）との関係を良好に保つことが，企業の持続可能性にとっても必要不可欠なのである。ステークホルダーとの良好な関係を構築するために，企業においても社会性が求められるのである。

なお，経営学において，単純に「企業」(Corporation) という場合には，株

式会社のことを実質的に指すのは周知のとおりである。実際に，株式会社が，各会社形態（合名会社，合資会社，合同会社）の全体数に占める割り合いは96.3%にも及んでいる（浦野，2011a，11頁）。資本主義社会において，企業は，経済そのものを拡大再生産する中心的役割を担う主体である。原理的には，企業という存在は営利追求の機関であり，その行為自体は批判されるものではなく，営利追求はむしろ望ましい行為なのである。逆説的かもしれないが，社会性のみに主眼を置いて，肝心の営利性がないがしろにされれば，それこそ企業の社会性を発揮することはできないのである。

2.2 企業を見る2つの視点

　企業を見る視点として，2つの企業観を提示することができる。1つが，企業を営利追求機関とみなしてその社会性を切り離して考える企業観であり，他方が，企業は社会性を内包した社会的存在として考える企業観である。まず，前者の企業観の背景の1つには，サヴィニー（v. Savigny, F.C.）らによって提唱された「法人擬制説」に基づく考えがある。法人擬制説は，「権利義務の主体は自由な意思主体である自然人たる個人に限られるべきであり自然人以外に権利義務の主体となりうるものは法律の力によって自然に擬せられたもの」とされる（坂田，1999，66頁）。つまり，法人擬制説によれば，企業は，単に株主の集合体と捉えられ，あくまでも法律上においてその存在が擬制されたものに過ぎないのである。極端に言えば，企業（株式会社）とは株主の「傀儡」に過ぎない存在とみなすのである。

　また，このような法律学的なアプローチとは異なり，「企業概念」というアプローチからは，「私有財産説」（Property Concept）に基づく「私有財産としての企業」という考え方もある。法人擬制説と私有財産としての企業の観点からは，企業の目的は「株主価値の最大化」（maximization of shareholder value）であり，その他のステークホルダーは，そのような目的を実現するための手段にすぎないのである（松田，2010，359頁）。ともあれ，このような企業観に基づくと，企業の存在意義は，株主利益と営利性にあるのであって，社会性に関す

る事項は捨象される，あるいは第二義的なものとなるのである。

　これに対して，企業そのものに社会性を見出し，企業を社会的な存在として捉える企業観の背景には，ギールケ（v. Gierke, O.）らによって主張された「法人実在説」に基づく考え方がある。ギールケによる法人実在説は，法人は「内部に秩序を有し団体としての意思＝団体意思（Gesamtwille）を有する社会的有機体」であり，法人格はその社会的実在に対して与えられると主張するものである（坂田，1999，67頁）。つまり，法人実在説によれば，企業は単なる株主の傀儡的な存在ではなく，1つの実在，すなわち社会的存在としての企業という捉え方をするのである。同様に企業概念的なアプローチからは，「企業公器説」（Entity Corporation）という概念があり，これによると企業は，「企業それ自体」の存続と企業が持つ「社会的存在の側面」が重視される（松田，2010，360頁）。この場合には，企業の存続の意義は，企業それ自体と社会性なのであり，企業は元来，社会性を有する存在と見なされるのである。

　さらに，高橋は，法人実在説に立ち，今日の企業を社会的存在として捉え，その存在そのものに広く社会性を帯びていることを主張している（高橋，2007，1‐2頁）。ここでの高橋の主張は，企業活動は，その初期には私的で零細的な営みから始まって，株式会社形態へと発展して，ビッグ・ビジネス（大企業）へと変遷していく過程で社会的性格を帯びるというものである。また，櫻井によれば，企業が社会的存在になっていくには，「所有と経営の分離」（separation of management from ownership）が進み，専門経営者による「企業支配」（corporate control）が顕著になるなかで，社会への影響力が増加してくる[8]。結果として，企業は「株主利益追求の至上性」を保持しえなくなり，株主以外のステークホルダーへの一層の配慮が不可避となり，「社会的存在としての性格を強く帯びた，制度的企業」となるのだという（櫻井，2010，24頁）。このような高橋や櫻井の見解は，大規模化（あるいはグローバル化も含めて）と所有と経営の分離という側面から，私的な性格が失われる，いわば「脱私化」（Entprivatisierung）のプロセスにより公共的性格へと性質が転換し，企業が社会的存在になっていくというものである（Ulrich and Fluri, 1978）。つまり，このような視点は，大規模上

第1章　震災と経営学・企業の社会性 | 9

場株式会社における社会的存在やその社会性を見出しているのである。

　私有財産説あるいは法人擬制説をベースに，営利追求と株主利益の最大化こそが企業の存在意義と捉える考え方は，アングロ＝サクソン（Anglo-Saxon）諸国の企業経営モデル，要するに，アメリカやイギリスを中心とする企業経営のなかに顕著に見ることができる。アングロ＝サクソン・モデルにおいては，企業経営は，株主価値の最大化とそれにともなう株価・株式時価総額の最大化に主眼が置かれている。実際に，アニュアル・レポートやCSR報告書などにおいて，企業の最大の目的を「株主価値の最大化」に置くことを明示している企業も少なくない[9]。このような企業観に立つ場合，企業本来の性質は営利性にあり，そして行き過ぎた営利性の追求が，とくにアメリカにおいては「社会的損失」を発生させてきたのである。それゆえ，企業の社会性に対する要求が高まることになり，また，場合によっては政策的なプレッシャーを受けながらも，企業として社会性を取り込む動き，つまりCSRに対する取り組みを見せるようになっていったのである（鈴木，2010，62頁）。アングロ＝サクソン・モデルに立てば，企業の営利性に対して，社会性（あるいは企業倫理）を組み込んでいく過程や取り組みをCSRとみなすことができるのである[10]。

　これに対して，公器説や法人実在説に立つ企業観では，企業を「社会的存在としての企業」と捉えることから，そもそも企業には社会性が組み込まれていると考えている。本書における筆者の立場は，企業を法人実在説あるいは公器説で捉える見方，つまり社会的存在として企業を捉えるものであり，高橋や櫻井の主張を基本的には支持するものでもある。しかし，東日本大震災における教訓から，大企業のみが社会的存在ではなく，被災地域の中小企業もまさに社会的存在であることが示されたのであった。このような中小企業[11]では，株式を上場しておらず所有と経営も未分離なことが多いため，高橋や櫻井の主張に基づけば，これらの企業は必ずしも社会的存在としての要件を備えているわけではない。

　誤解を恐れずに言えば，従来の日本の経営学研究においては，企業を社会的存在と見ていくのには，所有と経営の分離やコーポレート・ガバナンスにおけ

る「会社は誰のものか」という議論から紡ぎだされてきたといえる。しかし，東日本大震災は，そのような「所有」という意味ではなく，事業活動そのものに社会的存在としての企業の本質や社会性があることを強く浮き彫りにしたと筆者は考えている。事業とは，企業が，顧客に働きかけて収益を上げるための直接的活動であるが，「人びとの欲求を実現するためにある」ものでもある。そして，事業は「変化や多様性に対応でき，人びとの永続的欲求を実現する概念で表明」され，「永続性と変化する社会，市場に対応することを可能」にするという（佐藤，2000，116頁）。また，上林によれば，企業活動は，「営利追求という自己目的達成のために生産を行う」が，その結果として，生産される商品やサービスは，何らかの側面から社会に資する「社会的生産」という側面を有しているという。企業の性質には，営利性と社会性という「企業の二重性」が見て取れることを主張しているのである（上林，1969，21頁）。

　このことから，事業とは，そもそも消費者を含めた社会の要求に沿うものであり，事業活動そのものに社会性がすでに組み込まれているという理解ができるのである。震災や災害が発生していない平時においては，そのことが意識されることはほとんどないが，東日本大震災のような甚大な被害が生じる危機的な状況下において，事業活動そのものに地域社会を支えるほどの社会性を有していることが表層化したのである。このことから，規模の如何を問わず，企業を社会的存在として捉えるということ，これが本書における筆者の大きなスタンスなのである。

3．本書の意義と全体構成

3.1　本書の意義

　現在，さかんに議論されているCSRは，このような企業の社会性に対して，包括的にアプローチするものである。企業が，不祥事を発生させないための法律的責任，社会関係を認識した価値観や倫理観に基づく責任，コーポレート・ガバナンスなどのメカニズムを包括的に取り入れて社会的責任を果たすことで，

企業と社会との関係を良好で健全に保つことができるからである。CSR の重要性は，企業の存続とも関係する大きな世界的関心事項の1つにさえなっている。CSR が，いかに現代経済のホット・トピックスになっているかは，日経各紙における CSR の記事数の推移からも明確に見て取れる（図表 1 － 1）。2004 年以降，日経各紙では，1日に3から4件の CSR 関連の記事が掲載され続けていて，一時的な流行ではなく，今日においても定着している。また，研究書の如何を問わず，CSR をタイトルあるいはサブ・タイトルに冠している図書も，筆者の知るところでは，日本だけで 369 冊も発表されている[12]。さらに国立国会図書館 NDL-OPAC による雑誌記事検索では，CSR 関連の論文や雑誌記事数は実に 3,000 件を超えている。このことから，現代の企業経営や経済社会において，CSR は看過することのできない重要なファクターの1つになっていることがわかる。

　本書は，企業そのものを社会的存在として捉え，東日本大震災の直後と復旧・復興期において，そのような企業の社会性や社会的存在としての役割が顕著になったことを指摘するものである。そのために，本書では，東日本大震災時や復旧・復興過程における非被災地企業や被災地企業の地域社会に対する取り組み事例を CSR の観点から考察していく。その前提として，まず CSR の基本的な考え方や国際的な潮流を理解する必要があり，また，CSR の新しい視点なども踏まえて，CSR を総合的に理解することが必要である。そして，若干

図表 1 － 1　日経各紙における CSR 記事数（年間）

2001 年 31 件	2002 年 49 件	2003 年 236 件	2004 年 864 件	2005 年 985 件	2006 年 1,074 件
2007 年 1,212 件	2008 年 1,144 件	2009 年 1,044 件	2010 年 844 件	2011 年 895 件	2012 年 856 件

注：「CSR」および「企業の社会的責任」をキーワードに日経テレコン 21 を利用して検索した。
注：日経各紙とは，『日本経済新聞朝刊』，『日本経済新聞夕刊』，『日経産業新聞』，『日経 MJ』，『日経金融新聞』，『日経地方経済面』，『日経プラスワン』のことを指している。
出所：日経テレコン 21 に基づいて筆者作成。

ではあるが，筆者の所属研究機関の所在地である宮城県の製造業，小売・卸売業，水産加工業，農業，宿泊業などの各企業のケースを考察していく。これによって，被災地以外の企業が行ってきた「支援」や「社会貢献」としてのCSRと，被災地企業が果たしたCSRの性質の違いを明らかにする。被災地域の中小企業が震災時とその後において果たしたCSRを考察することで，近年では，あまりにも多様な観点から論じられ，若干混乱しつつさえあるCSRの本質的な意味を，地域社会との観点から改めて問うていきたい。このような考察を通じて，近年のCSR，とくに英米を中心に考えられてきた戦略的発想に基づくCSRが，その本質を欠きつつあることも示されるであろう。

本書の特徴的な点は，「通常時」または「平時」の際のCSRではなく，「緊急時」または「有事」の際に行われる企業のCSR活動を考察していることである。このことから，企業のCSR活動の一部のみを見て，CSR全般を論じているような誤解を受けるかもしれないが，筆者は，そのような状況にこそ，企業の社会性を反映するCSRの本質を見ることができると考えている。しばしば，経営学を含めた社会科学研究において，ピースミール（piecemeal）な視点が重視されて「木を見て森を見ず」のような議論が行われ，時にそのことが批判の対象にもなり得ると筆者は考えている。本書も，一見すれば，このような視点を持つことからピースミールな研究であると誤解を受けるかもしれない。しかし，あくまで震災という有事における企業のCSR活動という「木」のみの性質や特徴を明らかにするのではなく，「木」という一部の考察によって，本書では，企業のCSRの全体像という「森」の本質を明らかにすることを試みている。多少の論理上の飛躍や理論構成の稚拙さなどの問題もあるかもしれないが，批判を恐れずに，あえて野心的な目的を設定しているのである。

さらに，本書が出版されることの意義は，有事の際のCSR活動からその本質の一端を明らかにするだけではない。次の大地震，つまり「南海トラフ大地震」の発生が現実的な問題になっているなかで，その際に企業が行うべきCSR，とくに被災地企業のCSR活動について実践的なインプリケーションを提示することである。南海トラフ地震が発生した場合の最大被害想定は，死者・

行方不明者が32万3,000人，社会インフラ，産業資本，個人資産などの経済被害が220兆3,000億円，津波による冠水面積は1,015平方キロメートルといったように，第3章において若干述べられる東日本大震災の被害規模とは桁違いの大きさになることが想定されている。もちろん，この被害数値は，減災対策を一切行わなかった場合のものであり，それを実行することによって被害額・規模は半減するのであるが，減災には多額の財源が必要となり，その目途さえ立っていないという（『日本経済新聞朝刊』2013年3月19日）。

ともあれ，「地震大国日本」において，今後とも，東日本大震災を超える超大規模震災の発生が現実味を帯びているのである。このような災害が発生した際に，企業はどのような役割を果たすべきか，経営学からはさまざまなアプローチが可能であると思われるが，本書はCSRの視点から考察を進めることで，学術的な意義だけでなく，実践的な示唆を提示していきたいと考えている。

以上のことが，本書が公刊されることの目的であり，経営学研究の学術書としての社会的意義であると筆者は考えている。

3.2 本書の全体構成
(1) 東日本大震災後の時系列整理

本書の全体構成を最後に述べたいと思うが，その前に，東日本大震災発生からの時系列を整理する必要があると考えている。なぜなら，東日本大震災関連のさまざまな文献では，震災直後，復旧，復興などの時系列の区別について，曖昧なままで議論が行われていることが多いからである。この震災後の復旧・復興プロセスについては，カロンジュ（Calonger, J. L.）が，主として4つの段階を経ることを指摘している（Calonger, 2011, 36-37頁，図表1-2）。本書では，このカロンジュの枠組みに基づいて，震災からの時系列を整理して考察を進めていく。

まず，ステップ1として「緊急・救援期」である。これは，震災発生によって被災・破壊された直後であり，大きな被害を受けた地域社会において，住民の安否捜索・救済，避難施設の敷設，緊急物資支援提供，ライフ・ライン回復

図表 1 − 2　東日本大震災発生後の時系列プロセス

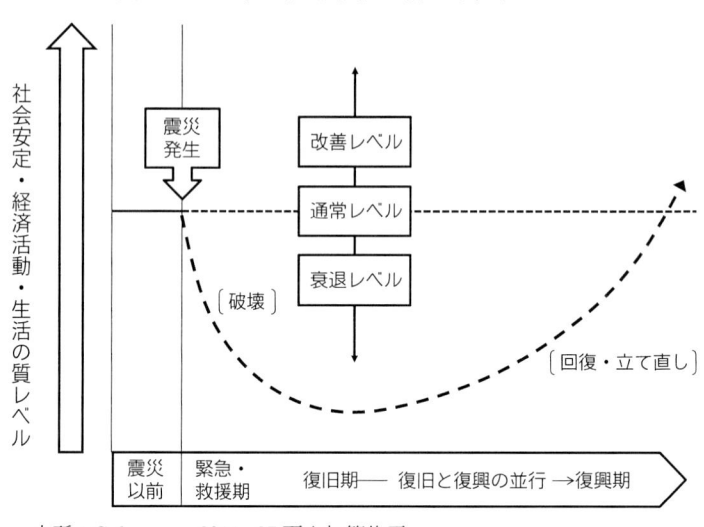

出所：Calonger, 2011, 37 頁を加筆修正。

といった緊急対応が行われる状況である。社会安定，経済活動，生活の質が急激に低下している状況をくいとめ，地域社会が瓦解していくことを防ぐ活動である。ついで，ステップ 2 として，「復旧期」であり，仮設住宅や生活支援施設の建設といった住民生活サポートを行うことで，衰退レベルを緩和させて，回復・復興していく取り組みのための準備が行われる。そして，ステップ 3 の「復興期」においては，生活に必要な施設・機能を常設できるようになり，地域の生活（社会安定，経済活動，生活の質）が通常レベルまで回復していく過程であり，「再生期」ともいうことができよう。最後に，ステップ 4 として新たな「発展期」であり，震災前の状況を超えるレベルに地域社会を昇華させることである。また，カロンジュは指摘していないが，ステップ 2 やステップ 3 においては，雇用の確保やソーシャル・キャピタルなどが回復していくことも極めて重要になってくることに論を待たない。なお，本書は，被災地域の復興や発展のビジョンについての議論を展開するものではないため，図表 1 − 2 では，この発展期を省略している。

宮城県の震災復興に関する基本計画では，2011年から2013年の3年間を復旧期，2014年から2017年の4年間を再生期（復興期），2018年から2020年の3年間を発展期と位置づけている（宮城県公表資料，2012）。本書が出版されている時点では，ちょうど復旧期を終えて，復興へと向かう端境期にあることになる。それゆえ，東日本大震災におけるこれまでの状況は，緊急・救援期から復旧期であったということになる。そして，2014年より再生に向けた復興プロセスが展開されていくとみなして良いであろう。ただし，東日本大震災の被災市町村では，復旧や復興の速度は必ずしも同一ではなく，むしろ差異が生じてくることのほうが自然でさえある。東日本大震災における大規模な地震は，被災地域においてある程度同一の被害をもたらしたと考えられるが，津波被害については，沿岸部と内陸部において極めて大きな違いが出ているからである。

　それゆえ，宮城県をはじめとする被災地域の沿岸部では，再生・復興へ向けた取り組みはこれからであるが，津波被害のない，あるいは少ない内陸部や沿岸部地域においては再生・復興へ向けた動きが，津波被害地域（激甚災害地域）に比べて迅速に進んでいる。このような状況に鑑みて，東日本大震災の被災地域における震災後の復興プロセスを再整理すると，①緊急・救援期，②復旧期，③復興期の3つだけではその捉え方は不十分であり，②と③の間に，復旧過程に一部再生過程が入り込む混在型の復興プロセスが見られるのである。つまり，復旧と復興の並行期が存在すると考えられるのである。震災後のプロセスは，①緊急・救援期，②復旧期，③復旧と復興の並行期，④復興期の4区分に分類されるというのが本書における震災後の時間経過の考え方である。

　これまでの宮城県における震災復興のフェーズは，もちろん明確な時期区分は困難であるが，本書では以下のように整理している。沿岸部と内陸を問わず震災発生直後から2・3カ月間程度の緊急・救援期を経て，その後は復旧期へと移行している。そして，この復旧期に関しては，仙台市中心部などの内陸部では震災後1年程度で復旧を終えて復興期・再生期へ向かっている。それに対して，沿岸部地域は，後述するところであるが，とくに南三陸町や女川町などのような激甚災害地域では，復旧には長期間を要するのが明白であり，現状を

見る限りでは，復興・再生期に入ったとは言い難い。それゆえ，東日本大震災発生後1年から現在のフェーズは，復旧と復興の並行存在期にあるとみなすことができるのである[13]。

（2）本書の全体構成

　最後に，本書の全体的構成について述べる。本章では，東日本大震災との関連性から経営学研究において，企業の社会性を問うことの意義について述べてきた。その考察のなかで，若干ながら，企業の社会性について検討・解釈を加えてきた。繰り返しになるが，本書における筆者の立場は，企業には元来，社会性が具備されており，それは所有と経営の分離という脱私化過程にのみ求めるのではなく，企業の事業そのもの，存在そのものが社会性を帯びている社会的存在なのであるということである。そして，本章では，本書が出版されることの目的と意義についても合わせて言及した。

　以下，第2章と第3章では，東日本大震災とCSRについての考察を進める前に，まずCSRの基本を確認・理解して，CSRの新しい視点ならびに国際的潮流を考察する。これによって，現在，さかんに議論されているCSRの特質を析出していく。つまり，経営戦略としてのCSRとCSRのグローバル・スタンダードをベースに構築される新しいCSRの考え方である。もちろん，それらは，東日本大震災のような危機的で異常な「有事」の状態ではなく，日常の状態，すなわち「平時」の際のCSRについての言及である。

　これを踏まえて，東日本大震災における企業活動とCSRの考察へと進んでいく。第4章では，東日本大震災とCSRに関する先行研究をレビューして本書のオリジナリティを提示するとともに，本書の分析枠組みを提示する。また，本書の考察対象は被災地全体ではなく，あくまで宮城県の被災地企業の活動にフォーカスしていることが示される。それゆえ，若干ではあるが，同県の被害の状況についてもその概要を見ていく必要がある。そして，第5章以降では，いよいよ東日本大震災と企業活動についてCSR的観点からの考察を進めていく。第5章では，非被災地企業の被災地支援についてCSRの観点から考察す

図表1－3　本書の全体的構想と目的

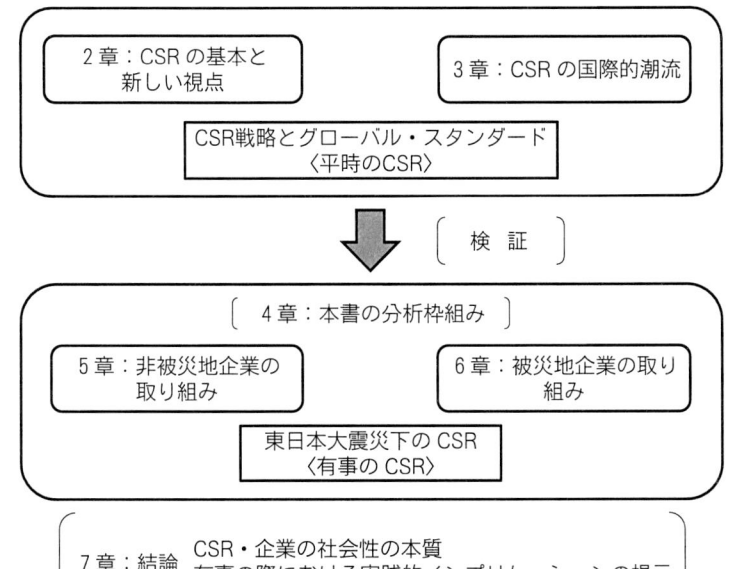

出所：筆者作成。

る。まず，先行研究に依拠しながら，非被災地企業による被災地支援の全体像を見たうえで，トヨタ自動車や資生堂などのCSRが高く評価される大企業の被災地域におけるCSRについての取り組みを考察していく。また，震災から時間が経過するとともに，そのような大企業の被災地域におけるCSRがどのように変遷しているかも合わせて見ていく。第5章のアプローチは，「外から内へ」というものであり，既存研究のアプローチに基づいている。

その後，第6章では，被災地域に本拠を構える被災地企業の地域社会に対する取り組みを考察する。この章で考察される視点は，先行研究とは異なり，本書独自の視点である「内から内へ」というアプローチである。ここでは，雑誌や新聞記事などのさまざまな記録をベースに，若干のヒアリング調査に基づいて，被災地企業の震災時およびその後の取り組みについて事例考察していく。まず，『仙台経済界』などの記事に基づきながら，緊急・救援期を中心に被災

地宮城県の各産業の代表的企業による地域社会に対する社会的責任の取り組みを簡略的に考察していく。その後，東日本大震災時および復旧・復興過程の地域社会において，特筆すべき役割を果たした被災地企業イシイ，高政，舞台ファームの3社の事例を詳細に検討していく。この考察を通じて，被災地企業の復旧・復興へ向けたCSR活動の枠組みを提示し，CSRの観点から意味づけていく。

4・5・6章におけるCSRの考察は，たしかに，震災の発生と復旧・復興のプロセスという通常時とは異なる有事に焦点を当てているが，このような考察を通じて，2・3章で提示された現代CSRのテーゼを検証していく。つまり，そのような企業活動が，企業の社会性を反映したCSRとして捉えられるか，それともCSRや企業の社会性とは何ら関係を有さない反証されるべきものであるかを検討していく。それが，結論である第7章での主たる考察目的であり，これまでの章における考察結果を踏まえて，企業の社会性を反映するはずであるCSRの本質に迫る議論をしていく。また，大規模災害時に，企業がそのような社会的責任を果たせるようにするためにも，被災地企業の取り組み事例から得られた実践的インプリケーションを述べる。最後に，今後の研究課題を述べて，東日本大震災とCSR研究の今後の方向性を示して本書のむすびとしたい。

【注】
1) 震災復旧・復興と大学の取り組みについては，小崎（2012）や野宮（2012）などを参照されたい。
2) これらの新聞記事検索は，日経テレコン21，毎日Newsパック，ヨミダス文書館，聞蔵Ⅱビジュアル，KD（カーデー）といった新聞記事データベースに基づいている。なお，検索条件を各データベースで共通にはできないため，同一時点における各紙の記事数の多寡の比較はあくまで参考程度にすべきである。しかし，各紙における期間比較を行う場合には，その有効性は高いものになるであろう。
3) 2011年11月16日（日）に放映されたNHKスペシャル「孤立集落どっこい生きる」では，宮城県南三陸町の馬場中山集落の住民が，全国ボランティア団体と連携しな

がら，自らの力で道路拡張，集団移転，漁村の復活などに取り組む様子が放映された。これは，集団内の人々の関係が，復興に向けて大きな力（資本）になっていることを顕著に示す一例である。

4）国立国会図書館 NDL-OPAC において，「東日本大震災」をキーワードにした検索数である。このなかには，写真集のような震災の記録やルポルタージュなども多数あり，むしろ学術的な著作のほうが少ないと言って良いであろう。

5）日本経営学会における東日本大震災関連の議論については，日本経営学会編（2012, 2013）を参照されたい。

6）企業の社会性に関しては，経営学では企業論の立場から研究が発表されている。たとえば，高橋（2006）や菊池（2007）を参照されたい。

7）会社法の第3条では，「会社は，法人とする」と明記されている。そして，第6条において，会社とは，株式会社，合名会社，合資会社，合同会社であることが合わせて明記されている（中央経済社編，2005，59頁）。

8）専門経営者の台頭により所有と経営の分離が進み，経営者企業が台頭してきていることを最初に示したのは，アメリカ200大企業の所有と経営を調査したバーリ＝ミーンズ（Barle, A. A. and Means, G.）の研究である（Barle and Means, 1932）。これ以降，企業支配に関する議論が活発化していき，経営者支配と所有者支配の立場から多くの論争が行われ，コーポレート・ガバナンスの議論へと発展していく。なお，企業支配論とコーポレート・ガバナンスの議論については，佐久間（2003）に詳しい。

9）たとえば，BP（2012）やグラクソ・スミスクライン（GlaxoSmithKline, 2012）などの年次報告書（Annual Report）を参照されたい。近年では，単純に株主利益の最大化だけを述べているだけでなく，社会的な課題に対する責任を果たすことも目的に付記されるようになっている。

10）アメリカやイギリスを含めた EU における CSR の背景については，本書の第3章で詳細に検討されている。

11）中小企業基本法によれば，中小企業の定義は，①製造業：資本金3億円以下又は従業者数300人以下，②卸売業：資本金1億円以下又は従業者数100人以下，③小売業：資本金5,000万円以下又は従業者数50人以下，④サービス業：資本金5,000万円以下又は従業者数100人以下の企業を指している。日本の企業数（個人企業含む）は，2006年には約421万社であるが，そのうちの約419万8,000社（99.7%）が中小企業に該当し，大企業はわずか約1万8,000社（0.3%）を占めるに過ぎない（中

小企業庁ホームページ）。
12）アマゾン・ドット・コムの図書検索において，"CSR"をキーワードに検索してヒットした数である。
13）ただし，このような時期区分さえ，あくまで大まかなものであり，明確な区分設定を行うのには被災自治体の現状を詳細に調査したうえでなされる必要がある。

第 2 章　CSR の基本と新しい視点

　日本では，2000年代以降，ビジネス実務的にも経営学研究においても CSR が注目されるようになっている[1]。ただし，「企業の社会的責任」という概念自体は，決して目新しいものではなく，日本では公害問題やオイル・ショックを契機として一部の企業行動（環境汚染と健康被害，売り惜しみ，便乗値上げなど）に批判が集まり，議論されるようになっている。また，1980年代になるとフィランソロピー（philanthropy）やメセナ（mécénat）といった形で社会貢献（寄付行為）に注目が集まるようになった。1990年代には，バブル経済の崩壊にともなって明るみになった金融機関を中心とする多くの企業不祥事，2000年代以降も事業特性との関係から発生する企業不祥事といった観点から議論されてきた。しかし，近年のビジネスや研究の世界においては，CSR という言葉ばかりが先行しており，その内実に関する理解は多様であるどころか，混乱していると言っても過言ではない。それゆえ，本章では CSR の基本と新しい視点を押さえることで，CSR の理解を体系的に進めていく。このような考察は，本書の中心課題である東日本大震災における企業活動・CSR を考察して，意味づけて，インプリケーションを導出するために必要な基礎を提供するものであると考えている。

1．CSR の基本の理解

1.1　CSR の構成要素：キャロル＝ブックホルツのモデル

　それでは，CSR とは端的にはどのようなものなのだろうか。キャロル＝ブックホルツ（Carroll, A. B. and Buchholtz, A. K.）によれば，企業の社会的責任

図表 2 − 1　CSR ピラミッド

出所：Carroll and Buchholtz, 1993, p. 36

は4つの要素によって構成されている。キャロル＝ブックホルツによるこの考え方は，「CSR ピラミッド」（The Pyramid of Corporate Social Responsibility）という概念で表され，実際に多くの研究者からも支持されるモデルでもある（図表 2 − 1 ）。

(1) 基礎的責任：経済的責任と法律的責任

　CSR ピラミッドでは，「経済的責任」から，「法律的責任」，「倫理的責任」，そして「社会貢献的責任」に向かうにつれて，基礎的責任（低次）からより上位の責任（高次）へと基本的性質が変わってくる[2]。経済的責任とは，端的には「利益を上げよ」というものであり，最も基礎的な責任に位置づけられる。つまり，事業活動を通じて利益を上げることであり，それによって従業員や取引先などのステークホルダーとの経済関係を健全に保つことができるのである。たとえば，損失を計上し続けている企業では，取引先への代金支払いや従業員への給与支払いなどが滞り，ステークホルダーに対する分配機能を十分に果たせなくなってしまう可能性がある。さらに多額の負債を抱えて倒産するようなことがあれば，債権者の債権回収を困難にし，従業員の雇用も失われるなど，地域経済や地域社会にも大きな影響を及ぼすことになる。それゆえ，事業活動

を通じて利益を上げることは，企業にとって重要な社会的責任の1つなのである。なお，後述するところであるが，東日本大震災直後の困難な状況下において，被災地域の製造業や小売業などの供給責任についてさかんに取り上げられたが，このように事業を継続する責任も経済的責任に含まれると言って良いであろう。つまり，恒常的に利益を上げて財務的にも健全で本業が強化されているからこそ，事業も継続することができるのであり，いわば継続企業体（ゴーイング・コンサーン，going concern）としての社会的責任でもあるといえよう。

　ついで，法律的責任とは，近年では，コンプライアンス（法令遵守）という言葉で表されるように，法律を遵守してビジネスを実行せよというものである。なぜなら，「法律は社会的な規則の集合体であるため，これにしたがいビジネスに参加」するというものである。人間個人による法令違反（窃盗，詐欺，強盗，殺人など）が無くならないのと同様に，企業という法律上の人格を持った存在（法人格）においても，残念ながら法令違反という企業不祥事が無くならないどころか，現在でも相次いで発生し続けているのである。しかも，株式市場に上場している社会的な影響力が大きい公開株式会社においても，企業不祥事の発

図表2－2　2000年以降の企業不祥事と法令違反

発覚年月	企業不祥事名称	主要法令違反
2000年6月	雪印乳業集団食中毒事件	業務上過失致死
2001年5月	マルハタコ脱税事件	関税法違反
2002年1月	雪印食品偽装牛肉事件	食品衛生法違反
2003年6月	武富士電話盗聴事件	電気通信事業法違反
2004年3月	三菱ふそうのリコール隠し発覚	道路運送車両法違反
2005年2月	明治安田生命保険保険金不払い事件	保険業法違反
2006年1月	ライブドア粉飾決算，偽計・風説の流布事件	旧証券取引法違反
⋮	⋮	⋮
2011年11月	オリンパス財テク失敗のための損失隠し事件	金融商品取引法違反
2012年4月	日本精工，NTNなどによるベアリング・カルテル	独占禁止法違反

出所：齋藤監修，2007；『日本経済新聞朝刊』2011年11月9日，2012年4月17日に基づいて作成。

生が頻出している。図表2-2には，日本における2000年以降の企業不祥事と関連法令違反の一部が示されているが，ここからだけでも大企業において多様な企業不祥事が発生していることがわかる[3]。法令違反は，ステークホルダーに大きな影響，とりわけ負の影響を及ぼすことになる。それゆえ，法律的責任は経済的責任と同様に極めて重要な基礎的な責任なのである。

（2）上位の責任：倫理的責任と社会貢献的責任

　このような経済的責任と法律的責任という基礎的な責任事項を果たしたうえで，企業には，倫理的責任や社会貢献的責任というより上位の社会的責任を果たすことも求められてくる。倫理的責任とは，法律や条令で規制されている規制事項を超えて，社会通念や価値観といった道徳的な側面を考慮して正しい行動をする責任なのである。たとえば，多国籍企業が労働規制の弱い発展途上国での事業活動において，就学児童を労働に従事させる「児童労働」は，当該国の法律に違反していないとしても倫理的な行為とはいうことができない[4]。また，能力が同等でありながらも，男性ばかりが昇進できて，女性が昇進できないような男尊女卑的な人事管理制度を敷く企業も倫理的責任を果たしているとは言い難い。法律や条令は，あくまで最低限の規制であり，それらの範疇を超えて正しい行為をすることが倫理的責任であり，企業の「道徳的行為」ともいえるのである。

　最後に，最も上位の責任事項である社会貢献的責任は，フィランソロピーやメセナ[5]などに代表される企業活動であり，寄付行為に加えて，工場見学の受け入れ，従業員のボランティア活動促進など，文化や地域社会の発展に寄与する企業の取り組みのことをいう。つまり，社会のより良い発展を支援する企業の取り組みといえる。日本では，経常利益や所得の1％を社会貢献に支出する日本経済団体連合会（以下，日本経団連）の「1％（ワンパーセント）クラブ」の活動が代表的である。本書の第5章で詳細に論じるところであるが，東日本大震災後には，非被災地域に拠点を置く多くの企業が義援金や支援物資を被災地域に届けたり，孤児のための就学支援基金を設立したり，ボランティア有給

休暇を付与して従業員のボランティア活動を奨励したりするなどの活動が見られた。このような，社会に対してポジティブな影響をもたらす行為も企業には求められているのである。

　繰り返しになるが，キャロル＝ブックホルツのCSRピラミッドにおける構成要素は，経済的・法律的責任という基礎的責任事項，倫理的・社会貢献的責任という上位の責任事項によって構成されている。ここでのポイントは，基礎的な責任事項を果たさないままで上位の責任事項のみを履行することは，本来ありえないということである。たとえば，赤字を出し続けている企業がフィランソロピーに資金を拠出するようなことをしたり，また，損失隠しなどの法令違反をしている企業が社会課題の解決に取り組むようなことをする。このような行為は，表面的な社会的責任の履行に過ぎず，「見せかけ」で終わっていて企業の社会性を偽装するものである。それゆえ，CSRピラミッドというモデルが成立するには，経済的・法律的責任という基礎的責任事項を果たした上で倫理的・社会貢献的責任を満たす，あるいはこれら4つの社会的責任事項を同時に満たさなければならないのである。

1.2　各研究者・団体によるCSRの定義

　キャロル＝ブックホルツによる企業の社会的責任の構成要素の考え方は，世界的にも広く知られるモデルとなり，CSRを理解する大きな手掛かりの1つを提供してくれる。しかし，実際には，CSRの定義は多様であり「普遍的な同意」(universally agreed)はないといわれている(Anderson et al., 2005, p. 2)。そこで，各研究者・団体のCSRに対する定義をいくつか考察することで，CSRとは何か，さらに近年におけるCSRの意味について問うていく。

　まず，「小さな政府」という考えの下で，新自由主義を提唱し，マネタリストとしても知られる著名な経済学者フリードマン(Friedman, M.)は，経済学の立場から企業の社会的責任を極めて明確に述べている。

　　「企業には唯一の社会的責任が存在する。それは，企業の利益を最大化す

るように経営資源を用いて，経営活動を行っていくことである。もちろん，公正で開かれた競争という市場のルールを遵守したうえでのことである」(Friedman, 1970, p. 33)。

　このフリードマンの見解は，たしかに営利性という企業活動の本質に着目した社会的責任論である。つまり，企業の社会性そのものを，営利性という事業そのものに見出しているのである。このような考え方は，法人擬制説や私有財産説に基づいて展開される株主利益至上主義的な発想を直接的に反映するものである。しかし，現在，気候変動に代表される地球環境問題，途上国における児童労働や人権問題，世界的に高まる若年失業の問題と社会的排除 (social exclusion)，先進工業国と発展途上国間の経済格差，テロや内紛といった地域紛争など，地球規模的な課題が山積しているなかで，「グローバル・ガバナンス」(global governance) の視点が重視されてきている。このような潮流の下で，さまざまなステークホルダー関係や課題事項が現出していて，CSRという考え方が広がりを見せているのである。

　ここでいうガバナンスとは，「個人と機関，公共セクターと民間セクターが，共通課題をマネジメントする多くの方法の集まりであり」，また，そのようなプロセスによって「相反的な利害，あるいは多様な利害が継続的に調整され，協力関係が実行されていく」。したがって，グローバル・ガバナンスとは，政府間関係だけでなく，非政府組織 (NGO)，市民運動 (citizens' movements)，多国籍企業，世界的な資本市場をも巻き込みながら，このような世界的な課題に取り組む枠組みなのである (The Commission on Global Governance, 1995, pp. 2-3)。世界的に政府の力や役割が，さまざまな主体間において相対的に弱体化しているなかで，課題解決に対する民間セクターの関与，とくに企業の関与が強く求められるようになっているのである。より端的に言えば，従来は政府（公共）部門の範疇にあった課題事項を，企業が積極的に引き受けざるを得ない状況が醸成されているのである (Lin-Hi and Blumberg, 2011, p. 577)。

　ともあれ，単純な営利性の追求といった基礎的責任の遂行だけでは，企業行

動としては，十分な社会的要件を満たしていないと判断されるようになっているのである。つまり，グローバルな課題解決において，企業の社会性に対する期待が世界的に高まっているのである。以下の主要な研究者・団体によるCSRの定義にはこのような視点が含まれている。

【ボートライト（Boatright, J. R.）による定義】
「単に企業利潤や組織的健全性（organizational well-being）といった規範だけでなく，倫理的基準や社会的に望ましいという判断に基づいて，企業目的を選択し，企業の成果を評価するものである」（Boatright, 2003, p.373）。

【アルバレダら（Albareda, L. et al.）による定義】
「企業の自発的な行動に重要な影響を有するものであり，新しい社会的課題事項における責任実行のための手段である」（Albareda et al., 2006, p.387）。

【イギリス政府による定義】
「企業が行える自発的な活動であり，最小限の法律的要請というコンプライアンスを超えるものであり，企業自身の競争力強化と広範な社会的要請に応じるものである」（UK Government Homepage）。

【マルチステークホルダー・フォーラム（European Multi-Stakeholder Forum on Corporate Social Responsibility, 以下，EMSF）による定義】
「環境や社会における課題事項を自発的に事業活動に取り込み，法律や契約上の責任を超えるものである。…中略…ビジネスの中核に位置づけられ，利益を上げることに加え，ステークホルダーとの対話を通じて環境や社会の課題事項を解決し，企業の長期的な持続可能性に貢献するものである」（後述，EMSF, 2004, p.3）。

【谷本寛治による定義】

「企業活動のプロセスに社会的公正性や環境への配慮などを組み込み，ステイクホルダー（株主，従業員，顧客，環境，コミュニティなど）に対してアカウンタビリティを果たしていくこと。その結果，経済的・社会的・環境的パフォーマンスの向上を目指すことである」（谷本，2004，5頁）。

このような各研究者・団体のCSRの定義から，近年，議論されるCSRの本質が見えてくる。第1に，ボートライトの定義から，倫理的・社会的側面を包含しながら，企業目的と企業評価の在り様が変容しているということである（①）。つまり，フリードマンのような営利性のみの追求は「一元的企業概念」という企業観によって表象されるが，そのような考え方ではなくCSRは「多元的企業概念」に基づく企業観を提示しているのである[6]。

第2に，アルバレダらやイギリス政府による定義から，CSRは強制される受動的（passive）な活動ではなく，先取り的（proactive）で自発的（voluntary）な活動であり，広範で新しい社会的課題を解決せんとするものである（②）。ここでいう社会的課題とは，上記の地球環境問題，児童労働，南北格差などのグローバル・ガバナンスに関連する「新しい社会的挑戦」（the new social challenges）である。

第3に，イギリス政府とEMSFの定義では，さらに踏み込み，CSRはコンプライアンスという企業活動における最低限の要請を超える行為であることが示されている。そして，CSRに取り組むことが，企業それ自体の競争力強化と持続可能性に大きく関与してくるという見解も提示されている（③）。

第4に，EMSFと谷本の定義から，社会的課題事項を解決する仕組みを企業の事業活動およびプロセスに組み込むこと，すなわち当該企業における事業との関連性を持たせながら，環境（自然環境）や社会（コミュニティ）における課題を解決していくことである（④）。また，企業の業績（経済），社会，環境，それぞれのパフォーマンスがいずれかを欠く状態，すなわちゼロサム的に達成されるのではなく，3者が"win-win"の関係（トリプル・ウィン）を目指して

図表2－3　各研究者・団体の定義から析出されたCSRの要素

定義から析出された要素	価値観・目的
①企業目的と企業評価の在り様の変容	多元的企業概念
②広範で新しい社会的課題の解決	先取り的・自発的
③企業の競争力強化と持続可能性	法令遵守を超えて
④事業を通じた課題解決への貢献	トリプル・ウィン
⑤ステークホルダーとの対話	社会ニーズの充足

出所：筆者作成。

いく取り組みである。

　このように経済，社会，環境という3つの視点からパフォーマンスを捉えようとする考え方は，「トリプル・ボトム・ライン」(Triple Bottom Line) と呼ばれる。トリプル・ボトム・ラインは，1997年にイギリスのサステナビリティ社 (SustainAbility) のエルキントン (Elkington, J.) によって提示された概念であり，近年では多くの企業で発行されるようになっているサステナビリティ・レポート（持続可能性報告書）やCSR報告書においても，この経済・環境・社会という3つの評価項目によって報告書が作成されるようになっている。

　さらに，企業が独善的に環境や社会課題に取り組むのではなく，ステークホルダーからの要請を汲み取ること，すなわち社会的ニーズ（後述の社会的コーズ）を満たすことが必要である。それゆえ，CSRの実行には，ステークホルダーへのアカウンタビリティ（説明責任）や彼らとの対話を通じてなされるべきであるという考え方である（⑤）。このように企業の意思決定や活動にステークホルダーの意見や関心を取り込みCSRに反映させることは，ステークホルダー・エンゲージメント (stakeholder engagement) と呼称されている[7]。

　ともあれ，近年，あえてCSRとして呼称される取り組みは，企業不祥事や社会貢献という従来の視点を含みつつ，そこには新たな5つの特徴を見ることができるのである（図表2－3）。気候変動，世界的な人権問題，南北格差といった地球規模的な課題への対応，すなわちグローバル・ガバナンスという文脈

において，地域的な問題も含めて，社会的に責任ある行為を事業のなかに位置づけようとする取り組みであり，CSR は，企業と社会（環境も含めた）の「持続可能な発展」(sustainable development) を目指すものである。つまり，CSR とは，企業のグローバルな対応であろうと，ローカルな対応であろうと事業との関連性を意識しながら行われる持続可能な発展を目指す取り組みなのである。CSR は単に企業に社会的責任を求める動きではなく，企業目的の在り様，事業の仕組み，ひいては企業の存在意義そのものの変容を迫っており，究極的にはパラダイム・シフトさえもたらすものであるといえよう。

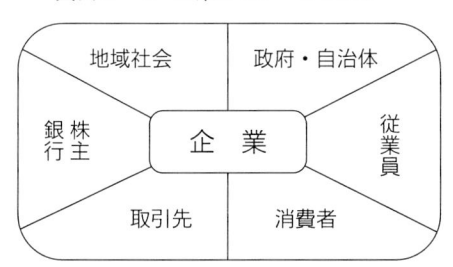

1.3　CSR の客体であるステークホルダー

（1）ステークホルダーに対する課題事項

　CSR を議論するには，ステークホルダーという利害関係者の概念を欠くことはできない。ステークホルダーとは，企業の行動に影響を及ぼす，または企業の行動から影響を受ける集団または個人である (Freeman, 1983, p. 52)。企業のステークホルダーは，簡便ながら図表 2 − 4 のように整理される。政府・自治体，従業員，消費者，取引先，銀行・株主，地域社会といった存在である[8]。これらステークホルダーとの間に生じる「課題事項」(issues) との関係で，企業は社会的責任を果たしていく必要があるのである。課題事項とは，「それへの対処が適正を欠くならば，深刻な問題 (problem) に発展することが避けられ

図表 2 − 4　企業とステークホルダー

地域社会	政府・自治体
銀行　株主	企　業	従業員
取引先	消費者

出所：Carroll and Buchholtz, 1999, p. 7 を加筆修正。

ない」もの（中村，2003, 7 - 8頁），あるいは課題事項をクリアすることができれば，企業とステークホルダーに正の影響を及ぼすことも可能になり，両者の持続可能な発展にも貢献するものである。

　まず，政府や自治体は，法律や条例による企業行動の規制，法人税や法人事業税・法人住民税などによる課税，資金的助成やその他の支援による企業活動の促進を通じて，企業との関係を有するステークホルダーである。企業は，政府・自治体に対して，法令を遵守し，納税義務を履行し，贈収賄などの不正を行わない「厳正」な関係を構築していく必要があるのである。ついで，消費者は，企業から生活に有用な製品やサービスの提供を受け，その対価を企業に支払う存在である。当該企業の商品やサービスを購入する消費者は顧客と呼ばれ，そのような顧客が存在するからこそ，企業は売上を上げることができ事業活動を継続することができる。消費者との間の課題事項は，安全で安心な商品・サービスの提供，適正な価格設定や広告，顧客情報の保護などであり，「誠実さ」が企業には求められてくる。

　取引先は，企業活動に必要な製品やサービスなどを提供してくれるサプライヤーであり，自社の製品やサービスの納入先である顧客企業にもなる。B to B（Business to Business）企業では，サプライヤーという取引先から材料や部品などを仕入れて，納入先（顧客）という取引先に製品を納入することになる。取引先に対する課題事項は，納入期日や支払期限の遵守，適正額の支払い，要求される品質の達成などであり，「公正」な対応が求められる。そして，株主や銀行は，投資家として必要な資金を提供することで，金融の側面から企業活動を支える存在である。銀行については，企業と銀行間の個別的な取り決めによることが多いため，全般的な課題を設定することは困難であるが，株主や社債権者などの投資家に対しては，適切な配当や公正な情報開示など市場のルールに則って「公平」に対応することが課題となる。

　政府・自治体，消費者，取引先，銀行・株主が組織の外部のステークホルダーであるのに対して，従業員は，組織内部のステークホルダーである。彼らは，企業の戦略や目的を実行する，つまり事業活動に直接的に携わり企業の拡大再

生産に貢献する存在である[9]。従業員との間の課題事項は，適正で遅延のない給与の支払い，福利厚生の充実，安全で衛生的な職場環境の提供，ハラスメントの防止などであり，彼らの「尊厳」を尊重する必要があるのである。近年では，従業員にとって望ましい仕事の在り方を示す「ディーセント・ワーク」(decent work, 働きがいのある人間らしい仕事）という概念が，ILO によって提示されており，職場における従業員の尊厳を守る必要性が高まっている[10]。

　最後に，地域社会は，企業の事業所や工場などが所在している「地域」において形成されている「社会」である。地域社会とは，「組織の所在地に物理的に隣接する，または組織が影響を及ぼす地域内にある住居集落，その他の社会的集落」であり（ISO/SR 国内委員会監修・日本規格協会編，2011，165頁），当該企業の活動が影響を及ぼし得る距離的範囲内に居住・点在するステークホルダーの集合的存在である。また，そのような地域社会には，共通目標および信頼感がその構成員のなかに醸成されることを指摘する見解もある（国民生活審議会調査部会コミュニティ問題小委員会，1969，155-156頁）。

　地域社会には地域住民や地域の市民活動（NPO, 非営利組織）が含まれるだけでなく，そこに住む従業員，消費者，取引先，銀行・株主なども地域社会を構成する一員になる。それゆえ，これらのステークホルダーは地域社会の構成員としての側面も有しているのであり，地域社会と他のステークホルダーを厳密に区分することは困難である。地域社会に対する課題事項は，地域での雇用や取引を優先させることで地域経済に貢献したり，地域の商店街や団体などとイベントを行う（あるいは協賛する）ことで地域活性化に貢献したり，環境保全活動に取り組み地域の環境維持に貢献したりと，このような「貢献」が地域社会においては求められてくる。そして，このような貢献によって，企業と地域社会が「共生」の関係を築いていくことが重要になってくる。なぜなら，いかなる企業であろうとも，企業が位置する地域社会が存在しなければ，企業自体の存続も不可能だからである（岡本，2004，21頁）。地域社会の健全な発展に対して，企業は社会的責任を負うことになるのである。東日本大震災で大きな被害を受けたのは，まさに地域社会であり，とくに津波被害や原発被害の地域社会

は壊滅的状態に追い込まれた。この事態を受けて，企業は，改めて地域社会が企業それ自体の存続にとって不可欠な存在であることを強く実感したことであろう[11]。

このようにCSRの基本的な考え方は，キャロル＝ブックホルツによれば，経済的，法律的，倫理的，社会貢献的という4つの責任事項を，企業のステークホルダーとの関係で果たしていくことである。4つの責任事項は，基礎的責任を満たしたうえで上位の責任を履行していくか，それどころか，これら4つの責任を同時にすべて履行する必要さえある。また，ステークホルダーに対しても，企業は関係するステークホルダーすべてとの間の課題事項に対して社会的責任を果たす必要があるのである。この考え方は，どちらかというとCSRに対する基本的な考え方でもある。これに加えて，上記ではCSRの新しい考え方について，その定義を考察してきた。それによると，このようなCSRの基本をより確実に実行せしめるための要素が提示された。そこには持続可能な発展という究極的な目的に向けて，①企業目的と企業評価の変容，②社会的課題への先取り的取り組み，③自社の競争力強化を目指す，④事業との関連性を持たせた課題解決，⑤ステークホルダーとの対話が重要になってくるのである。

（2）ISO26000における地域社会の捉え方

2010年11月に，ISO（International Organization for Standardization, 国際標準化機構）によって国際的なCSRのガイドラインであるISO26000 SR規格（Social Responsibility, 組織の社会的責任）が発表された。ISOは，スイスのジュネーブに本拠を置く，各国の標準化機構（ISO会員団体）によって構成される連合である。品質規格のISO9000シリーズや環境規格のISO14000シリーズなどのISOが発行する規格は，国際標準規格としての性質を有しており，その認証が国際取引において必須になってきている（日本貿易振興機構ホームページ）。ISO26000の発行においては，産業界，政府，消費者，労働組合，NGOの5つの主要ステークホルダーの代表が参加して議論された。後述のEMSFもその取り組み例の1つであるが，このような多様なステークホルダーが参加し

て，議論を重ねてコンセンサスを形成するプロセスをマルチステークホルダー・プロセス（Multi-Stakeholder Process，以下 MSP）という。ISO26000 は，世界各国において取り扱いが異なるため，共通の尺度になるかは明確ではないが，WTO（世界貿易機関）においては，社会的責任についてはこの規格で統一していくことが確認されているという（谷本，2013，122 頁）[12]。

　ISO26000 の対象は，企業だけでなく，組織全般に及ぶものであるが，しかしその主たるターゲットが企業であることは明らかである。ともあれ，ISO26000 では，組織が果たすべき責任事項として 7 つの中核主題とそれぞれについて種々の課題が設定されている（図表 2 − 5）。中核主題は，組織統治（コーポレート・ガバナンス）[13]，人権，労働慣行，環境，公正な事業慣行，消費者課題，コミュニティであり，地域社会との関係が CSR の重要な要素の 1 つになってくることが指摘されている。本書の主たる考察対象であるコミュニティに関してみると[14]，「コミュニティに対して率先して行う働きかけ」であるコミュニティへの参画，「社会的一体性及び社会の発展にプラスの影響」を及ぼす教育及び文化，「貧困の緩和，並びに経済的及び社会的発展の推進に貢献」する雇用創出及び技能開発，地域社会の「健康を増進し，健康への脅威及び疾病を防止し，コミュニティへの害を軽減」する健康，コミュニティが「最新技術の十分かつ安全な利用を特に必要としている」際には技術の開発及び技術へのアクセスの確保，「コミュニティに永続的利益をもたらすような環境の形成」に貢献する富及び所得の創出，最後にコミュニティの「生活の社会的側面を改善するためのイニシアティブおよびプログラムに自らの資源を投資」する社会的投資である（ISO/SR 国内委員会監修・日本規格協会編，2011，172-181 頁）。

　このように，ISO26000 では，社会貢献や雇用といった諸課題も含みつつ，包括的にコミュニティの持続的な発展に向けた関与を企業に求めている。つまり，国際的な CSR 基準・規格においても，地域社会と企業との共存が大きく問われるようになっているのである。とりわけ，地域社会がより良い発展を遂げるようポジティブな影響を，企業の「中核活動」，つまり事業との関連性によって及ぼすことを強く求めている。ただし，東日本大震災のような災害の発

図表 2－5　ISO26000 の中核主題と課題事項

中核主題	課題
1. 組織統治	
2. 人　権	・デューディリジェンス　・人権に関する危機的状況 ・加担の回避　・苦情解決　・差別及び社会的弱者 ・市民的及び政治的権利　・経済的，社会的及び文化的権利 ・労働における基本的原則及び権利
3. 労働慣行	・雇用及び雇用関係　・労働条件及び社会的保護　・社会対話 ・労働における安全衛生　・職場における人材育成及び訓練
4. 環　境	・汚染の予防　・持続可能な資源の利用 ・気候変動の緩和及び気候変動への適応 ・環境保護，生物多様性，及び自然生息地の回復
5. 公正な事業慣行	・汚職防止　・責任ある政治的関与　・公正な競争 ・バリュー・チェーンにおける社会的責任の推進　・財産権の尊重
6. 消費者課題	・公正なマーケティング，事実に即した偏りのない情報，及び公正な契約慣行　・消費者の安全衛生の保護 ・持続可能な消費　・教育及び意識向上 ・消費者に対するサービス，支援，並びに苦情及び紛争の解決 ・消費者データ保護及びプライバシー ・必要不可欠なサービスへのアクセス
7. コミュニティ	・コミュニティへの参画　・教育及び文化 ・雇用創出及び技能開発　・健康 ・技術の開発及び技術へのアクセス　・富及び所得の創出 ・社会的投資

出所：ISO/SR 国内委員会監修・日本規格協会編，2011，8－12頁に基づいて作成。

生によって，地域社会が瓦解する危機的状況下すなわち「有事」の状況を ISO26000 は想定しているわけではない。このような有事における企業の活動，たとえば，避難所として施設を開放したり，店舗を開店して物資提供に努めたり，事業を継続して供給責任や雇用を守ったりなどの企業行動は，地域社会の瓦解を防ぐうえで欠くことはできない。震災時に地域社会を支える役割は，本来は，政府・行政・自治体などの公共部門に帰するものであるため，理念的には，営利追求体である企業にそのような義務や責任が発生することはない。それにもかかわらず，震災時において，企業は地域社会を支えるためにさまざま

な行動をしたのであって，このような行動は，企業の地域社会に対する社会貢献であり，地域社会の瓦解を防いで，復旧・復興へとつなげ，コミュニティのさらなる発展に貢献せんとするものである。震災対応のような CSR 活動も ISO26000 のコミュニティとも整合性を有する企業の取り組みなのである。

2．CSR の新しい視点：CSR と経営戦略

2.1　CSR の明示化と制度化

　近年では，CSR が経営戦略との関係で論じられるようになっている。つまり，CSR を企業の中核課題に位置づけ，それに戦略的に取り組むことによって，「競争優位」（competitive advantage）が構築されるのかというテーマである。日本においても，CSR を経営戦略との関係で捉えようとする研究が散見されるようになっている（たとえば，伊吹，2005；矢口，2008a；黒川・赤羽編著，2009；古江，2011 など）。しばしば，CSR と競争優位との関係に着目して行われてきた研究の 1 つには，CSR と財務的な成果の関係性を評価しようとするものがある。谷本によると，そのような研究によって導かれた見解は，3 つのパターンに分類されるという（谷本，2013，28-29 頁）。つまり，両者間に正の相関関係がある場合，負の相関関係がある場合，相関関係がない場合の 3 通りであるが，それぞれ指標選択や分析方法によって結論が変わってくるため，CSR と財務的な成果の関係づけを明確に行うことは困難であるという[15]。

　それでも，「CSR は採算が合う」（"CSR pays"）という考え方が，広く普及することになっている。上記のイギリス政府や EMSF の CSR の定義においては，企業それ自体の競争力強化が盛り込まれているが，ここには長期的な観点から見た場合には，CSR に取り組むことで，何らかのメリットがもたらされると強く認識されているのである。そのように CSR が捉えられるようになってきた背景には，企業の外部環境の変化と「CSR の制度化」が大きく関係してくる。以下では，CSR の制度化を詳しく見ていく。なお，外部環境の変化については，上記のグローバル・ガバナンスの視点だけでなく，「市場社会」

が変容しており，そのなかで消費者，投資家（銀行・株主），取引先，従業員などがCSRを評価基準に入れるようになっていて，CSRが「市場に埋め込まれて」くるようになっている（谷本，2013，48-50頁）[16]。

そもそも，「CSRの制度化」(institutionalization of CSR)とは何か。これの類似概念として，「企業倫理の制度化」が企業倫理研究においてしばしば指摘されてきた。それは，倫理的な問題に対して「訓練活動，倫理的行動の監査・評価の公式化された手続き，…（中略）…倫理ホットラインや公式の倫理担当部署・役員や倫理的政策・手続きを設定および評価する職能横断的委員会」などを企業内部に仕組み（プログラム）として構築していくこと，と定義される (Weaver et al., 1999, pp. 539-540)。

この企業倫理の制度化概念を援用して，CSRの制度化枠組みを考えると以下のようになる。まず，CSRを経営戦略に位置づけることであり，そのためには，CSRがトップ・マネジメントの主要な課題事項になっている必要がある。それには，企業の倫理や社会的な価値観を明示した遵守すべき企業行動基準（Code of Conduct）が策定され，取締役会においては，CSR担当の専任取締役・執行役員（officer）や取締役会内委員会としてCSR委員会が設置され，環境や社会の視点を踏まえた戦略的な意思決定が行われることになる。さらにCSRを組織的に推進したり，社会的ニーズを捉えるために専任部署が設置される。そして，実際に，各事業部門は，取締役会での意思決定やCSR専任部署の助言などを得ながら，社会と環境に配慮した事業活動を行うことになる。最後に，CSRに取り組んだ成果をCSR報告書を通じて情報公開することで，社会に対してCSRの取り組みをPRして企業評価の向上を狙うとともに，ステークホルダー・エンゲージメントを通じて当該企業のCSRを改善していく（図表2－6）[17]。このようにCSRの制度化とは，CSRが経営戦略に位置づけられ，組織のなかに制度化されている状況を示しているのである。

このようなCSRの考え方は，一方では，「暗黙的CSR」(implicit CSR)と「明示的CSR」(explicit CSR)という概念で説明される。これは，ムーン (Moon, J.)によって提示された概念であり，CSRの理念や行為の変遷につい

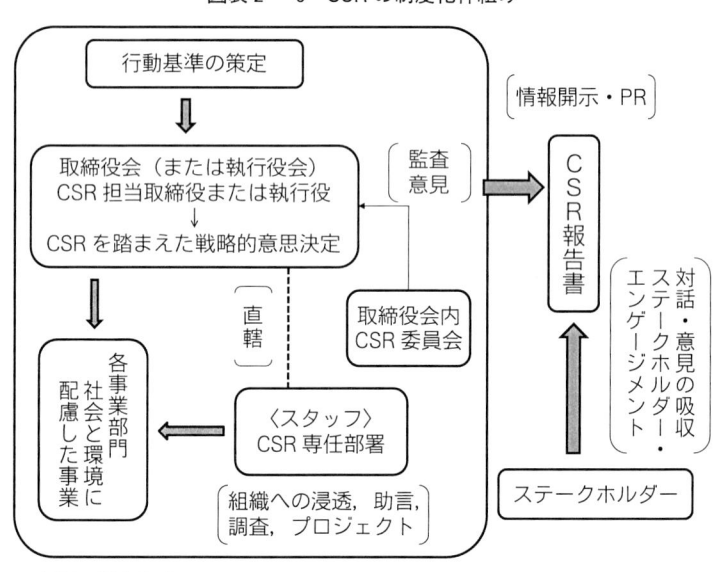

図表2－6　CSRの制度化枠組み

```
┌─────────────────────────────────────┐              ┌──情報開示・PR──┐
│        ┌──────────────┐             │              │               │
│        │ 行動基準の策定 │             │              │              ┌─┐  ┌─────┐
│        └──────┬───────┘             │              │              │C│  │対   │
│               ↓                     │   監査       │              │S│  │話   │
│      ┌────────────────────┐         │   意見       │              │R│  │・   │
│      │取締役会（または執行役会）│         │←──────┐   │              │報│  │意ス │
│      │CSR担当取締役または執行役│         │       │   ├──────────→  │告│  │見テ │
│      │         ↓          │         │       │   │              │書│  │のー │
│      │CSRを踏まえた戦略的意思決定│         │       │   │              └─┘  │吸ク ・│
│      └──────┬─────────────┘         │       │   │               ↑    │収ホ  │
│             │                       │       │   │               │    │  ル エ│
│             │         ┌─直─┐ ┌──────┴──┐ │               │    │  ダ ン│
│             │         │ 轄 │ │ 取締役会内 │ │               │    │  ー ゲ│
│             │         │    │ │ CSR委員会 │ │               │    │    ・ ー│
│             ↓         │    │ └─────────┘ │               │    │      ジ│
│      ┌─────────┐     │    │     ↑       │               │    │      メ│
│      │各事業部門 │     │    │     │       │               │    │      ン│
│      │社会と環境 │←────┴────┤〈スタッフ〉│               │    │      ト│
│      │に配慮した │          │CSR専任部署 │               │    └─────┘
│      │事業       │          └─────┬─────┘               │
│      └─────────┘                   │                     │
│                        ┌───────────┴──────────┐          │
│                        │組織への浸透, 助言,    │          │ ┌──────────┐
│                        │調査, プロジェクト     │          │ │ステークホルダー│
│                        └──────────────────────┘          │ └──────────┘
└─────────────────────────────────────┘              └───────────────┘
```

出所：筆者作成。

て述べるものである（Moon, 2005, p.51）。この暗黙的CSRと明示的CSRについて，ムーンの論文から得られた筆者の解釈に基づき，それらを解説すると以下のようになる。

　企業の社会的責任自体は，古くから論じられてきたし，日本においては近江商人や三井家などの江戸時代の商家の商売に対する姿勢にさえ見出すことができる（岡本，2004，33-35頁）。また，次章でも若干触れるところであるが，20世紀初頭にも多くの企業家が社会的責任を自覚した企業経営を行っていた。たとえば，イギリスにおいてはキャドベリー（Cadbury, G.）やラウントリー（Rowntree, J.）などのクェーカー教徒（Quaker）の企業家による博愛主義的・人道主義的経営が知られている[18]。このような企業家が活躍した時代においては，CSRは制度化されたものではなく，組織的に取り組まれるものでもない，「企業家」による社会的責任だったのである。

つまり，企業の社会的責任が，経営者の哲学，良心，使命などに深く組み込まれており，社会通念において暗黙の前提・果たすべき当然の責務として取り込まれている状態なのである。それゆえ，企業は，果たした社会的責任や社会貢献を自ら喧伝するわけではなく，換言すれば，何らかの見返りを求めるのではなく，評価はその行動の結果としてステークホルダーから事業継続の「正当性」という形でもたらされる。このような企業と社会の間の暗黙の前提として取り組まれるCSRが暗黙的CSRなのである。

これに対して，明示的CSRとは，CSRが表層化して，組織内部に制度化されて，経営戦略に組み込まれている状況である。これはまさに図表2-6のような取り組みであり，CSRに対する取り組みが，経営者個人の良心に基づく暗黙的な活動ではなく，組織的な取り組みとして実践され，その成果が積極的に喧伝されてステークホルダーに開示される。現在では，投資家，NGO，研究者，消費者などのステークホルダーから情報公開が要求されるようになっているし，また企業としても優れたCSR実践を示すことで当該企業の評価を高めたり，事業を円滑に進めようとする狙いもある。また，このような制度化は，各国政府・地域（後述のEUと欧州委員会）や国際機関などによるCSRに関するガイドライン策定や促進策などによってさらに推進されるようにもなっている[19]。

図表2-7は，KPMGによるG250企業[20]におけるCSR報告書の発行状況調査である。これによると，1999年ごろからCSR報告書を発行する企業が急速に増えており，2011年時点では，その発行割り合いは95％に及んでいる。ついで，KPMGは主要各国の代表的企業100社を調査して，CSR報告書の発行割り合いを調査している（図表2-8）。先進主要各国のなかでもイギリスと日本では，上位の大企業のほぼすべてがCSR報告書を発行していることがわかる。CSR報告書の質の高低は別にしても，イギリスや日本をはじめとする先進国では，相当程度の企業においてCSR報告書が発行されている。つまり，CSRの取り組みが顕著に明示化しつつあるといえるであろう。また，KPMGは，CSR報告書の発行動機についても調査しており，そこには企業の評判・

図表 2 - 7　G250 企業の CSR 報告書発行状況

- 1999年: 35%
- 2002年: 45%
- 2005年: 64%
- 2008年: 83%
- 2011年: 95%

出所：KPMG, 2011, 7 頁を加筆修正。

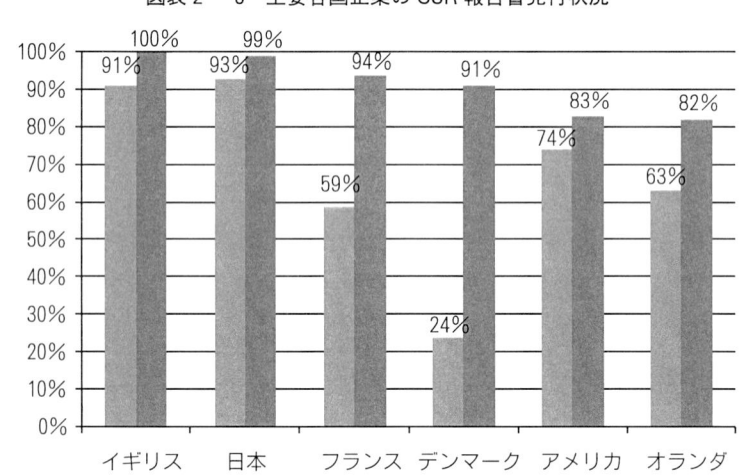

図表 2 - 8　主要各国企業の CSR 報告書発行状況

国	2008年	2011年
イギリス	91%	100%
日本	93%	99%
フランス	59%	94%
デンマーク	24%	91%
アメリカ	74%	83%
オランダ	63%	82%

注：棒グラフの左が 2008 年，右が 2011 年の数値をそれぞれ示している。
出所：KPMG, 2011, 10 頁を加筆修正。

ブランド向上，従業員のモチベーション向上，株主価値の向上，政府との関係性向上などが発行動機の大きな割り合いを占めており，競争優位の向上を狙う経営戦略的な取り組みであることも示されている（KPMG, 2011, 19頁）。

2.2 ポーター＝クラマーによるCSR経営戦略

ポーター＝クラマー（Porter, M. E. and Kramer, M. R.）は，自身の競争戦略論の考えを援用して，新しいCSR経営戦略論を提示している（Porter and Kramer, 2006）。そこでは，CSRが長期的な競争力の向上にいかに貢献できるかを問うている。ポーターのCSR戦略における主張においても，その中心となるのは，経営戦略や事業と関連づけて，企業と社会の関係を統合化することにある。ポーター＝クラマーによる，CSR戦略の主要な論点は，まず企業にとって解決すべき社会的な課題事項を分類し優先順位をつける。ついで，そのように分類した社会課題に対するCSRから，受動的CSRと戦略的CSRを区別する。そして，バリュー・プロポジションに社会性を取り込むことで優れたCSR戦略の実現を提示している。

まず，社会的課題事項の優先づけについて，ポーター＝クラマーは，どの企業であれ，すべての社会課題を解決したり，そのコストを負担することはできないことを指摘する。彼らは，そのために社会課題を3つに分類する。その1つが，「一般的な社会課題」（Generic Social Issues）であり，企業の事業活動によって決定的な影響を及ぼすこともなく，企業の長期的な競争力にも大きな影響を及ぼすことはない社会課題である。ついで，「バリュー・チェーンの社会的影響」（Value Chain Social Impacts）であり，これは企業の通常の事業活動によって大きな影響を受けるものである。バリュー・チェーン（Value Chain）とは，企業が価値を創出するための事業活動のプロセスを，主要活動（ライン）と支援活動（スタッフ）の観点から分析したものである。そのバリュー・チェーン，つまり企業の主要活動と支援活動によって社会に及ぼされる影響がバリュー・チェーンの社会的影響である（図表2-9）。そして，「競争環境の社会的次元」（Social Dimensions of Competitive Context）であり，これは企業が操業する地

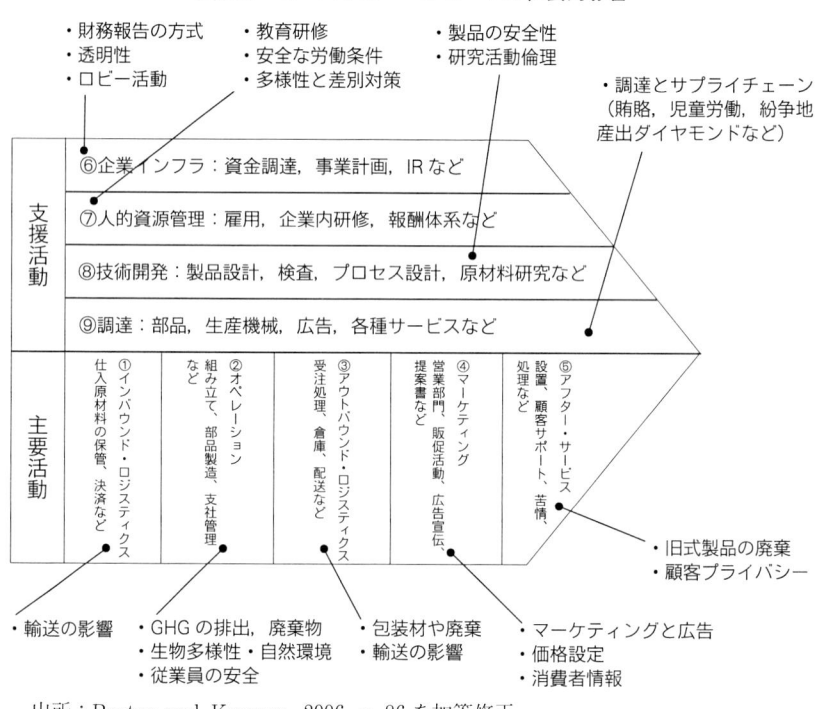

図表 2 − 9　バリュー・チェーンの社会的影響

- ・財務報告の方式
- ・透明性
- ・ロビー活動

- ・教育研修
- ・安全な労働条件
- ・多様性と差別対策

- ・製品の安全性
- ・研究活動倫理

- ・調達とサプライチェーン（賄賂，児童労働，紛争地産出ダイヤモンドなど）

支援活動
- ⑥企業インフラ：資金調達，事業計画，IRなど
- ⑦人的資源管理：雇用，企業内研修，報酬体系など
- ⑧技術開発：製品設計，検査，プロセス設計，原材料研究など
- ⑨調達：部品，生産機械，広告，各種サービスなど

主要活動
- ①インバウンド・ロジスティクス　仕入原材料の保管，決済など
- ②オペレーション　組み立て，部品製造，支社管理など
- ③アウトバウンド・ロジスティクス　受注処理，倉庫，配送など
- ④マーケティング　営業部門，販促活動，広告宣伝，提案書など
- ⑤アフター・サービス　設置，顧客サポート，苦情，処理など

- ・旧式製品の廃棄
- ・顧客プライバシー

- ・輸送の影響
- ・GHGの排出，廃棄物
- ・生物多様性・自然環境
- ・従業員の安全
- ・包装材や廃棄
- ・輸送の影響
- ・マーケティングと広告
- ・価格設定
- ・消費者情報

出所：Porter and Kramer, 2006, p.86 を加筆修正。

域において，企業の競争力に関する基礎的要因に大きな影響を与えるものである。

　そして，これら3つの社会的課題事項は，企業によってそれぞれ位置づけが異なってくる。その一例として，アフリカ大陸で流行するエイズ問題は，日用品や食品などを販売する小売・流通業にとっては「一般的な社会課題」であるが，グラクソ・スミスクラインのような製薬企業にとっては「バリュー・チェーンの社会的影響」であり，さらに現地の労働力に依存する石油・天然ガスなどの採掘産業においては「競争環境の社会的次元」に位置づけられるのである（Porter and Kramer, 2006, pp.84-85）。

　ポーター＝クラマーは，このように社会的課題事項を整理したうえで，それ

図表2−10　戦略的アプローチによる社会課題への関与

一般的な社会課題	バリュー・チェーンの社会的影響	競争環境の社会的側面
良き企業市民的活動 受動的CSR	バリュー・チェーンの活動から悪影響の軽減 バリュー・チェーンの活動を社会に役立ち，同時に企業戦略を強化するものへと変容	戦略的フィランソロピー：経営資源を用いて競争環境における重要な課題事項を改善する 戦略的CSR

出所：Porter and Kramer, 2006, p. 89

らの対象に対するCSRの在り様について，「受動的CSR」(Responsive CSR) と「戦略的CSR」(Strategic CSR) という考え方を提示している (図表2−10)。受動的CSRとは，バリュー・チェーンからの悪影響の軽減を目的とする負の影響の緩和と，良き企業市民的活動（フィランソロピー）という社会からの要求に感応的に対応するものである。いわば，「受け身の姿勢」と「迷惑をかけない」という2つの特性によって構成されるCSRである。

　これらの活動は，CSRには欠かせないものであるが，戦略的CSRを実現するには，このような活動を超えて，社会と企業にとって大きなメリットをもたらすイニシアティブに取り組む必要があるという。まず，バリュー・チェーンの活動を社会に役立つものに変容させることは，「共通価値」(shared value) を実現していくことにある。この一例として，ポーター＝クラマーは，トヨタ自動車のハイブリッド・カーが，競争優位と環境保護（バリュー・チェーンの社会的影響の緩和）の両立を達成していることを挙げている。さらに，フィランソロピーも戦略的に行っていく必要があるという。つまり，競争環境の社会的次元に投資することで，企業の成功と社会の成功が相互に強化される関係が構築されていくという。この例として，マイクロソフトが短期大学のIT教育に多大な支援をして，教育それ自体に貢献するとともに人材確保など企業それ自体の競争力強化にも貢献しているのである。このように，顧客に提供する一連の

価値の組み合わせであるバリュー・プロポジション (value proposition) に社会的次元の統合を進めることによって優れた戦略的 CSR が実現していく (Porter and Kramer, 2006, pp. 85-90)。ポーター＝クラマーは，企業活動の実践的側面から CSR への取り組みを考察し，CSR 戦略の枠組みを提示しているのである。

2.3　経済的価値と社会的価値の両立に向けて

　このようなポーター＝クラマーの CSR 戦略以降，経済的価値と社会的価値をいかに両立させていくかが主題の１つとなっている。そして，ポーター＝クラマーは，上記の受動的 CSR と戦略的 CSR のうちの後者を戦略として具現化，そして具体的に実践していくための概念として CSV (Creating Shared Value, 共通価値創造) を提示している。

　CSV における SV (共通価値) とは，企業が位置する地域社会の経済的・社会的状況をより良いものにする一方，同時に企業の競争力を強化する企業戦略とその実践活動である。そして，CSV を実践するためには，①製品と市場を見直すこと，②バリュー・チェーン内の生産性を再定義すること，③企業が位置する地域社会を支援する産業集積の形成という３つの側面からアプローチすることができる。①に関しては，変化し続ける社会的ニーズを探し続け，自社の製品やサービスによって，そのようなニーズを解決できる可能性があることを明らかにすることである。たとえば，発展途上国における低所得者層を新たな顧客とする BOP ("Bottom of the Pyramid" あるいは "Base of the Pyramid") ビジネスは，現地地域の経済・社会的状況を改善し，同時に企業の競争力向上につながることから注目を集めている。

　②について考えると，バリュー・チェーンの影響によって生じる社会課題は，企業にとって経済的コストを生じさせることもある。つまり，単なる経済合理性や生産性のみでバリュー・チェーンの生産性を定義すると，新たな社会課題が発生してコスト負担を増加させてしまう。それゆえ，共通価値の観点から，バリュー・チェーンの生産性を再定義する必要があるのである。最後に，③については，企業は自社の生産性を高めるためにクラスターを形成するが，企業

がその主要拠点に産業集積をつくれば，企業の成功と地域社会の成功を強化することになる。企業の成長は，地域のクラスターで雇用を創出し，新たな起業が促進され，また付帯的なサービスなどの乗数効果を生み出すからである。このように，企業活動を通じた共通価値創造により，社会的価値と経済的価値の双方を創造することができるのであり，そして，企業が共通価値を追求することで，当該企業の事業は社会全体の利益にも貢献することになる。このようなことから，これら3つのアプローチは，最終的には，新しい資本主義社会の現出にまでつながる可能性があるという (Porter and Kramer, 2011, pp.66-77)。

事業とCSRを両立させる視点に基づいて，コトラー＝リー (Kotler, P. and Lee, N.) は「社会的コーズ」(social causes, 社会的主張) という概念を用いて，マーケティングの観点からCSRを考察している。いわば，CSRに対するマーケティング・アプローチと呼ぶことができよう。ここでいう社会的コーズとは，筆者の解釈によれば，社会課題には潜在的なものと顕在的なものの双方があるが，このうち顕在化してその解決が社会からの強い要望となっている課題のことである。また，潜在的なものについても，企業が後述の取り組みをすることによって社会的コーズを喚起して，顕在化させることもできるのである。

コトラー＝リーは，企業が社会的コーズに取り組むこと (「良きことをする」 (Doing Good)) で，企業には多くのメリットがもたらされることを具体的に示している (Kotler and Lee, 2005)。すなわち，①売上とマーケット・シェアの増大，②ブランド・ポジショニング[21]の強化，③企業イメージと政治的影響力の強化，④従業員の動機づけや離職率の低下，⑤事業上のコスト削減，⑥投資家や金融アナリストに対するアピール力の増大である。そして，社会的コーズに取り組むためにマーケティングの視点から3つの戦略実行が提案される。①コーズ・プロモーション (Corporate Cause Promotions)，②コーズ・リレイテッド・マーケティング (Cause Related Marketing)，③ソーシャル・マーケティング (Corporate Social Marketing) である (Kotler and Lee, 2005, pp.10-24)。

まず，コーズ・プロモーションとは，社会的コーズについての意識と関心を高めるようなプロモーション活動を行うことである。企業は，資金拠出，物資

提供，その他の経営資源を用いてそのような社会的コーズに対する関心を喚起することになる。要は，現在の社会課題を，メディアなどの適切なコミュニケーション・チャネルを使い，消費者（潜在的顧客）の関心を喚起するプロモーション戦略なのであるという。これによって，ブランド・ポジショニング，ブランド選好，売上高の増大，顧客ロイヤルティが強化されることを，ベン・アンド・ジェリーズ（Ben & Jerry's，アメリカのアイスクリーム製造販売企業）の地球温暖化に対するキャンペーンや，同じくアメリカの百貨店ノードストローム（Nordstrom）のダイバーシティ（diversity，多様性）に取り組むキャンペーンなどのケースで説明されている（Kotler and Lee, 2005, pp. 49-68）。

ついで，コーズ・リレイテッド・マーケティングは，製品の販売をベースにして社会的コーズに対して行われるCSR活動である。つまり，製品の売上高の一定パーセントを特定の社会課題を解決するために使用したり，寄付をしたりする行為である。このメリットとしては，新規顧客の獲得，ニッチ市場の開拓，製品の売上高増大などがある（Kotler and Lee, 2005, pp.81-93）。最も有名なケースの1つとして，ボルビック（Volvic）による"1L for 10L"プログラムがよく知られている。東日本大震災発生後には，企業が売上の一部を被災者の生活再建支援や震災孤児の就学支援などに寄付をしたが，このような活動もコーズ・リレイテッド・マーケティングの典型的活動の1つということができる。

最後に，ソーシャル・マーケティングとは，公衆衛生，環境，コミュニティ福祉の向上を目的に，社会的コーズへの関心を喚起するにとどまらず，企業が消費者の行動変革を惹起させたり，実行を支援する手段である。「行動変革」（behavior change）がこの中心的主題であり，このキャンペーンでは，戦略的マーケティング計画を活用する。状況分析，ターゲティング，行動変革への障害と利益などを認識して，マーケティング・ミックス戦略を立案していくことである。ソーシャル・マーケティング・キャンペーンの実行においては，ブランド・ポジショニングや売上高増加などのさまざまなメリットがあるという（Kotler and Lee, 2005, pp. 114-122）[22]。

さらに，近年では，社会的課題事項そのものを解決する手法として，ソーシャル・イノベーションという概念も注目されている。ソーシャル・イノベーションとは，「社会の課題を見出し，その解決に向かって新たな手法やしくみを創造していくこと」であり（服部，2012，191頁），その主体は，企業やNPO，さらには「社会的企業」（Social Enterprise）などがその担い手となる[23]。このようなソーシャル・イノベーションや社会的企業は，ソーシャル・ビジネスという言葉で一括りにされる（『日本経済新聞朝刊』2009年2月8日）。

つまり，ソーシャル・イノベーションは，戦略的CSRやCSVなどのように事業と社会的課題の両立目的から，さらに進めて社会課題そのものを目的にビジネスの仕組みを開発することなのである。このような考えにまで至ると，営利と非営利の垣根が低くなり，企業やNPOなどの厳密な区別が困難にもなってくる。CSRの行為主体は，営利追求を主とする企業体（株式会社）である。しかし，ソーシャル・イノベーションでは，その主体に企業も含まれるが，その行為の過程においては営利性が欠落あるいは劣後することになる。そのような営利性が欠落している主体による社会貢献や社会課題の解決は，多様な組織や団体の社会的責任とはいえるかもしれないが，厳密にはCSRとは整合的ではないといえよう。

しかし，営利性よりも社会課題の解決により重きを置くビジネスの仕組みを開発する動きも見られているのである。それだけ，「組織」による社会課題の解決への注目が高まっているのである。ただし，このような事業活動と社会的価値を両立させるという考え方自体は，決して新しいものではない。たとえば，佐藤によると，企業経営は経営理念を実現するプロセスとして捉えられ，そのような「経営者の意志」は社会的要請を踏まえて決定されるという（佐藤，2003，25-26頁）。それゆえ，佐藤は，企業経営とは「社会的要請と企業能力から形成される事業」であることを指摘し，事業活動そのものが社会的課題の両立に貢献するものであることをポーター＝クラマーやコトラー＝リーよりも早期に暗に示しているのである。

3．本章のまとめ

　以上，本章では，CSR の基本と新しい視点について考察してきた。CSR の構成要素は，経済，法律，倫理，社会貢献という 4 つの責任事項で構成されており，そのような社会的責任を果たす対象としてのステークホルダーの概要について見てきた。ステークホルダーは，政府・自治体・従業員・取引先・投資家（株主・銀行）・地域社会などであった。そのなかでも本書では，東日本大震災と CSR を考察することを主眼に置いていることから，地域社会が大きな考察対象の 1 つである。このこともあり，ISO26000 における地域社会に対する社会的責任を見た。そこでは企業は地域社会の持続的な発展に積極的に関与していくことを求めているが，それらはあくまでも平時における貢献であった。しかし，有事における地域社会の瓦解を防ぐことも，地域社会の発展の基礎をつくることであり，コミュニティに対する社会的責任であるといえよう。

　また，このような CSR の基本的枠組みを踏まえて，近年，議論されている CSR の特徴について主要な研究者・団体による定義から CSR の特徴を析出した。その定義からは，CSR は企業の目的や存在意義それ自体を変容させるものであり，そこには持続可能な発展，トリプル・ボトム・ライン，競争力強化，事業との関連での課題解決など，企業が単に社会性を発揮してステークホルダーとの良好な関係構築のみを目的とするのではなく，CSR には経営戦略的な特徴が内包されるようになってきていることも述べられた。

　その動きを端的に表す新しい視点として，CSR 戦略あるいは CSR 経営戦略として捉えられる動向をみてきた。CSR の戦略化へのアプローチは，まず，暗黙的 CSR から明示的 CSR への移行によって示される。つまり，行動基準の策定，CSR 担当取締役や CSR 報告書などのような形で組織に CSR が制度化されることで始まる。そして，CSR を経営戦略として実行に移すより実践的な考えとして，ポーター＝クラマーの CSR 戦略を考察した。彼らの考えは，社会課題を分類して，当該企業がフォーカスすべき領域をバリュー・チェーン

との関連性から捉えて，企業と社会における共通価値を創出する戦略（CSV）を実行していくべきというものであった。また，マーケティングの観点から，そのような共通価値創造にアプローチする視点も見られた。このようなことから，CSR 戦略とは，CSR を組織に制度化し，共通価値の創造を目指して行われる種々のアプローチと定義することができよう。それは，企業本来の営利性に，社会性をビルド・インしていく過程なのであり，今日の経済社会において，企業経営に社会性を取り込むことが企業の競争力強化にも直結していることを示しているのである。

これまでの日本の経営者の多くには，「本業を果たし社会に貢献しているのであるから，それ以上の活動は必要ない」という考え方があったが，このような考え方は古典的な企業観であり，CSR の今日的な意味合いを十分に理解していないから生じるものであるという（谷本，2013, 18頁）。現代のコンテクストで議論される CSR は，本業との関連性を有するものであり，さまざまな社会課題を事業に組み込みながら，競争力の強化を図って，経済・環境・社会がともに持続的な発展を遂げるような事業運営をする枠組みなのである。

【注】
1）とくに 2003 年は CSR 元年とも呼ばれており，これ以降取り組みが活発になっている。それに対して，EU では，1990 年代初期から労働問題や環境問題に端を発してCSR が議論されていることに比較すると，日本における取り組みは相対的にまだ短い。詳細は，本書の第 3 章を参照されたい。
2）水尾は，経済的責任を最も基礎的な責任に位置づけるキャロル＝ブックホルツの考えを修正して，法律的責任を基礎にした CSR ピラミッド・モデルを提示している。また，水尾は，経済的責任と法律的責任を受動的な行為として「消極倫理」，後述の倫理的責任と社会貢献的責任を能動的な行為として「積極倫理」として位置づけている。詳細は，水尾（2005）を参照されたい。
3）日本における企業不祥事については，齋藤監修（2007）に詳しいのでこちらを参照されたい。
4）しかし，児童労働の善悪の性質については，本来ならより深い考察が必要になって

くる。なぜなら，先進国の人権的発想に基づけばそのような行為は悪であろうが，現地の貧困にあえぐ人々にとっては，わずかであろうと対価を得られるそのような行為は家計を支える重要な役割を担うからである。

5）フィランソロピーとは企業による寄付行為などを含む社会貢献活動全般のことであり，メセナは，とくに文化芸術支援活動のことを指している。

6）一元的企業概念および多元的企業概念は，吉森が日米欧各国の企業経営を分析するなかで析出したものである。前者は，企業を営利追求主体として「株主利益実現の手段」と捉える企業観であり，後者はステークホルダー全体の長期的利益を考慮する企業観である（吉森，2001，39-40頁）。

7）グリーンウッド（Greenwood, M.）は，ステークホルダー・エンゲージメントのCSRにおける重要性について体系的にまとめているので参照されたい（Greenwood, 2007）。

8）なお，ステークホルダーについて，企業との関係性の強弱や直接・間接といった視点から，「プライマリー・ステークホルダー」と「セカンダリー・ステークホルダー」といった区分や，経済的関係または社会的関係のいずれかで「経済的ステークホルダー」や「社会的ステークホルダー」のように性質を分けて詳細に捉えようとする見方もある（浦野，2011b，58-59頁）。

9）伊丹は，従業員という資源が，株主によって提供される資本よりも決定的に重要であると考え，従業員主権の論理を展開している。伊丹によれば，日本企業の多くはそのような特徴を備えている（きた）のであり，そのような企業概念を「人本主義企業」と呼称している（伊丹，1987）。

10）ディーセント・ワークの概念や国際的取り組みについては，ILOホームページを参照されたい。また，日本におけるディーセント・ワークの動向についてはみずほ情報総研ホームページを参照されたい。

11）政府・自治体に対する「厳正」，消費者に対する「誠実さ」，取引先に対する「公正」，従業員に対する「尊厳」，地域社会に対する「共生」という課題や考え方は，中村（2003）に基づいている。

12）なお，2012年3月には，日本ではISO26000はJISZ26000として制定されている。JIS（日本工業規格）は工業標準化法に基づく国家規格であり，社会的責任の在り様についても規格として登録されているのである。今後，ISO26000のJIS化が企業のCSRにどのような影響を及ぼすか注視していく必要があるであろう。

13）キャドベリー委員会の定義によれば，コーポレート・ガバナンスとは，「企業が指

揮され，統制されるシステム」と定義され，そこには取締役会構造や CEO（最高経営責任者）への動機づけ，さらに株主を含むステークホルダーからのモニタリングの視点が含まれる。詳細については，矢口（2006）を参照されたい。

14）コミュニティ以外の 6 つの中核主題と課題の詳細については，ISO/SR 国内委員会監修・日本規格協会編（2011）を参照されたい。

15）たとえば，CSR と株価との関係を考察した研究においても，相関があるとする研究（Antunovich and Laster, 2003）と，相関が不明確であるという研究（Guido et al., 2007）のように分かれており，見解が一致していない。

16）市場社会という概念の定義，ならびに CSR を市場で評価する動向の詳細については，谷本（2013）を参照されたい。

17）企業行動基準，CSR 委員会，CSR 専任部署，CSR 報告書のそれぞれの名称は，統一されたものではなく，各企業によって独自に定められている。

18）たとえば，ラウントリーの企業家活動や CSR については岡村（2004）を参照されたい。

19）暗黙的 CSR と明示的 CSR の詳細については，矢口（2007）を参照されたい。また，CSR を経営戦略的に位置づけて，企業評価向上や事業円滑化を狙いとすることを明らかにする研究には矢口（2008a）の研究がある。なお，各国政府や地域の CSR に対する取り組みは次章の考察対象である。

20）アメリカの経済誌 "Fortune" は，毎年，世界の 500 大企業をランキングしている。それが，"Fortune Global 500" であり，G 250 企業とはそのなかの上位 250 社であり，世界を代表する名立たる企業が選抜されている。

21）ブランド・ポジショニングとは，「消費者の認識に自社ブランドを正確に位置付け，自社ブランドと他ブランドの位置付けを明らかにする」ことである（日本ブランド戦略研究所ホームページ）。

22）本書では，コトラー＝リーの CSR に対するマーケティング・アプローチについて，十分にその内容を解説できていないし，また，それを目的にするものではない。それゆえ，詳細な内容については，コトラー＝リー（2005）を参照されたい。

23）社会的企業には，社会性，事業性，革新性などの 3 つの要件があることが指摘されている。社会的企業の詳細については，谷本編著（2006）を参照されたい。

第3章　CSR の国際的潮流

　第2章では，CSR の基本と新しい視点について考察し，近年，議論されている CSR の本質的な特徴を明らかにしてきた。本章では，このような理解を前提として，主要各国・地域において CSR が議論される背景，またそのような地域間における CSR に対する考え方の違いを明らかにする。これにより，CSR において唯一最善のものがないことを提示し，国際的な視点から CSR がどのように捉えられているかを知る。元来，CSR は企業の自主的な取り組みのはずであるが，そこには政府や行政の政策的な意図も反映されるようになってきている。そのような政府，地域社会，国際機関などのステークホルダーを巻き込む形で，CSR の国際的潮流が形成されていることがわかるであろう。このような考察をとおして，CSR の促進・確立へ向けた望ましい在り方についても考えていく。

1．CSR をめぐる国際的な動向

　CSR をめぐる国際的な動向は，1990年代以降に進展し，その動きは大きく2つに分けられる[1]。まず，国や地域による取り組みであり，各国政府や地域政府（EU）が当該国・地域企業の CSR を促進する指針や基準づくりを行っている。ついで，国や地域に拠らない世界レベルでの CSR 促進への取り組みである。多国籍企業の経営者による協議，前述の ISO による国際規格の作成，国際連合（United Nations, UN）や OECD（Organisation for Economic Co-operation and Development, 経済協力開発機構）のような国際機関の活動が代表的である。持続可能な発展[2]へ向けて，国や地域を問わず世界中の企業に CSR を求める

図表3－1　国際機関による世界規模でのCSR促進

1994年 7月	コー円卓会議企業行動指針
1996年 9月	ISO14000シリーズ　環境規格
1997年 9月	トリプル・ボトム・ラインの提唱
1997年12月	国連京都議定書の採択
2000年 6月	OECD多国籍企業行動指針※
2000年 6月	GRIリポーティング・ガイドライン
2000年 7月	国連グローバル・コンパクト
2006年 3月	ILO多国籍企業宣言※
2006年 4月	国連責任投資原則（PRI）
2010年11月	ISO26000　SR

注：「※」は改定された年月を示している。
出所：筆者作成。

動きである（図表3－1）。

　このような動向のなかでも，国連のCSR促進への積極的関与が注目される。まず，国連は1997年のCOP3（Conference of Parties, 第3回国連気候変動枠組条約締約国会議）において京都議定書を採択して，本格的に地球温暖化問題への取り組みを始め，議定書を批准した各国政府や企業に対して温室効果ガス（greenhouse gas, GHG）[3]削減を求めることになった。ついで，2000年7月にはアナン（Annan, K.）前事務総長のイニシアティブの下で，国連グローバル・コンパクト（UN Global Compact）という10原則からなる行動指針も発表されている。法的な拘束力を有さないものの，グローバル・コンパクトは，持続可能な発展のために，企業に対して良き企業市民として責任ある行動を求めている[4]。さらに，国連責任投資原則（Principle for Responsible Investment, PRI）では，機関投資家に対して投資の際に環境・社会・統治（ESG）を考慮することを求めるなど（PRI Homepage），国連による世界レベルでのCSR促進について顕著な動きを見ることができる。

　また，第2章においても述べられているように，ISO9000や14000によっ

て，国際的な規格の作成を進めてきた ISO も 2010 年 11 月に CSR 規格を発表している。ISO9000 や 14000 と違い認証機関による認証を受ける必要はないものの，CSR 規格の ISO26000 SR では，企業も含めたすべての「組織の社会的責任」についての国際的ガイドラインが作成されており，CSR について世界標準の模索さえ進められているのである。

このように，国連をはじめとする国際機関において，近年では CSR が重要な課題の 1 つとして認識されてきている。つまり，グローバル・ガバナンスとの関係性から，世界的な課題事項に対して企業の取り組みが強く求められているのである。それゆえ CSR は，企業にとっても看過できない重要項目の 1 つとなっており，その取り組みも活発になっている。本章では，世界的に推進されている CSR について，EU，アメリカ，日本における動向や基準について考察することで，国や地域ごとの CSR に対する捉え方，政策や推進体制などの特徴を浮き彫りにする。これによって，CSR の促進・確立へ向けた望ましい在り方や国際的潮流について検討していく。以下では，EU，アメリカ，日本の順に CSR の背景や取り組みを考察していく[5]。

2．EU の CSR

2.1　EU における CSR の特徴と背景

EU では，自主性に依拠した積極的な倫理性の発揮と CSR を捉え，それを促進する政策を実施してきている。環境規則などでは，遵守しなければ罰則が課せられる「ハードロー」（hard law）的な規制としての側面もあるが，基本的に CSR 促進に関しては，罰則をともなわない「ソフトロー」（soft law）による政策が実施されてきた[6]。EU の CSR は，市民や投資家などのステークホルダーからの圧力の下で，先駆的な企業家，非営利諸機関，政府機関がそれぞれ中心的な役割を担ってきた。そして，CSR は「長期的展望に立った戦略」（proactive strategy）と呼称されるほど，EU の競争力強化を目的とした戦略的な取り組みとなっている（Maanavilja, 2010, p. 27）。

20世紀後半の西欧諸国では,「揺りかごから墓場まで」という言葉に代表される福祉国家制度がつくられ,国民の福祉向上に重点を置いた政策が実施されていた。このような社会経済政策の在り様は,「社会民主主義」(social democracy) と呼ばれ,すべての国民にある程度の平等な生活を保障することを理想とし,政府がそのための役割を担うべきと考えるものである (山口, 2005, iv 頁)。その際に,企業に求められる責任は,法律の遵守,税金の支払い,雇用の提供という最低限のものに限定されてきた (Kinnicutt et al., 2009, p. 5)。戦後の西欧諸国では,「大きな政府」の下で政府がさまざまな社会の課題事項の解決を担ってきたのであった。

　しかし,1970年代の石油危機を契機に,欧州各国はスタグフレーションに陥り財政状況を悪化させていた。この問題を解決すべく,1980年代には「新自由主義」(neo liberalism) の経済政策理念に基づく「小さな政府」へと移行する国も現れ始め,民営化や規制緩和といった政策が実施されたが,それらが,失業と都市荒廃という新たな社会的課題を発生させることになってしまった。図表3－2は,1980年代の先進主要国の失業率の推移を示しており,ここから欧州各国の高い失業率が見て取れる。このような雇用問題を背景に,EUでは,政府機関や市民社会から社会的な課題解決に向けて,企業の自発的な関与が求められるようになった。そして,企業も社会の発展に資することを目的に,

図表3－2　先進諸国の失業率推移 (1980－1990年)

	1980年	1985年	1986年	1987年	1988年	1989年	1990年
イギリス	6.4	11.2	11.2	10.3	8.5	7.1	6.9
フランス	6.3	10.2	10.4	10.5	10.0	9.4	9.0
ドイツ	2.9	7.2	6.4	6.2	6.2	5.6	5.1
イタリア	7.5	9.6	10.5	10.0	11.0	10.9	9.9
日　本	2.0	2.6	2.8	2.8	2.5	2.3	2.1
アメリカ	7.0	7.1	6.9	6.1	5.4	5.2	5.4
OECD加盟国平均	5.1	7.8	7.7	7.3	6.7	6.2	6.0

注:単位は%
出所:Simon, 1992, p. 187

自発的な関与を進めていき，CSR の動きとして広がっていく（Maanavilja, 2010, p. 27)。

2.2 EU の CSR 政策

EU の CSR 促進では，EU の執行機関である欧州委員会（European Commission, 以下 EC）が重要な役割を担ってきた。1993 年にドロール（Delors, J.）EC 委員長が，EU の構造的問題である失業に焦点を当てて，企業に自発的な関与を求めたことから CSR への取り組みが始まる。1995 年には「社会的排除を根絶する欧州ビジネス宣言」(European Business Declaration against Social Exclusion) を EU 各国の企業経営者に向けて発表し（CSR Europe Homepage)，「社会」に重きを置いた取り組みが行われるようになる。

このような動きのなかで，2000 年の EU リスボン・サミットでは，「リスボン戦略 2010」(Lisbon Strategy) が発表され，そのなかで CSR 項目が明記されることになった（CSR Europe Homepage)。リスボン戦略 2010 では，EU が「より多くより良い雇用とより強い社会的連帯を確保しつつ，持続的な経済発展を達成し得る，世界で最も競争力があり，かつ力強い知識経済になること」と述べられ，持続可能な発展に向けて「経済」と「社会」の両立の必要性が強調された。2001 年のヨーテボリ・サミットでは，「環境」も持続可能な発展に必要であると認識され（藤井, 2005, 21 頁)，ここにトリプル・ボトム・ラインに根ざす EU の CSR の発想が誕生することになる。

リスボン戦略 2010 の後，EC は CSR の概念づくりに着手し（駐日欧州委員会代表部広報部編, 2010, 3 頁), 2001 年の「グリーン・ペーパー」("Promoting a European Framework for Corporate Social Responsibility") の公表によって，CSR の定義や説明責任などに関して EU の枠組みを発表した。EC は，CSR を「企業が，自発的に社会や環境に対する課題事項を事業活動やステークホルダーとの相互作用において統合する概念」と定義し（EC, 2001, p. 6), これを踏まえて 2002 年には CSR に関する「政策文書（白書)」("Corporate Social Responsibility : A Corporate Contribution to Sustainable Development") を発表

することになる。そこでは，第2章でも若干述べられた「CSRに関するマルチステークホルダー・フォーラム」(EMSF)の設置や経済・産業政策へのCSRの反映などが盛り込まれることになった(CSR Europe Homepage)。実際に，ECは15項目の企業政策(Enterprise Policy)を実施しているが，CSRもその1つとして明記されており，ECの主要政策の1つとして位置づけられている(EC Homepage)[7]。

2002年に設立されたEMSFでは，産業界，労働組合，環境・社会問題に取り組むNGOが一堂に会する形で，すなわちMSP方式に依拠する形で，CSRの共通理解とEUのCSR政策が議論された(駐日欧州委員会代表部広報部編，2010，3頁)。EMSFは，2004年に「最終報告書」("Final Results & Recommendations")を発表し，EUにおける「CSRという理念の意味内容」が明確にされ(藤井，2005，19頁)，第2章においても示されたようにCSRの定義が発表された。それを下記に再掲する。

> CSRとは，「環境や社会における課題事項を自発的に事業活動に取り込み，法律や契約上の責任を超えるものである。…中略…ビジネスの中核に位置づけられ，利益を上げることに加え，ステークホルダーとの対話を通じて環境や社会の課題事項を解決し，企業の長期的な持続可能性に貢献するもの」(EMSF, 2004, p. 3)。

MSP方式という多くのステークホルダーによって議論された結果として，EUにおけるCSRの定義が発表され，CSRに関する一定の合意が形成されることになった。その合意とは，①法的要請を超える責任であること，②環境や社会問題への取り組みが事業活動に統合されること，これによって③持続可能な発展を遂げることであり，これらがEUにおけるCSRの中核的な考え方となったのである。

EMSFの最終報告を受けて，ECはCSRに関する第2回目の政策文書("Implementing a European Framework for Corporate Social Responsibility", 2006)

を公表することになった。その要点は、①通商政策や途上国開発などに関連する政策へ CSR を盛り込む、②EMSF を通じた継続的な CSR の議論、③「CSR のための欧州アライアンス」(The European Alliance for Corporate Social Responsibility、以下、欧州アライアンス) の創設、④各国政府代表者によるハイレベル協議、⑤CSR の調査・研究支援の 5 項目であり、EC は CSR 促進政策をさらに発展させることになった。

　EC の CSR への取り組みは、EU の持続可能な発展政策 (環境政策) にも反映されていると考えられる。たとえば、製品の生産や輸出入における環境負荷については、図表 3 - 3 のような指令や規則が 2000 年以降に施行され、エンド・オブ・パイプではなく、生産過程も含めた環境負荷低減や労働者の健康・衛生面を考慮する政策が実施されている。また、京都議定書で定められた GHG 削減に向けて、「欧州排出権取引制度」(EU Emissions Trading System、以下、EU ETS) も 2005 年 1 月に発足させている。EU ETS は、欧州 30 カ国の発電施設や事業所を対象にして、「キャップ・アンド・トレード」に基づいて排出権を取引する制度である。この制度は、対象となる事業所にそれぞれ GHG の年間排出枠を設定し、その枠内に排出量を抑制できれば、排出枠を達成できな

図表 3 - 3　EU における環境関連指令および規則

ELV 指令	2000 年 10 月	廃棄自動車が環境に及ぼす負荷を低減させる指令
RoHS 指令	2003 年 2 月	電子機器に含まれる危険物質の特定とその使用を禁止する指令
会社法近代化指令	2003 年 6 月	EU 加盟国の株式公開企業の年次報告書に環境や人権などの CSR 情報の開示を要請
WEEE 指令	2004 年 8 月	廃棄される電子機器類のリサイクルに関する指令
REACH 規則	2007 年 6 月	製品における化学物質の人類や地球環境への影響を調査し、欧州化学物質庁への申請・登録を義務づける規則
PFOS 規制	2008 年 6 月	有機フッ素化合物の製品に含まれる上限を定める規制

出所：EU 環境法規制の概要と動向ホームページなどを基に作成。

かった事業所にその余剰分を売却できるものである。GHG 削減を達成することが，企業にとっても経済的誘因となり，技術革新の誘発などを期待できる仕組みとなっているという（EC Homepage）。

このように EU では，EC が CSR を経済政策の一環として捉え，産業界や NGO などを巻き込みながら CSR に関する合意形成の場をつくり，さらに，環境政策などではプロアクティブな取り組みをすることで持続可能な発展に向けて世界のイニシアティブを取る戦略的な行動をしている。

2.3　CSR ヨーロッパと CSR のための欧州アライアンス

EC の第 2 回目の政策文書では，CSR 促進の 5 つの要点が述べられていたが，2006 年に創設された欧州アライアンスが CSR の促進にとくに重要な役割を持つと指摘されている（駐日欧州委員会代表部広報部編，2010，4 頁）。欧州アライアンスとは，企業が CSR を促進・奨励するためのパートナーシップであり，欧州企業を中心に約 230 の企業や 83 の各国経営者団体・CSR 推進団体が参加している。2007 年 2 月には，バローゾ（Barroso, J. M. D.）EC 委員長の呼びかけで，欧州アライアンスの第 1 回会議，2008 年 3 月には第 2 回会議が開催されている。この成果は，CSR ヨーロッパ（CSR Europe）が「CSR ツール・ボックス」として公表している。従業員に対する CSR（労働 CSR）の基準となる「CSR の職場への統合」，学校教育や雇用可能性などを考える「人的資本」，低所得者層への配慮も含めた「革新的なビジネスモデル」，CSR 報告や透明性確保へ向けた「情報伝達と透明性」，生産と消費の観点から環境問題と持続可能性を考慮する「持続可能な生産と消費」の 5 つの項目について，その具体的な解決方法や基準について提示されている[8]。

欧州アライアンスなどの EC の CSR 政策を支援する組織として，重要な役割を果たしてきたのが 1995 年に設立された CSR ヨーロッパである。CSR ヨーロッパは，約 70 の多国籍企業と 27 の経営者団体・CSR 推進団体をメンバーとする組織である。設立の経緯としては，当時のドロール EC 委員長による，欧州企業の CSR 促進のために地域的な組織をつくって欲しいという強い要望

があったといわれている。①CSR に関するベスト・プラクティスの共有と発展，②企業とステークホルダーによる共同プロジェクトの促進，③企業と政府の対話の場の設定などを CSR ヨーロッパは担っている（CSR Europe Homepage）。実際に，CSR ヨーロッパは EMSF や欧州アライアンスなどの開催にあたって調整役を担当したり，CSR ツール・ボックスを公表するなど，EC との協力関係を維持しながら EU の CSR 促進に取り組んでいる。さらに，2010 年には，EU 企業の競争力強化，および EU が CSR で世界のリーダーシップを発揮することを目的に「エンタープライズ 2020」という独自のプロジェクトも発足させている。

図表3－4は，EU の CSR 促進の大枠を示している。EC が CSR 促進の主導的な役割を担い，EC 自体も CSR に関する政策文書を公表したり，各国企業や NGO などが参加する EMSF や欧州アライアンスの開催を呼びかけ，その成果を政策に反映させている。そのような EC の取り組みを CSR ヨーロッパが支援し，成果発表や独自プロジェクトを実施している[9]。このように，マ

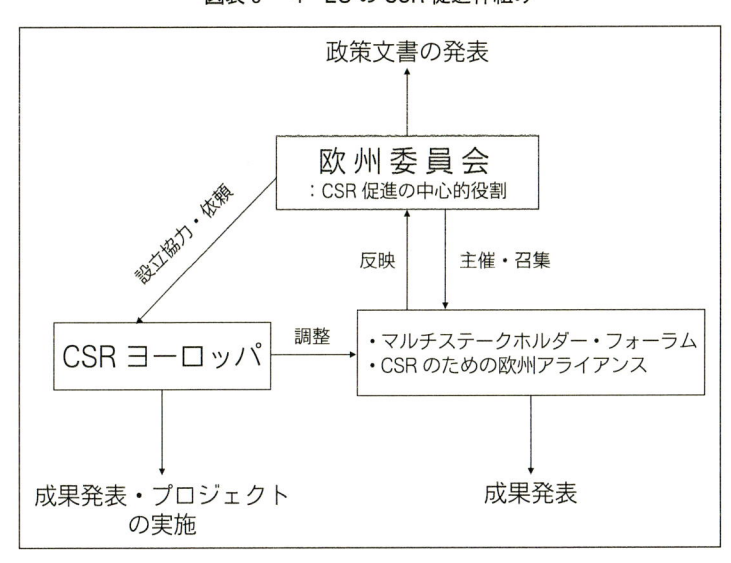

図表3－4　EU の CSR 促進枠組み

出所：筆者作成。

図表 3－5　EU の CSR に関する主要な動向

1995 年 1 月	社会的排除を根絶する欧州ビジネス宣言（EC）
1995 年	CSR ヨーロッパの創設
2000 年 3 月	リスボン戦略 2010（リスボン・サミット）
2001 年 7 月	CSR に関するグリーン・ペーパーの発表（EC）
2002 年 7 月	CSR に関する政策文書の発表（EC）
2004 年 6 月	「最終報告書」の発表（EMSF）
2006 年 3 月	CSR に関する政策文書の発表（第 2 回目，EC）
2006 年	CSR のための欧州アライアンスの創設
2008 年	CSR ツールボックスの発表（CSR ヨーロッパ）
2010 年 10 月	エンタープライズ 2020 プロジェクト（CSR ヨーロッパ）

出所：筆者作成。

ルチステークホルダーの会議によって EU としての CSR を議論し，得られた基準や成果に基づいて，各国企業は行動規範を策定し，事業に反映させる取り組みをしている。EU における CSR は，EC のリーダーシップの下で多様なステークホルダーの取り組みによって形成されているのである。

3．アメリカの CSR

3.1　アメリカにおける CSR の背景と政策

　アメリカの CSR は，20 世紀初頭の企業家によるフィランソロピー活動に起源を持つ。ロックフェラー（Rockefeller, J.D.）やカーネギー（Carnegie, A.）などの成功を収めた企業家による地域社会への慈善・寄付活動であり，大学や文化施設などがつくられてきた（Jones, 2010, p.437）。それゆえ，アメリカの CSR は，グローバルな視点よりも地域社会への貢献を重視してきたといわれている。成功した人物が，地域社会に利益の一部を還元することが最優先の責任という文化の下で，アメリカの CSR は「企業の地域社会への責任」と読み

替えることもできる（藤井, 2005, 43頁）。地域社会の一員として地域への貢献を第一に考える「企業市民」（corporate citizenship）の考え方である。

フィランソロピー以外の責任については，アメリカでは，つねに政府規制によってカバーされてきた。1960年代には，人種差別の撤廃を求める公民権運動，大気汚染や殺虫剤DDTなどの環境問題，ゼネラル・モータース（General Motors, 以下，GM）の欠陥自動車問題と消費者保護など，さまざまな社会問題が表面化した。そのような社会課題の解決に対して，政府が中心的な役割を担い，職業安全衛生局（OSHA），米国消費者製品安全委員会（CPSC），米国環境保護庁（EPA）などを設置して，雇用・労働・製品・環境などにおける企業行動を規制していった（Jones, 2010, p.437）。このような傾向は今日でも見られ，政府が企業活動によって生じる社会的損失の防止を目的に規制を続けている（鈴木, 2010, 62頁）。たとえば，銀行に対して地域貢献を義務づける「地域再投資法」，エンロンの不祥事後には「上場企業会計改革および投資家保護法」（通称SOX法）などが施行されている（Jones, 2010, p.437）。

EMSFの定義によれば，CSRは社会的課題を解決するための法律的責任を超える企業の自発的な取り組みである。アメリカにも，このような自発的な取り組みを促進する部局も小規模ながら存在する。それが，国務省民主主義・人権・労働局内の「国際労働と企業の社会的責任部」（State Department's Office of International Labor and Corporate Social Responsibility）である。民主主義，自由貿易，人権などを重視するアメリカの通商政策において，CSR促進をとおしてその達成に寄与することを同部の目的としており，2000年には，途上国操業における人権擁護と企業のセキュリティに関する「セキュリティと人権に関する自発的原則」を発表している[10]。しかし，これは石油やガスなどの採掘産業を対象としていることもあり，参加企業数は18社と極めて少ない。また，OECD多国籍企業行動指針を採択している国には，「ナショナル・コンタクト・ポイント」の普及活動が求められるが，アメリカはこの指針を採択していながらも，ナショナル・コンタクト・ポイントの普及活動をしていないことも指摘されている。このように，CSRを促進する部局は設置されているもの

の，アメリカ政府の CSR に対するイニシアティブは，EU と比較すると極めて限定的になっているという (Aaronson, 2003, pp. 321-325)。

アメリカでは，過大な規制が企業活動や金融市場に負の影響を及ぼすと考えられ，政策面でもその考え方が反映されてきた (Tschopp, 2005, p. 57)。社会的に損失を及ぼす問題にはハードローで規制を行い，「ビヨンド・レギュレーション」については，企業の自発性に依拠することが理想と考えられてきた。つまり，アメリカではハードローによる規制が中心で，法律的な責任を超える CSR については十分な政策の枠組みができていないのである。しかし，政府による CSR に対するイニシアティブは弱いものの，企業や NGO などの民間機関は CSR を推進する大きな役割を担っている。

3.2 民間機関による CSR への取り組み

1990 年代以降，アメリカ企業はフィランソロピーだけでなく，レピュテーション (Corporate Reputation, 企業評価)[11] の向上を目的に CSR を事業の中核の1つに位置づけるようになった。SRI (Socially Responsible Investment, 社会的責任投資) を推進する機関投資家からの圧力が高まったからであり，CSR を機会として捉える企業が増え，GRI などが定めるガイドラインにも自発的に参加する企業数も増えていった。同年代以降のアメリカの CSR 促進には，SRI が大きな役割を果たしているのである (Jones, 2010, pp. 437-438)。

1981 年には，社会的責任投資フォーラム (Social Investment Forum, 以下，SIF) が設立され，持続的かつ公正な経済の構築支援を目的に SRI の調査や普及に努めている。なお，SIF の調査によると，2010 年のアメリカの SRI 投資残高は，3 兆 690 億ドルにまで達しているという (SIF Homepage)。このような SRI 促進を目的とした調査機関の設立は，SIF-Japan, UKSIF, EUROSIF のように世界各国・地域にも広がっている。また，1999 年には，ダウ・ジョーンズ・サステナビリティ・インデックスがニューヨーク証券取引所に創設され，環境や社会面の分析を加えて株式の優良銘柄を選定する投資指数も開発されている。

アメリカにおいて SRI を促進した契機の1つには，企業の環境問題と NGO の活動もある。1989 年には，エクソンの原油タンカーが，アラスカ沖で座礁して 4 万 2,000 キロリットルの原油を流出させ，大きな環境破壊を引き起こした（バルディーズ号事件）。この事態を受けて，環境保護を推進する投資家団体「環境に責任を持つ経済のための連合」(Coalition for Environmentally Responsible Economies, 以下，CERES) が，10 項目にわたる環境保護原則「バルディーズ原則」(1992 年に CERES 原則に改訂）を定め，これを受け入れた企業に優先的に投資を行うことを決めた[12]。さらに，CERES は，1997 年に GRI (Global Reporting Initiative) を設立し，1999 年には UNEP（国連環境計画）がその支援パートナーとなっている[13]。

GRI は，トリプル・ボトム・ラインに基づいた CSR 報告書の基準づくりを行う国際的な組織である。2000 年には，GRI サステナビリティ・リポーティング・ガイドラインを発表し，企業の CSR 報告書作成のフレームワークを提示している。2006 年には，ガイドラインの「第3版」(G3) が発表されており，2010 年 1 月時点で GRI に準拠して，CSR 報告書を発行する企業は世界で 1,226 社に及んでいる（BIZGATE ホームページ）。図表 3 － 6 は，G3 に準拠して CSR 報告書を作成する場合に要求される項目であり，経済（1・2）・環境（3）・社会（4）の側面から企業にディスクロージャーを要求していることがわかる。CSR 情報は SRI のスクリーニング（選抜）において判断材料になってくるが，その情報の信頼性を高める必要があり（SRI 社会的責任投資の基礎知識ホームページ），GRI はそのための国際的なガイドラインを提供している。

SRI や CSR 情報開示に関する取り組み以外に，人権や労働を中心とする CSR への取り組みも見られる。その1つが，1977 年に策定された「サリバン原則」である。これは，当時の GM 取締役サリバン（Sullivan, W. L.）によって作成された労働における人種差別撤廃や公平性を訴える 7 項目の原則である。南アフリカのアパルトヘイト政策に反対するための原則であり，GM は同国で最も多くの黒人を雇用する事業主体であったことから，その政策への大きな圧力になったという。1999 年には，アナン前国連事務総長の支持を得て，

図表 3-6　GRI G3 の CSR 報告書の要求項目

大項目	内　　容
1. 戦略と組織	戦略と分析，組織の概要，レポートの期間や範囲，ガバナンスとステークホルダー・エンゲージメント，マネジメントと成果指標
2. 経済	経済パフォーマンス，市場における立場，経済パフォーマンスに対する間接的な影響
3. 環境	原材料，エネルギー，水資源，生物多様性，排気・排出物と廃棄物
4. 社会	
(1) 労働行為とディーセント・ワーク	雇用，労使関係，職場での安全衛生，訓練と教育，多様性と機会均等
(2) 人権	投資と調達基準，非差別，児童労働・強制労働の撤廃，労働組合結成の自由と集団交渉，不満・不平への対応，セキュリティ基準，原住民の権利
(3) 社会	コミュニティ，贈収賄・汚職，公共政策，不正競争行為，コンプライアンス
(4) 製造物責任	顧客の健康と安全，製品・サービスの品質表示，顧客情報，マーケティング・コミュニケーション，コンプライアンス

出所：GRI, 2006 を基に作成。

「CSR のためのグローバル・サリバン原則」に改訂され，労働における人種差別に加えて，従業員の公正な教育機会や安全・衛生などの労働問題を中心にした CSR 原則へと発展している[14]。

また，労働 CSR の国際規格 SA8000 が，SAI (Social Accountability International) によって 1997 年に発表されている。ISO などの国際規格と同様に，企業が SAI に申請して認証される必要のある規格である。国ごとの固有な特質が強いため，労働問題は CSR の国際的な規格作成が難しい分野であるが（小畑，2007，113-114 頁），その労働 CSR に対する国際規格が発表されているのである。SA8000 を認証するには，①児童労働の禁止，②強制労働の禁止，③労働者の健康と安全，④結社の自由などの 9 つの要求事項を満たす必要がある。これらの要求項目は，健全な労働を考える際の基本的な事項に限定されて

図表3－7　アメリカのCSRに関する主要な動向

1981年	SIFの設立
1989年	バルディーズ原則（CERES）
1997年	SA 8000（SAI）
1999年	ダウ・ジョーンズ・サステナビリティ・インデックス（ダウ・ジョーンズ社）
1999年	CSRのためのグローバル・サリバン原則
2000年	セキュリティと人権に関する自発的原則（国務省）
2006年	GRIガイドライン第3版（G 3, GRI）

出所：筆者作成。

いるが，労働CSRについて規格策定を進める民間機関が存在していることは注目すべきであろう。なお，2006年9月時点で，従業員総数約61万人を擁する1,112の事業所や団体がSA8000の認証を受けている（CSOネットワークホームページ）。

4．日本のCSR

4.1　日本におけるCSRの背景と政策

　第2章においても若干述べられたが，企業の社会的責任については，日本でも従来から論じられてきた。1970年代の公害問題や石油危機の際の便乗値上げなど，企業が社会や環境を省みずに経済性を追求したことに批判が集まり，企業の社会的責任に関する議論が多く行われた（角野，2001，7頁）。バブル崩壊後の1990年代には，金融機関を中心に不祥事が明らかになり，その反省を踏まえて1991年に日本経団連が「企業行動憲章」を発表している。2000年代以降も，三菱自動車のリコール隠しや雪印乳業の食中毒事件などにより，三度企業の社会的責任が問われることになった。

　その際に，CSRという言葉が使用されるようになり，「CSR元年」といわれる2003年頃から日本でもCSRの議論がさかんになった。そして，日本に

おける当初の CSR は，持続可能な発展を目的としたというよりも，コンプライアンスやコーポレート・ガバナンスなどを確立し，企業活動の負の影響をいかに最小化するかについての議論が中心となった（日本経済団体連合会自然保護協議会編著，2008，60 頁）。それと同時に，地球温暖化に代表される環境問題，EU を中心に進む CSR への取り組み，ISO や SAI による CSR の規格化といった国際的動向が意識されるようになり，いわゆる「CSR ブーム」が到来することになる[15]。

CSR に注目が集まるなかで，日本においても，企業だけでなく政府や省庁も CSR に取り組む動きがある。経済産業省では，2000 年前後の企業不祥事，国連や ILO などの CSR に対する基準や勧告，ISO26000 規格作成の着手などを受けて，2004 年 4 月に「企業の社会的責任（CSR）に関する懇談会」（以下，懇談会）が設置されることになった。懇談会では，①CSR の基本的な内容・範囲・効果の明確化，②日本企業の CSR への円滑で自主的な取り組みの促進，③CSR への取り組みが評価される事業環境の整備に必要な施策の在り方の検討が議論の柱となった（経済産業省，2004a，2 頁）。

2004 年 9 月には，懇談会によって「中間報告書」が発表され，以下の提言がなされた。まず，CSR は期待される分野であるということである。日本のみならず，途上国も含めた世界的な社会問題を解決することに貢献でき，CSR への取り組みが事業機会，企業価値向上，社会の安定にもつながる。つまり，経済と社会課題の双方を解決する "win-win" の関係を期待できるということである。ついで，CSR を一過性のブームに終わらせないということである。そのために，企業とステークホルダーが一体的・継続的に CSR を議論していくことが重要であり，CSR を促進するための推進役を育てることの必要性が主張されている。最後に，個人の社会的責任を醸成する必要性である。各ステークホルダーが社会的責任を自覚することによって，CSR に取り組む企業に対する購買・投資行動を活発化させ，市民社会の立場から CSR を促進しようとするものである（経済産業省，2004a，43-44 頁）[16]。

その後，懇談会の最終報告書は発表されていないため，経済産業省の CSR

に関するイニシアティブは弱くなったように思われる。しかし，2010年2月には，BOPビジネスに関する報告書（「BOPビジネス政策研究―途上国における官民連携の新たなビジネスモデルの構築―」）が発表されており，ここには懇談会の提言が生かされている。BOPは，途上国の低所得者層を対象として，貧困や衛生面などの社会課題の解決に資することに加えて，将来の顧客獲得につながるため企業自体の発展にも大きく寄与する分野である。経済産業省のBOPビジネスの拡大に向けた検討も，CSRによる"win-win"の関係を意識しているといえるであろう。

環境省もCSR促進のための調査や提言を行っている。2004年9月には「社会的責任（持続可能な環境と経済）に関する研究会」を設置し，2005年8月の報告書のなかで日本が取り組むべき課題を提示している。①中小企業のCSRへの取り組み，②企業・NPO・消費者団体などの各主体間の連携，③CSRに取り組む企業を評価する仕組み，④日本がアジアのCSR推進の核となることなどであり，環境省もCSR促進の役割を担っていくことが述べられている（環境省ホームページ）。さらに同年には，環境省は，「環境報告書ガイドラインとGRIガイドライン併用の手引き」を発表し，GRIによって定められた国際的なCSR報告書の基準に適合できるよう企業に対して実践的な支援をしている。

このように，経済産業省や環境省は，CSRについて研究会を設置して調査・提言などを行っており，日本の政府機関も，企業活動においてCSRが重要な課題事項であることを認識するようになっているといえよう。しかし，EUのように経済政策にCSRを盛り込んでいく強いイニシアティブではなく，状況調査や提言，海外のCSR関連規格への手引きなどの支援にとどまるものでもある。

4.2　日本経済団体連合会や経済同友会などの取り組み

産業界も，CSRの重要性を強く認識して積極的な取り組みを見せている。日本最大の経済団体である日本経団連は，上記のとおり，1991年9月に経団連企業行動憲章を定め，会員企業にモラルを持った行動をするよう呼びかけた。

不祥事予防のためにコンプライアンスを徹底し，社会的責任の自覚を求めたのである。企業行動憲章は，1996 年には経団連地球環境憲章の策定とともに，第 1 回の改定が行われ，その後も 2002 年，2004 年，2010 年と改定作業が続けられている。2010 年 9 月に改定された企業行動憲章では，企業不祥事を予防するための倫理性だけでなく，ISO26000 などの国際規格の進展や持続可能な発展へ向けて，CSR を率先して果たす必要性が述べられ 10 原則が定められた（図表 3 － 8）。ここでは，法令遵守（2・7）だけでなく，従業員を含めたステークホルダーとの関係性（1・3・4・6），環境問題や途上国事業といったグローバルな取り組み（5・8），説明責任（10）にまで言及されていることがわかる。また，日本経団連は，企業行動憲章の策定だけでなく，会員企業の CSR への取り組みを調査したり，ISO26000 の規格作成について ISO 総会にも代表者を派遣するなど，CSR の世界的潮流を注視しつつ CSR の普及・浸透に力を入れている。

　経済同友会も，CSR について積極的な取り組みを行っている。2000 年には

図表 3 － 8　企業行動憲章の 10 原則

1．社会に有用で安全な商品・サービスの開発・提供をする
2．公正・透明・自由な競争ならびに適正な取引を行う
3．ステークホルダーへの情報開示を積極的に行う
4．従業員の多様性を尊重し，安全な労働環境を提供する
5．環境問題へ企業が主体的に行動する
6．「良き企業市民」として，積極的に社会貢献を行う
7．反社会的勢力との対決や関係を遮断する
8．各国・地域の法令・国際規範を遵守し，当該国・地域の経済社会への発展に貢献する
9．経営トップが本憲章の重要性を認識し，グループ企業や取引先にも本憲章の遵守を徹底する
10．本憲章に反するような事態が生じた場合には，原因究明と再発防止，ならびに説明責任を果たす

出所：日本経済団体連合会ホームページを基に作成。

「21世紀宣言」を発表し，そのなかで経営者が「社会の期待と企業の目的の調和を目指す『市場の進化』の実現に向けてイニシアティブを発揮」することを明記している（経済同友会，2010，5頁）。企業は「社会的公器」との自覚の下で，経済同友会は，従来から企業と社会との良好な関係構築を重視してきたが，21世紀の企業の責任としてCSRに積極的に取り組んでいる。2003年には，EUへの調査団の派遣やCSRをテーマとした企業白書の発行（「『市場の進化』と社会的責任」），2004年には，日本企業のCSRの現状調査（「自己評価レポート2003」）を公表してきた（経済同友会ホームページ）。2010年にも，CSR経営の実践を共有するためのシンポジウムの開催，日本企業のCSRへの取り組みの「進化」について調査した報告書（「自己評価レポート2010」）などを相次いで発表している。

また，企業のCSRに対する取り組みを評価する動きもある。日本経済新聞社は投資家，消費者，取引先，従業員，社会といったステークホルダーの視点から「優れた会社」を総合的にランキングする「統合ランキング『NICES』」を2010年4月に発表している[17]。さらに，東京証券取引所も，2006年に「TOPIX1000 CSR」を発表し，CSRに取り組む企業をスクリーニングする投資指標を作成するなど，日本でもCSRに取り組む企業を評価する枠組みがつくられてきている。

4.3 社会的責任に関する円卓会議：政府と民間のCSR促進パートナーシップ

日本政府の直接的な取り組みとしては，2009年3月に内閣府に設置された「社会的責任に関する円卓会議」（以下，円卓会議）が注目される。その設立趣意書では，「安全・安心で持続可能な社会を実現するためには，多様な主体が補完し合う」新たな「公」の枠組みをつくる必要があると述べられている。そして，その枠組みがMSPであり，円卓会議であるという（社会的責任に関する円卓会議ホームページ）。

円卓会議のメンバーは，当時の麻生太郎元内閣総理大臣，日本経団連・日本

図表 3 − 9　日本における CSR に関する主要な動向

2000 年 12 月	21 世紀宣言（経済同友会）
2003 年 3 月	企業白書「『市場の進化』と社会的責任」（経済同友会）
2004 年 9 月	「『企業の社会的責任（CSR）に関する懇談会』中間報告書」（経済産業省）
2005 年 8 月	「社会的責任（持続可能な環境と経済）に関する研究会報告書」（環境省）
2005 年	「環境報告書ガイドラインと GRI ガイドライン併用の手引き」（環境省）
2006 年 10 月	TOPIX1000 CSR（東京証券取引所）
2009 年 3 月	社会的責任に関する円卓会議の設置（内閣府）
2010 年 9 月	企業行動憲章（日本経団連）※

注：※は改定された年月を示している。
出所：筆者作成。

商工会議所・経済同友会の各代表，日本労働組合総連合会会長，消費者問題やボランティアなどに携わる NPO などの代表である。現在も，CSR の当事者である企業と各ステークホルダーが参加して CSR 促進に関する審議が続けられている。日本においても，MSP に基づく CSR の議論が，ようやく始まっているのである。円卓会議の特徴は，ISO26000 と同様に，社会的責任を企業に限定せずに「組織の社会的責任」（SR）としており，企業だけでなく，政府や NGO などの組織も社会的責任を有するという考え方にある。2010 年 5 月には，第 3 回総会が開催され，「『私たちの社会的責任』宣言（案）」が採択され，持続可能な社会を実現するための協働の在り方について述べられている。そして，2011 年 3 月には，「安全・安心で持続可能な未来に向けた協働戦略」が発表され，企業だけでなく，各組織による持続可能な社会の実現に向けて望ましい取り組み，ならびに協働の在り方について示されている[18]。今後，円卓会議が，日本の CSR を促進する推進役になるかが注目される。

5．本章のまとめ

　本章では，CSR をめぐる国際的潮流と国際基準として，EU，アメリカ，日本における CSR の動向について考察してきた。国連や ISO などの国際機関が CSR を促進するための原則や規格づくりを行っていると同時に，各国・地域における CSR 促進の多様な動向を見ることができた。

　EU では，EC がステークホルダーによる協議の場である EMSF の開催，政策文書の発表，EU ETS などの政策への反映というように，CSR 促進に関して強いイニシアティブを発揮している。そして，EU における CSR は，環境や社会における課題を解決することで，経済的にも持続可能な発展を目指そうとする「長期的展望に立った戦略」であった。このような EC の取り組みは，CSR ヨーロッパなどの民間機関との協力関係で進められており，EU における CSR は政府・行政機関と民間機関とのパートナーシップによって進展しているといえる。

　これに対してアメリカでは，政府は強いイニシアティブを発揮しているわけではない。ビヨンド・レギュレーションである CSR は，民間機関の取り組みに大きく依拠しているのである。企業は，社会貢献活動を重視する活動を行ってきたが，SRI の台頭を契機に CSR を事業の中核に位置づけるようになっている。また，アメリカに本拠を置く CERES や GRI などが積極的に基準をつくり，CSR を促進する活動を行っている。アメリカの CSR は，EU のような政策レベルでの戦略的な課題とまでは認識されておらず，企業や NGO などの民間機関の自発的な取り組みと位置づけられている。

　日本でも，近年では政府が CSR の重要性を認識していることが，内閣府や経済産業省などの取り組みから見ることができた。産業界でも日本経団連が，世界的な CSR の動向を意識して企業行動憲章を制定したり，日本経済新聞社も CSR の取り組みを評価する指標を作成している。しかし，日本政府の取り組みは，調査・提言や日本企業の CSR をいかに EU や国連などの国際基準に

近づけていくかを焦点としている。経済政策に CSR を取り込み，日本政府が CSR でイニシアティブを発揮しようとする動きは強くはない。今後，政府が円卓会議の成果をどのように CSR 促進のために取り入れていくか注目されよう。

　このように，各国・地域によって，CSR の位置づけや取り組みには違いを見ることができる。CSR は，持続可能な発展に結びつく取り組みであるが，第 2 章の定義においても見られたように，法律を超える自主的な取り組みという認識が広がるなかで，ここに CSR 促進の困難さが存在する。それゆえ，CSR 促進については，GHG 削減や児童労働禁止などの国際的な認識をある程度共通にしつつも，「ワン・ベスト・ウェイ」（唯一最善の方法）を設定するのではなく，各国・地域の文化や企業の特性に根ざした独自的・自主的な取り組みが望ましいといえるであろう。

　東日本大震災の発生以降，日本では原発の稼働停止による GHG 排出削減の問題と再生可能エネルギーへの転換という新たな取り組みが始まっている。また，津波被害あるいは放射能汚染を受けた被災地域は，コミュニティに大きな打撃を受けており，地域社会の再生が重要なテーマとなっている。このような課題や取り組みを成し遂げるためには，企業の役割が大きくなると考えられる。つまり，CSR の役割が，東日本大震災を契機にしてますます大きくなっているのであり，新たな CSR の在り様が求められていると言っても過言ではない。震災を契機にして，日本における CSR のパラダイムがどのように変化するか，また，それがアジアにおいてイニシアティブを持ちうるようになるのか注視していくべきであろう。

【注】
1）青木のように，CSR に関する基準策定の種類を国際機関，各国内機関，国際 NGO，国際規格のように詳細に分類している研究者もいる（青木，2006）。
2）「持続可能な発展」あるいは「持続可能な開発」という概念は，国連「環境と開発に関する世界委員会」（World Commission on Environment and Development）

によって提出された報告書「我々の共通の将来」(Our Common Future)のなかで示された概念である。それは，「将来の世代の欲求を満たしつつ，現在の世代の欲求も満足させるような開発」というものであり，当時は環境と企業活動・開発の両立を主たる狙いとしていた（外務省ホームページ）。現在は，その概念が拡張され，企業・環境・社会の3者がトリプル・ウィンの関係を築いていく取り組みになっている。

3) GHGとは，温室効果により地球温暖化の原因となる気体を指している。最も主要なものとして二酸化炭素（CO_2）が挙げられるが，その他にもメタン（CH_4）や一酸化二窒素（N_2O）などの気体がある。

4) 2013年7月時点でのグローバル・コンパクトへの参加団体数は，世界で1万1,519に及んでいる（United Nations Global Compact Homepage）。

5) CSRを国際的に比較考察する研究は，国内外を問わずいくらか蓄積が進んでいる。たとえば，アメリカとイギリスの比較（Aaronson, 2003），アメリカとEUの比較（Tschopp, 2005），EUと日本の比較（藤井，2005）などの研究であるが，EU，アメリカ，日本の3国・地域間を同時に比較して各国地域の独自性を明らかにしたり，示唆を得ようとする研究は，筆者の知りうる限りでは行われていない。したがって，CSRの取り組みにおいて，このような3国・地域間の比較研究を行うことに一定の意義があると考えている。

6) ソフトローとは，「国の法律ではなく，最終的に裁判所による強制的実行が保証されていないにもかかわらず，現実の経済社会において国や企業が何らかの拘束感を持ちながら従っている規範」のことをいう（東京大学21世紀COEホームページ）。

7) ECのCSR政策は，雇用社会総局と企業総局が担っており，その目的は，CSRを担う中心的な役割はあくまで企業と捉えて，非効率な法律を排除する「ベターレギュレーション」と「ビジネス・フレンドリーな環境づくり」であるという（日本経済新聞社ホームページ）。

8) CSRツール・ボックスの詳細は，CSR Europe Homepageを参照されたい。

9) もちろん，EUには，地域における事業（Business in the Community），EABIS（European Academy of Business in Society），社会倫理説明責任研究所（Institute of Social and Ethical Accountability）といった多様なCSR推進組織が存在し，それぞれ独自の行動指針などを発表している。しかし，これらの団体は，EMSFにも参加していることから，EMSFで定められた方向性に矛盾した指針などを発表することはないと考えられる。なお，EUのCSR推進組織の一覧については，欧州ア

ライアンスのホームページを参照されたい。
10) セキュリティと人権に関する自発的原則については，米国務省国際労働と企業の社会的責任部ホームページを参照されたい。
11) コーポレート・レピュテーションは，過去におけるステークホルダーとの関係構築の結果としてもたらされるものであり，ステークホルダーからの「好意的な認識」がレピュテーションを向上させるという。また，そのようなレピュテーションは，企業経営にとってプラスの影響をもたらすという（北見，2008，5頁）。
12) CERES 原則については，CERES Homepage を参照されたい。
13) GRI はオランダに本部を置く国際機関であるが，設立母体の CERES はアメリカの NGO であるため，ここでは便宜的にアメリカの取り組みとして位置づけている。
14) サリバン原則およびグローバル・サリバン原則については，Marshall University Homepage を参照されたい。
15) 日本における CSR ブームについては，本書第1章の CSR に関する新聞記事件数を参照されたい。なお，日本における企業の社会的責任の系譜については川村（2005）に詳しい。
16) 同年の「通商白書2004」においても企業の競争力という観点から，企業価値との関係性を踏まえて CSR が議論されている。詳細については，経済産業省（2004b）を参照されたい。
17) 2010年4月に発表された第1回の NICES の総合ランキングでは，キリンホールディングスが1位となっている。なお，NICES のランキングや評価方法については『日本経済新聞朝刊』2010年4月15日を参照されたい。
18) 詳細は，円卓会議ホームページを参照されたい。

第4章 先行研究のレビューおよび本書の分析枠組み

　本章では，東日本大震災あるいはその他の震災と企業経営について，CSRの側面から考察した先行研究をレビューする。先行研究を体系的にまとめることで，従来の研究と本書の研究アプローチの違いを指摘する。これを通じて，既存の経営学研究とくに企業論[1]ならびにCSR研究における本書の研究意義を提示する。また，それを踏まえて本書の分析枠組みを提示する。とくに，本書の考察の対象である被災地企業について，非被災地企業との比較を通じて分類・定義づけもしていく。最後に本書の主たる事例考察の対象である宮城県の被災状況について，経済的・産業的・人的被害などについてその概要を確認する。

1．先行研究のレビュー

　第1章でも述べたように，東日本大震災と企業活動に関しては，BCP（事業継続計画），サプライチェーン・マネジメント，多重債務問題，NPOとの協業など多様な側面から研究が蓄積されてきている[2]。これに対して，本書の研究領域と関連する震災とCSRの関係性からフォーカスする研究は少なく，調査や事例紹介的な内容のものが多い。
　1995年の阪神淡路大震災や2004年の新潟中越地震のように，近年の日本では未曽有の大震災が起きたが，そうした震災に関する経営学的な研究は，筆者の知りうる限りでは，リスク・マネジメント体制の構築や復旧への取り組み事例考察などが主たるものであった（上田・矢代，1997；伊藤，2005；寺尾，2011など）。わずかながら見られるCSRと関連する研究は，非被災地域から被災地域

に向けて義援金・物資・直接的活動を通じた支援の現状を見るものにとどまる（古館，1995；『遊技通信』2005年1月）。それだけCSR自体も意識されることが少なかったし，また震災における緊急時・復旧時・復興過程における企業活動をCSRとして捉えようとはされてこなかったのである。つまり，企業倫理も含めた企業の社会的責任という考え方は，当時の日本においては，企業のコンプライアンス違反や不祥事対応といったネガティブな事項を対象とするものであって，地域社会への貢献や事業との関連性などポジティブな側面が意識されることは少なかったのである。しかし，東日本大震災では，少なからず企業の震災対応をCSRの側面から考察しようとする研究が散見されるようになっている。

1.1 非被災地企業による被災地支援についての研究
（1）ケース・スタディ型アプローチ

まず，東日本大震災後に行われた企業の取り組みを事例に基づきながら考察している研究（事例紹介）が最も多い。それらの研究は，非被災地企業（後述の〔A〕と〔Bc〕に位置づけられる）が，被災地域の緊急・救援期，および復旧や復興にいかに取り組み，貢献しているかを問うものであり，非被災地企業による被災地域および被災地企業に対する「支援」というCSR活動をケース・スタディ的に考察・紹介している（大八木，2011；安斎，2012；工藤，2012；多田，2012；山﨑，2012など）。

とくに，震災直後の非被災地企業による被災地支援については，製造業と非製造業のいかんを問わず，日本の大企業が被災地域の危機的状況の救済および復旧に懸命に向き合う個別事例をルポルタージュ的に考察しているものもある（日本経済新聞社編，2011）。この研究では，大企業が被災地域に有する事業所・工場が被災したために，その復旧に取り組み地域産業の再生に向き合う姿勢も記述されている。

ともあれ，これらのケース・スタディは，震災直後および復旧のプロセスにおける各企業の取り組みを紹介するものである。そこでは，被災地域を支援す

べく企業による懸命な取り組みが記述されており，企業の社会性やCSRへの取り組みを窺い知ることはできるが，あくまでこれらの研究は，ケース・スタディにとどまるもので学術的な意味づけや洞察は十分に行われているわけではない。しかし，これらの研究は，震災という危機的状況下において企業はどのような社会性を持って対応すべきかを考えるベンチマークを提供している点で評価されよう。

(2) 提言型アプローチ

このアプローチに属する研究では，ケース・スタディも行われるが，若干ながら，経営学，法律学や社会学などの学術的側面から非被災地企業による被災地支援を捉えて，企業としての被災地支援の在り方や震災時対応について考察や提言・提案が行われている。

木谷は，東日本大震災と企業の人的資源管理の在り方について問うている(木谷，2011)。そこでは，十分な考察はできていないながらも，東日本大震災を受けて，各企業の従業員ボランティアなどの人的支援への取り組みが考察されている。そのうえで，木谷は，長期ボランティア制度や在宅勤務など，本業を通じたCSR，従業員のCSRへの積極的な関与を促すための人的資源管理が変容してくる可能性を指摘している。

ついで，ソーシャル・イノベーションを重要な鍵概念として，東日本大震災の復興を捉えようとする研究もある。たとえば，服部は，被災地復興に有効なソーシャル・イノベーションに取り組む企業事例を検討している(服部，2012)。仮設住宅の1階部分を増築することで安価な復興住宅建設を可能にして迅速な復興を目指そうとする飛騨高山のオークヴィレッジ社の事例，また，平時から企業，NPOとNGO，行政が連携することで緊急時の危機管理に対応できるネットワークの構築事例を考察している。このようなソーシャル・イノベーションの視点を持って，企業は事業に取り組んでいくことの必要性が指摘されている。また，今は，被災地域における社会起業家の活動を支援することで東日本大震災における被災地復興を支援しつつ，そのようなCSR活動への取り組

みによって当該企業自体の企業価値を高めることを提言している（今，2011）。

　東日本大震災におけるCSRへの取り組みを，企業の持続可能性や成長機会のドライビングフォースとして捉える研究もある。前田らは，ISO26000視点でCSR課題を析出して，東日本大震災時における事業継続の対応をCSRで行っていくべきことを主張している（前田・渡瀬・吉田，2011）。具体的には，職場の安全確保，BCPに沿った対応の確認と従業員ならびにその家族の安否，危機対応担当者の割り当てと情報の集中管理など，BCPにおける10の課題をISO26000のCSRの中核主題と関係づけながら行うマニュアルを提示している。また，桑山らは，震災におけるCSRへの取り組みを機会として捉えるよう提案している（桑山・蟻生・加藤・杉田，2013）。その研究では，まず，震災以降の消費者の価値観と意識変化の分析を通じて，消費者自身が「自助」の精神を持つようになっており，消費者が倫理観や社会的規範に影響される購買行動を取るようになっていることを見出している。それゆえ，震災後の社会経済状況では，企業はCSRを実践することで新しいビジネス・チャンスにつながるということを主張している。

　上谷は，法律学の観点から，内部統制・BCP・CSRについて考察している（上谷，2011）。そこでは，震災時におけるCSRの観点で行われた支援活動の価値を認めつつも，会社法上における取締役の「善良な管理者としての注意義務」（善管注意義務）との関係で，その許容範囲について指摘されている。この考察では，法律的な観点に立ちながら，非被災地企業による被災地支援を考察しているのである。最後に，清水らは，東日本大震災における企業支援について，行政やNPOなどとの「新たな協働の仕組み」が発生していることをまず指摘する（清水・明石・斉藤，2013）。そのうえで，清水らは，企業や協同体によって行われた支援活動事例を紹介することに加えて，現代を日常的にリスクを抱える「危険社会」と捉えて，そのようなリスクを最小化するために，企業による協働や連携の仕組みを構築していくべきことを提言している。また，企業による活動だけでなく，被災地域の復興のために「まちづくりや産業振興」に対する課題も提起されている。清水らの研究では，被災地域の状況を考慮したうえ

で，企業のCSR活動として，「連携」や「協働」をキーワードに提言しており示唆に富む点も見受けられるが，あくまでも，この研究における主要対象も非被災地企業である。

　このように企業による被災地支援の在り方について，若干ながらもCSRを基準に学術的な意義を探り，復興に向けた何らかの提言を行おうとする研究が見られる。学術的意義や有効性を考慮している点で，これらの研究には一定の意味があるが，提言や意義づけを行うための実証性や理論的な考察が十分に行われているわけではない。しかしながら，東日本大震災という大きな変化のなかで，それへの対応や提案について，各研究領域からCSRを基準に考えようと努力している点は評価できるであろう。

（3）定量型アプローチ
　非被災地企業による支援活動および社会貢献活動という視点で震災とCSR活動を考察することは同じであるが，個別事例ではなく，日経225社や東証一部時価総額上位100社のデータに基づいて，東日本大震災に対する企業の支援がどのように行われたかを定量的に分析している研究もある（奥村・塚本・重信，2011；高浦，2013）。事例に基づく分析をミクロの視点とすれば，こちらはマクロの視点と言うことができるであろう。これらの研究によると，大企業ではほとんどの企業で何らかの支援活動実績があることが示されており，義援金や物資などの支援形態や支援額，さらには協働の形態なども考察されており，また復旧・復興支援と自企業の価値を同時に高める必要性について提言もなされている。

　梨岡は，CSR報告書において，大企業が東日本大震災に対する支援活動をどのように記述しているかを研究している（梨岡，2011）。この研究対象は，東洋経済新報社による「第14回環境報告書賞・サステナビリティ報告書賞」[3)]に選抜されたCSR報告書であり，一般的にはその質と量がある程度担保されている報告書であるといえるであろう。これによると，震災直後のCSR報告書の発行において，経営者によるコミットメントや特集などが，その多寡は別

として，すべての発行主体企業で盛り込まれるようになっており，震災がCSR報告書の記述の在り方についても影響を及ぼしたことを指摘している。また，「提言型」に位置づけられるかもしれないが，震災後の社会貢献活動について，これからの社会貢献活動はどうあるべきかを問うものもある。そこでは，非被災地企業による被災地支援活動の効果測定と積極的な情報開示の必要性が主張されている（赤羽・竹井，2011）。

このように，これらの研究は，震災時の企業支援について，それらを定量的・統計的に分析しようとしており，震災における被災地支援やその取り組みの開示に関する全体的動向を知るうえでの手がかりを提供してくれる。

1.2　被災地企業の取り組み事例についての研究

上記から，東日本大震災と企業活動をCSRの側面から捉える研究が，不十分ながらも蓄積されてきていることがわかる。それらは非被災地企業による被災地支援が主たるものであった。これに対して，被災地域に本拠を置く被災地企業（後述の〔Ba〕および〔C〕）の震災時の取り組みについてCSRの側面から考察している研究は，筆者の知りうる限りでは，矢口（2012），東北学院大学経営学部おもてなし研究チーム編著（2013）を除いてほとんど存在しない。

両研究とも，東日本大震災時における被災地ホテル・旅館業の対応を考察したものである。前者は，震災時における非被災地ホテルと被災地ホテル・旅館の取り組みを比較考察することで，それらホテル・旅館業の震災時の行動が，地域社会やコミュニティを支えることを目的に実施された取り組みであることを指摘している。そして，そのような地域社会を支える社会貢献的な活動が，ホテル・旅館の機能というハード的側面とホスピタリティというソフト的側面の双方に基づいて発揮させられている。そのようなことを，ISO26000やEMSFにおける議論といったCSRのグローバル・スタンダードの側面から意味づけている。また，後者は，大震災下における宮城県のホテル・旅館業がどのような役割を果たしたのかについて，各ホテル・旅館の女将の講演に基づいて構成されたものである。ここでは，CSRという言葉自体は用いられている

わけではないが，震災時におけるホテル・旅館業の公共的役割や社会性について述べられている。

また，具体的に社会起業家（社会的企業）の社会的責任と震災復興における役割を考察している研究もある（露木，2012）。この研究の特徴的なことは，社会福祉法人はらから福祉会（宮城県柴田町）や社会福祉法人こころん（福島県泉崎村）といった被災地域における社会起業家の役割について述べていることである。社会起業家の震災復興に果たす重要性が少しずつ指摘されているのだが，それらに対して過大な期待はできないのも現状である。あくまでも，企業や行政を補完する存在として考察することが肝要であろう。

このように非被災地企業による被災地支援ではなく，被災地域に拠点を構える主体による地域社会に対する社会的責任についての研究もわずかながら見られる。しかし，その研究対象はホテル・旅館業のみという極めて限定された対象であり，1つのケース分析としては有効であろうが，それのみで被災地企業のCSRの特徴を浮き彫りにできるわけではない[4]。また，露木の研究においても，その対象は障害者の自立支援や就労支援を行う社会福祉法人であり，現在の経済社会における主要プレイヤーではなく，周辺的な存在と言わざるを得ない。それゆえ，被災地域における経済活動の中心的存在である被災地企業の被災地支援やCSRについては，これらの研究においても考察されていないのである。

1.3　震災とCSRに関する海外の研究動向

海外のCSR研究では，筆者の知りうる限り，東日本大震災を対象とする研究は見当たらない。しかし，海外の研究においても，若干ではあるが，自然災害（地震・津波など）におけるCSRの重要性を指摘する研究が存在する。以下では，それら海外における震災と企業のCSR活動に関する先行研究をレビューする。

まず，アヴィナ（Avina, J.）は，震災が発生した地域・国の企業と多国籍企業の現地子会社などが，自然災害時における物資寄贈や支援などにおいて最も

初期にその役割を果たしていることを指摘している（Avina, 2013）。実際に，2010年7月に発生したパキスタン洪水および2011年のトルコ東部地震では，現地企業とそのリーダーシップによる物資支援が，犠牲者や被災地域に対して行われた。しかし，このような自然災害時における企業のCSR活動への要請については，もっぱらそのほとんどが，物資や資金などの寄贈・支援で満たされていることもまた指摘されている[5]。

2004年12月26日にはスマトラ島沖地震およびインド洋津波が発生したが，これは「アジアを襲った史上最悪の災厄」として知られている。実際に，13カ国で28万人以上の人命が失われた。チョン（Chong, M.）は，この時のDHL[6]のアジア太平洋部門による「災害対策プログラム」（Disaster-Response program）の事例を考察している（Chong, 2009）。DHLが，従業員に必要なスキルを付与したり，彼らのボランティア参加を促進する支援を行ったことで，数千人におよぶ従業員が被災地支援活動に参加したのである。そして，大規模震災における従業員参加の取り組みによって，従業員自らがDHLのコーポレート・アイデンティティ（Corporate Identity, CI）[7]を理解することになり，従業員が同社を社会的に責任ある企業市民であることを認識するようになったという。チョンの研究は，震災復旧・復興における従業員参加が企業のCSRをより強化することを明らかにしたのであった。

災害援助とCSRについて，トーマス＝フリッツ（Thomas, A. and Fritz, L.）は，スマトラ島沖地震を踏まえた企業の災害援助活動を考察している。その際に史上空前の援助が行われたが，場当たり的・衝動的な援助は現場を混乱させてしまい，逆効果に終わることも多くあったという。それゆえ，彼らは，企業は緊急時を想定して援助機関と協力する体制も含めて，災害援助のための計画を事前に策定しておくことが重要になることを指摘している（Thomas and Fritz, 2006）。

このように，アヴィナ，チョン，トーマス＝フリッツの研究は，海外における災害とCSRを対象としているが，あくまで多国籍企業（非被災地企業）による被災地支援という枠組みを脱するものではない。

写真4−1 スマトラ島沖地震後の被害風景

出所：特定非営利活動法人ジャパン・プラットフォームホームページ。

　また，ヴィラクルら（Virakul et al.）の研究は，震災復興との関係を中心に置いたものではないが，タイの有力企業4社のCSR活動を調査している（Virakul et al., 2009）。そこでは，各企業がCSRの定義や理念を自ら構築してCSRにプロアクティブに取り組む状況が記述されており，そうした企業が，津波被害や洪水などの自然災害において短期・長期の取り組みを行っていることも示されている。短期においては，地域コミュニティからの緊急な要請に応じた応急的対応や物資・資金支援が行われる。長期においては，当該企業がビジネスを通じて地域社会の復興に関与していくのである。新興国のタイにおいても，CSRの先進的な企業が現れており，自然災害対応におけるプロジェクトをCSR活動として組み入れている。しかし，具体的にどのような震災対応が行われ，復旧・復興に携わっている（きた）のかについては述べられていない。ともあれ，このような視点がわずかながら提示されたのは，スマトラ島沖地震によって同国も大きな被害を受けたからであろう。
　そのほかに，近年，CSR評価機関（CSR Rating Agencies）の存在が大きくなっているが，それらによる企業のCSR活動評価は，ポジティブな側面とネガティブな側面をベースに評価している。これを踏まえて，スカーレット＝ケ

リー（Scalet, S. and Kelly, T. F.）は，とくに前者において大地震などの被災者に対する資金的援助のような活動が，社会的に卓越したプログラムを持つ企業のCSR活動の一環として行われるようになっているという（Scalet and Kelly, 2009）。すなわち，震災時における被災者支援が，CSRにおいて高い評価を得る際にも重要な活動の1つになっているという。しかし，スカーレット＝ケリーの研究においても，震災時における企業のCSR活動の実践についてほとんど考察されていない。

　最後に，本書の研究目的との関連性は少しずれてしまうが，トデシニ（Todeschini, M. M.）による研究を若干紹介したい（Todeschini, 2011）。彼女の研究は，日本におけるCSRの特徴を「場」（ba）や「心」（kokoro）として，それらを「暗黙の約束の関係の集合体」（"webs of engagement"）として捉え，欧米諸国のアカウンタビリティ（説明責任）などとは異なる特徴であることを指摘している。そして，トデシニは福島第1原発事故との関係から，企業の存続と地域社会の存続が相互依存関係にあることから，「共生」（kyosei）という考えや発想が日本のCSRにおいて重要になることを述べている。あくまでも東日本大震災を全面に出した研究ではないが，福島原発事故の視点も一部踏まえて日本のCSRの特徴を析出しようとしているのである。

1.4　先行研究レビューから析出された研究課題と本書の意義

　以上，東日本大震災時およびその後における企業活動について，日本の研究を中心に，CSRの視点を踏まえて考察する先行研究をレビューしてきた。また，海外の研究においては，東日本大震災と関連するものは見られなかったが，その他の震災とCSRについての研究を若干ながらレビューした。このことを踏まえて，先行研究のまとめと研究課題の提示が以下のように示される（図表4－1）。なお，東日本大震災とは直接関係を持たない海外の研究も，簡便的にこのなかに位置づけている。

　図表4－1における先行研究の「①」に属する研究は，被災地域に本拠を置かない企業（非被災地企業）による被災地支援を対象とするものであり，ケース・

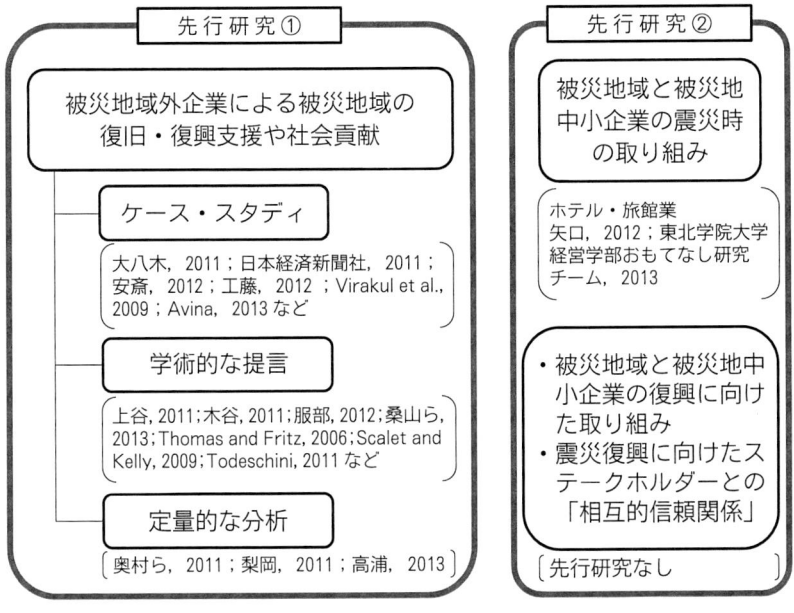

図表4-1　先行研究レビューと研究課題の提示

先行研究①

被災地域外企業による被災地域の復旧・復興支援や社会貢献

- ケース・スタディ
  大八木，2011；日本経済新聞社，2011；安斎，2012；工藤，2012；Virakul et al., 2009；Avina，2013 など

- 学術的な提言
  上谷，2011；木谷，2011；服部，2012；桑山ら，2013；Thomas and Fritz, 2006；Scalet and Kelly, 2009；Todeschini, 2011 など

- 定量的な分析
  奥村ら，2011；梨岡，2011；高浦，2013

先行研究②

被災地域と被災地中小企業の震災時の取り組み

ホテル・旅館業
矢口，2012；東北学院大学経営学部おもてなし研究チーム，2013

- 被災地域と被災地中小企業の復興に向けた取り組み
- 震災復興に向けたステークホルダーとの「相互的信頼関係」

先行研究なし

出所：筆者作成。

スタディ，学術的な提言，定量的な分析という3つの側面から，わずかながらも研究が蓄積されつつある。これに対して，先行研究の「②」に属する研究，すなわち被災地企業による被災地支援や復興への取り組みについての研究は，震災直後のホテル・旅館業の取り組みのみであり，また，これらも含めて被災地域の各産業企業の復旧・復興過程における役割については，先行研究ではほとんど取り上げられていない。

つまり，従来の震災と企業のCSRに関する研究は，被災地域外から被災地域に対する「支援」を鍵概念として行われる「外から内へ」のアプローチだったのである。これに対して，被災地企業による被災地域を支える活動や復旧・復興への貢献といった「内から内へ」のアプローチはほとんど取られてこなかったのである。本書では，東日本大震災時の緊急・救援期さらには復旧・復興過程において被災地中小企業が果たした取り組みや役割，さらには震災復興に

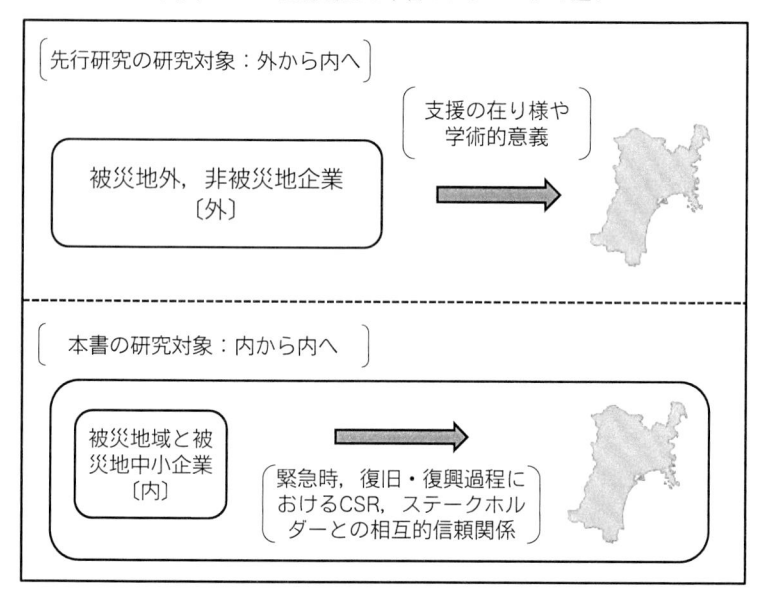

図表 4 − 2　先行研究と本書のアプローチの違い

```
┌─ 先行研究の研究対象：外から内へ ─────────────────┐
│                                                        │
│                              ┌支援の在り様や┐           │
│                              │学術的意義    │           │
│   ┌──────────────┐         └──────────┘  ┌────┐   │
│   │ 被災地外，非被災地企業 │  ──────▶       │地図│   │
│   │      〔外〕          │                  └────┘   │
│   └──────────────┘                                 │
└──────────────────────────────────────┘
─ ─ ─ ─ ─ ─ ─ ─ ─ ─ ─ ─ ─ ─ ─ ─ ─ ─ ─ ─ ─ ─ ─ ─ ─
┌─ 本書の研究対象：内から内へ ─────────────────────┐
│                                                        │
│   ┌──────────┐  ┌─────────────────┐  ┌────┐ │
│   │被災地域と被   │  │緊急時，復旧・復興過程   │  │地図│ │
│   │災地中小企業   │──▶│におけるCSR，ステークホル│  └────┘ │
│   │  〔内〕     │  │ダーとの相互的信頼関係   │        │
│   └──────────┘  └─────────────────┘        │
└──────────────────────────────────────┘
```

出所：筆者作成。

向けた取り組みをステークホルダーとの相互的信頼関係の視点に基づいて考察していく。この「内から内へ」のアプローチという視点に基づいて，東日本大震災とCSRを考える点に本研究の独自性があると考えている（図表 4 − 2）。

　また，東日本大震災の発生からの時系列的な側面は，本書第 1 章の図表 1 − 2 においても述べられているように，震災発生から 2 〜 3 カ月程度の緊急・救援期（①），そこから 1 年程度の復旧期（②），さらに現在の復旧と復興の並行期（③）というように経過を整理することができる。この時期区分に基づいて，時系列的な側面から東日本大震災とCSRに関する先行研究を整理すると図表 4 − 3 のようになる。

　もちろん，厳密に①から③に先行研究を区分することは困難である。なぜなら，緊急・救援期の支援といったCSR活動を主たる考察対象としたとしても，若干ながらも復旧へ向けた視点や提言なども含まれるからである。それゆえ，

図表4−3　考察対象時期に基づく先行研究の区分

時期区分	先行研究の主たる考察対象時期
①緊急・救援期	上谷，2011；大八木，2011；奥村ほか，2011；木谷，2011；梨岡，2011；日本経済新聞社，2011；安斎，2012；工藤，2012；多田，2012；露木，2012；矢口，2012；山﨑，2012；前田ほか，2013；東北学院大学経営学部おもてなし研究チーム，2013
②復旧期	赤羽，2011；今，2011；高浦，2013
③復旧と復興の並行期	服部，2012

出所：筆者作成。

　この区分は，あくまでも主たる考察対象時期に基づく簡易的な区分であることには留意されたい。それでも，図表4−3から，震災とCSRに関する研究の多くが震災発生直後から数カ月程度の①緊急・救援期の取り組みにフォーカスしていることがわかる。東日本大震災という極めて甚大な被害を及ぼした災害時の企業の支援に注目が集まるのは当然であり，そこから得られる知見も多かったからであろう。しかし，復旧期や復旧と復興の並行期をCSRの側面から考察する研究となると，その重要性は依然として大きいにもかかわらず，ほとんど存在しなくなることもわかるであろう。このようなことから，本書では，①緊急・救援期の被災地企業の取り組みを主として考察しつつも，②と③の視点を踏まえて，それら被災地企業が復旧や復興に取り組むCSR活動も考察対象に設定している。

　本書のオリジナリティは，東日本大震災の被災地域における被災地企業の地域社会への社会的責任の行為を考察対象としていることである。先行研究が，「外から内へ」というアプローチを取るのに対して，本書は「内から内へ」というアプローチを取っているのである。また，研究対象時期については，震災発生直後の緊急・救援期だけでなく，復旧期ならびに復旧と復興の並行期も含めて考察を進めることである。このように被災地域にあって外部者ではなく，当事者たる地域の中堅・中小企業による，震災時および復旧時・復興時におけ

る，ステークホルダーとの相互的な信頼関係の下でのさまざまな取り組みを考察することで，CSR や企業の社会性の本質に迫れると考えている。

2．本書における企業分類の枠組み

　上記の先行研究レビューでは，東日本大震災における企業活動と CSR について，本書の主たる考察対象が，被災地域の被災地中堅・中小企業であることを示した。しかしながら，東日本大震災の被害は極めて広範囲であり，本社は被災地域になくとも宮城・福島・岩手といった被害の大きい被災三県に何らかの事業所を構える企業数は膨大なものになるであろう。それゆえ，本書の研究・分析対象とする被災地企業とは，何か，どのような範囲の企業を指すのか，その枠組みおよび定義について示す必要がある。

　先行研究においては，被災地企業と非被災地企業を区別する簡便な基準さえ設けずに，議論を進めているものがほとんどである。被災地企業と非被災地企業では，震災後の経営環境や地域社会に対する支援・貢献の在り方などでその性格が大きく異なってくる。もちろん，先行研究では，「外から内へ」の支援にフォーカスして CSR を捉えているために，このような分類は必要ないのかもしれない。しかし，それでは震災における企業の CSR 活動の一面しか見ることができない。本書では，「外から内へ」のアプローチに加えて，「内から内へ」のアプローチも採用することにより，震災と企業の社会性・CSR を体系的に考察することを目的としている。そのような体系的考察を行うためには，ある程度正確な企業分類を行うことが必要なのである（図表 4 - 4）。

　まず，〔A〕に該当する企業は，本社・事業所ともに被災していない企業であり，非被災地企業と位置づけて良いであろう。つまり，本社・事業所ともに岩手・宮城・福島県などの大規模被災地域に所在しておらず，本社・事業所とも震災による被害が無いか，極めて軽微な企業である。

　ついで，〔B〕に位置づけられる企業は，本社の被災は軽微か，あるいはほとんど無いが，事業所がその規模の大きさを問わず被災しているものであり，

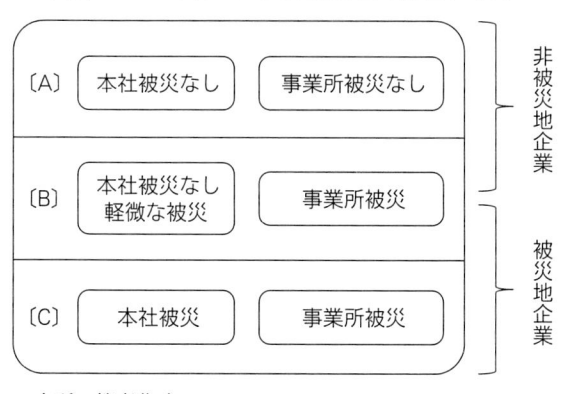

図表4-4　本書における企業分類の枠組み（1）

```
┌─────────────────────────────────────┐
│ 〔A〕  本社被災なし    事業所被災なし  │ 非被災地企業
├─────────────────────────────────────┤
│ 〔B〕  本社被災なし    事業所被災     │
│        軽微な被災                     │
├─────────────────────────────────────┤ 被災地企業
│ 〔C〕  本社被災        事業所被災     │
└─────────────────────────────────────┘
```

出所：筆者作成。

　これは判断の難しいケースである。もちろん，本社が被災地域に所在している企業であるならば，本社は，たとえ軽微であろうと被災している企業がほとんどである。そして，そのような企業のなかには事業所が大規模に被災しているケースも多い。このように被災地域に本拠と事業所を構えて，同地域を主たる事業活動領域としている企業を被災地企業として本研究では位置づける〔Ba〕。宮城県において津波被害を直接受けなかった地域においては，これに分類される企業が最も多くなる。本書の第6章でも考察される被災地企業のケースであるイシイ，高政，岩機ダイカスト，堀尾製作所などはこの分類に位置づけられる。

　そして，判断が分かれるのは，本社は被災地域に所在していなくとも，事業所を被災地域に設けているため，後者が何らかの被災をした企業である。これについては，本書では，本社が被災地域に存在しなくとも，当該企業の中核的事業所の1つ以上が被災地域に所在し，かつその事業所が大規模または壊滅的な被害を受けた企業を被災地企業とする〔Bb〕。たとえば，製造業であれば，宮城県石巻市に中核工場の1つを構える日本製紙石巻工場，仙台市のキリンビール仙台工場，多賀城市のソニー多賀城事業所，JX日鉱日石エネルギーの仙台製油所などが挙げられる。宮城県外で見るならば，太平洋セメントの岩手県大船渡工場，新日鉄住金の岩手県釜石製鉄所や茨城県鹿島製鉄所，IHIの福島県

相馬工場などである。

　それ以外の〔B〕に分類される企業を，本研究では簡便的に非被災地企業として位置づける〔Bc〕。端的に言えば，本社は被災地以外にあって，事業所の一部が被災地域にあるが，事業所の被災が当該企業全体として見れば，〔Bb〕に位置づけられる企業よりも相対的に大きな影響を及ぼさずに済んだ企業である。宮城県仙台市は「支店経済都市」と呼称されるほど，全国展開する企業の支店が数多く設置されているため，かなり多くの企業がこの〔Bc〕に位置づけられると想定される[8]。このように〔B〕に位置づけられる企業を細分類したものが以下の図表である（図表4−5）。

　最後に，図表4−4の〔C〕は，本社および事業所ともに被災地域に所在して，両者とも被災しているまぎれもない被災地企業である。このケースの場合は，当該企業全体として壊滅的な被害を受けているケースが多く，廃業せざるを得ない状況に陥る場合も少なくない。第6章でも若干考察するが，宮城県気仙沼市の阿部長商店（水産加工），石巻市のヤマニシ（造船）や木の屋石巻水産（水産

図表4−5　本研究における企業分類の枠組み（2）

〔B〕に該当する企業の細分類

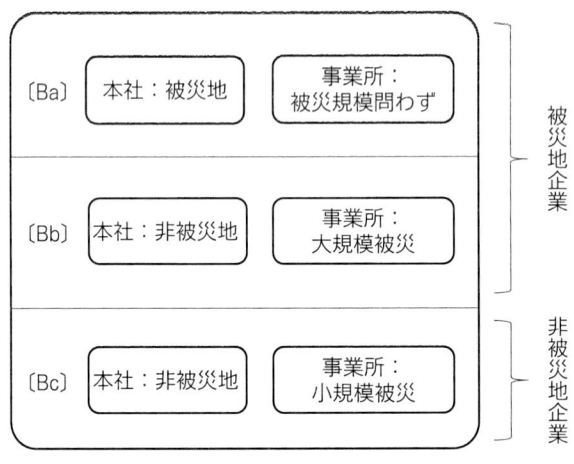

区分	本社	事業所	分類
〔Ba〕	本社：被災地	事業所：被災規模問わず	被災地企業
〔Bb〕	本社：非被災地	事業所：大規模被災	被災地企業
〔Bc〕	本社：非被災地	事業所：小規模被災	非被災地企業

出所：筆者作成。

第4章　先行研究のレビューおよび本書の分析枠組み | 93

加工）などが代表例であり，これらは事業を再興できた企業としても知られている。

　このような企業分類の枠組みに基づくのであれば，被災地企業は，〔B〕のなかの〔Ba〕と〔Bb〕および〔C〕となる。しかし，本書では，被災地企業の範疇に含まれる企業，とりわけ〔Ba〕と〔C〕に該当する被災地域に本拠を構える被災地企業の事例を中心に考察していく。〔Bb〕については第5章において若干取り上げられるが，それらは本書の主たる考察対象ではない。その理由は，〔Bb〕に位置づけられる企業は，大企業であることが多く，自社ホームページやCSR報告書，さらには雑誌や書籍などで広くその取り組みが知られていることが多いからである。また，それらの企業は，非被災地域の本社や他事業所などの企業内またはグループからの強力な支援を受けることができるため，被災地企業でありながら，「外から内へ」というアプローチに基づく支援的性質を含むことになるからである。それゆえ，本書の「内から内へ」という研究アプローチとは異なることになる。「内から内へ」のアプローチに基づき，被災地域において企業がいかに当該企業の継続性と地域社会の危機回避・持続

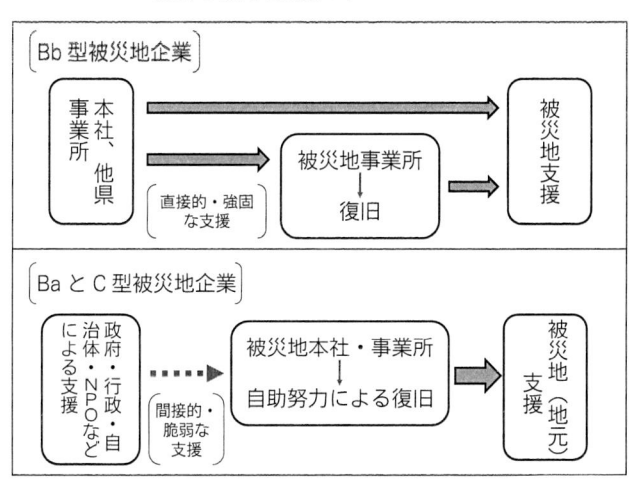

図表 4 − 6　〔Bb〕型被災地企業と〔Ba・C〕型被災地企業の
　　　　　　復旧と被災地支援のプロセス

出所：筆者作成。

的発展に貢献したかを端的に記述するには，被災地域に本社を構える〔Ba〕と〔C〕の考察を中心にする必要があると考えられる（図表4－6）。

　なお，東日本大震災では岩手・宮城・福島の各県がとくに津波により甚大な被害を受けたが，これら以外の東日本各県（青森県，茨城県，千葉県，栃木県など）でも大きな被害が出たことは周知のとおりである。本来なら，このような被災地全般を捉えたうえで，同地域における企業の復旧・復興に向けたCSR活動を見る必要があるが，そのような視点での考察は筆者の能力の範囲を超えているため，残念ながら本書では行うことはできない。このことから，本書では，東日本大震災で甚大な被害を受けた被災各県のうちでも，宮城県における企業活動にフォーカス・限定して，そのCSR活動を考察していくことにする。

3．宮城県の被災概況について

　上記では，先行研究をレビューし，同時に本書の分析枠組みを提示した。これによって，本書の研究対象が，宮城県における被災地企業の緊急・救援期，復旧・復興期におけるCSR活動であることが示された。このこともあるため，若干ではあるが，東日本大震災による被災3県（宮城・岩手・福島）の状況，とくに宮城県の被害状況の概要を確認しておく必要がある。

　東日本大震災による被害は，死者と行方不明者が2万1,377名（2013年9月9日時点，総務省，2013），津波による冠水面積が宮城・福島・岩手などで561 km^{2}にも及んでいる。また，社会インフラ，産業被害，個人資産などの被害額は16から25兆円にのぼるとの政府試算が発表されている。死者・行方不明者全体に占める被災3県の割り合いは，宮城県が1万1,748人，福島県が3,283人，岩手県が6,231人という状況であり，人的被害の約99％がこれら3県に集中しており，そのなかでも宮城県の被害の割り合いが全体の約55％となっている。また，東日本大震災での建物の全壊戸数は7万6,800戸に及んでいるが，この被害も3県に集中しており，それぞれ3万8,962戸，1,832戸，1万7,984戸と約77％にのぼっている（農林水産省ホームページ）。ここでも宮城県

写真4-2　東日本大震災直後の宮城県女川町

出所：イシイより提供。

の被害割り合いが約51％と突出しており，また同県の資産関連の被害額も少なくとも9兆802億円に及んでおり（宮城県公表資料，2012），これについても宮城県が相当の被害割り合いを占めていることがわかる。

　本書では，宮城県における東日本大震災時と復旧・復興過程における企業の役割について考察していくため，以下では宮城県の被害状況をもう少し詳しく見ることにする[9]。図表4-7は，宮城県の沿岸部に隣接する市町村の被害状況（建物被害および人的被害）を示しているが，ここからいかに同地域の被害が大きかったかがわかるであろう。石巻市，気仙沼市，東松島市などの地域は被害も甚大であり，また，南三陸町や女川町のように津波で町自体が壊滅的な被害を受けた地域では，地方自治体それ自体の機能さえ一時的に喪失せざるを得なかったことも周知のとおりである。なお，大崎市において最大震度が7を記録して建物被害を受けるなど，もちろん宮城県内陸部においても大きな被害を生じることになった。さらに，このような被害だけでなく，福島第1原発事故による放射能飛散および汚染水の海洋流出の影響も大きく，宮城県の農業や漁業は風評被害にもさらされることになった。

　東日本大震災による被災3県の中小企業の被害状況について，岡田（2011）

96

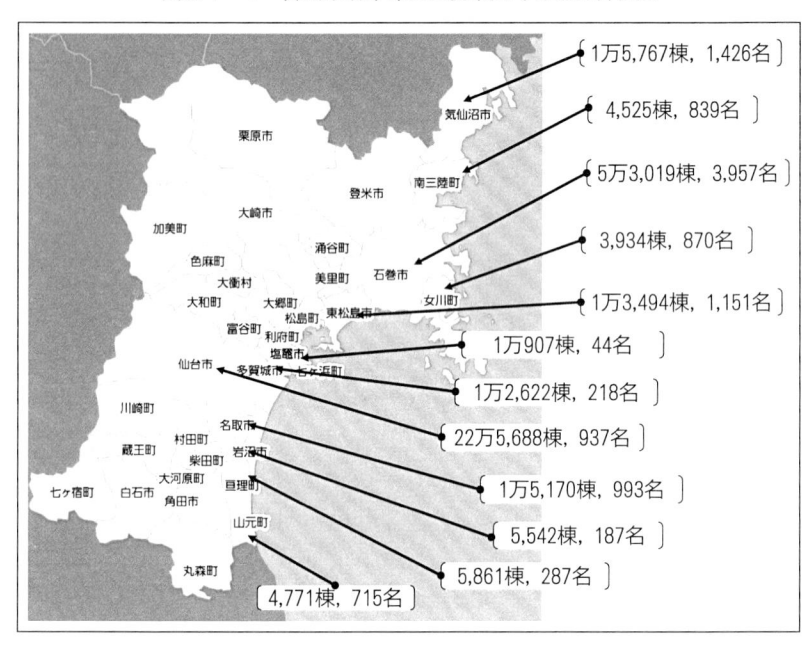

図表4-7　宮城県沿岸部の主要市区町村の被害状況

- 気仙沼市：1万5,767棟, 1,426名
- 南三陸町：4,525棟, 839名
- 石巻市：5万3,019棟, 3,957名
- 女川町：3,934棟, 870名
- 東松島市：1万3,494棟, 1,151名
- 塩竈市：1万907棟, 44名
- 多賀城市：1万2,622棟, 218名
- 仙台市：22万5,688棟, 937名
- 名取市：1万5,170棟, 993名
- 岩沼市：5,542棟, 187名
- 亘理町：5,861棟, 287名
- 山元町：4,771棟, 715名

注：〔　〕中の左側は建物被害（全壊・半壊・一部損含む），右側は人的被害（死者・行方不明者含む）を示している。
出所：各市町村の被災状況および宮城県地図イラストとも宮城県庁ホームページに基づき筆者作成。

図表4-8　東北被災3県事業所の津波被害

	県内 事業所数	県内 従業員数	浸水調査区計 事業所数	浸水調査区計 従業員数	浸水比率 事業所数	浸水比率 従業員数
岩手県	66,391	583,181	9,830	67,205	14.8%	11.5%
宮城県	109,238	1,080,517	24,894	214,436	22.8%	19.8%
福島県	101,069	914,736	5,992	61,309	5.9%	6.7%
合計／平均	276,698	2,578,434	40,716	342,950	14.7%	13.3%

出所：岡田，2011，3頁。

の研究に基づきながら，その概要を若干ながら見ていく。岡田は，総務省統計局のデータに基づいて，津波の浸水被害を受けた事業所数をまとめている（図表4－8）。これによると，宮城・岩手・福島の3県には，27万6,698の事業所[10]が立地している。そして，流出か浸水かなどの被害の程度は不明であるが，そのうち4万716事業所が津波により何らかの被害を受けている。それら事業所によって雇用されている従業員数は34万2,950人であり，多くの労働者が雇用に何らかの影響を受けたのである。そのなかでも，宮城県の被害が，事業所被害で2万4,894カ所（約61%），従業員数で21万4,436人（約63%）というように圧倒的に高い割り合いを占めている。このほかに，内陸部の被害状況も，沿岸部の津波被害地域に比べてその規模は小さくなるが，東日本大震災では相当の影響があったことが報じられている。

　津波被害の大きかった激甚災害地域においては，事業所数は大きく減少している。宮城県でみると，石巻市，気仙沼市，東松島市，女川町，南三陸町などにおいては，事業所数や従業員数が，いかに大きく減少しているかが見て取れるであろう（図表4－9）。とくに，女川町や南三陸町では，事業所と被雇用者数とも減少率は過半数を超えていることから，東日本大震災はこれらの地域社会の産業や経済を壊滅させたともいうことができよう。東北大学による被災3県を中心とする被災地企業3万社調査によると，1社あたりの震災による被害額は，平均で6,513万円に達するとも指摘されており（『日本経済新聞電子版』2012年10月24日），多くの中小企業の事業再建に支障をきたしたのである。ともあれ，東日本大震災では，生活再建に必要不可欠な雇用喪失の深刻さがさまざまな方面から指摘されたが，その根拠の1つがこれらの図表からも見て取れるのである。

　東日本大震災では農漁業が大きな被害を受けたこともあり，また第6章では，農業や水産加工業に関連する企業もケースとして取り上げているため，農漁業の被害状況についても確認しておく必要があるであろう。まず，津波による被災農地面積（推定）を示したものが図表4－10である。津波による被災農地の面積は，青森，岩手，宮城，福島，茨城，千葉の6県で2万3,600ヘクタール

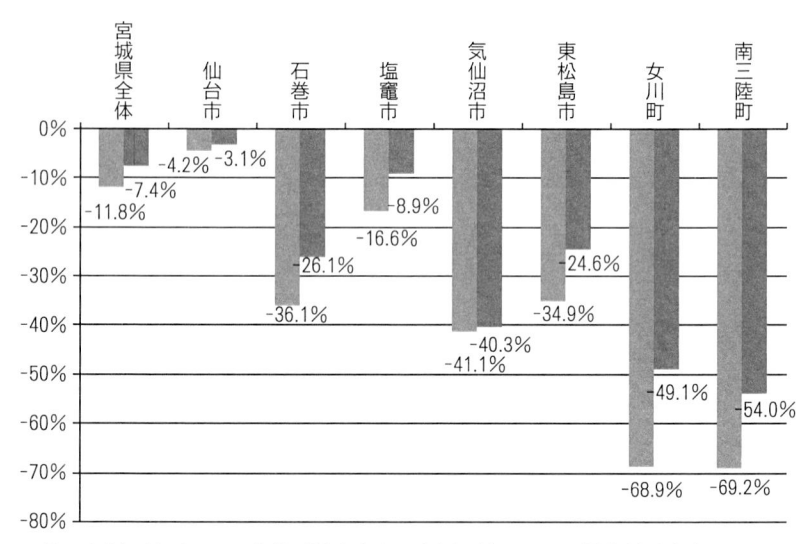

図表4－9　2012年の宮城県の事業所増減率（2009年比）

地域	事業所減少率	従業員減少率
宮城県全体	-11.8%	-7.4%
仙台市	-4.2%	-3.1%
石巻市	-36.1%	-26.1%
塩竈市	-16.6%	-8.9%
気仙沼市	-41.1%	-40.3%
東松島市	-34.9%	-24.6%
女川町	-68.9%	-49.1%
南三陸町	-69.2%	-54.0%

注：左側の棒グラフが事業所減少率を，右側の棒グラフが従業員減少率をそれぞれ示している。
出所：総務省，2013を基に筆者作成。

図表4－10　津波による被災農地の推定面積

県　名	被災総面積	全耕地面積に占める割合	内訳 水田	内訳 稲作
青森県	80	0.1%	80	－
岩手県	1,840	1.2%	1,170	670
宮城県	15,000	11.0%	12,690	2,310
福島県	5,920	4.0%	5,590	330
茨城県	530	0.3%	520	10
千葉県	230	0.2%	110	120
合計／平均	23,600	2.6%	20,150	3,450

注：単位はヘクタール（ha）。1ヘクタールは10,000平方メートルである。
出所：小笠原，2013，57頁。

にも及んでおり，そのなかでも宮城県は1万5,000ヘクタールと，全体の約64%を占めている。また，全耕地面積における被災面積の割り合いを見ても，これら6県では，平均2.6%にあるにもかかわらず，宮城県では，11.0%にも及んでおり，同県が6県のなかでも極めて大きな被害を受けていることがわかる。ついで，東日本大震災による宮城県の農林水産関係の被害総額は，1兆2,287億円に及んでおり，そのほとんど（97.3%）が津波被害によるものである（図表4－11）。農業関係の被害額は5,144億円，水産関係が6,860億円であり，両者の合計が1兆2,004億円に及んでおり，全体の97.7%を占めている。

また，農漁業の被害が単純に大きいだけでなく，津波被害による塩害や放射能被害などもあり，これら産業の復旧・復興の進行度合いは遅れていると言わざるを得ない。2012年9月時点での農漁業の復旧・復興割り合いは，農業では，農地が38%，農業経営体が40%という状況であり，漁業では，漁港が34%，水産加工施設が61%，水揚量は震災前比で58%という状況である（広田，2013，121頁）。震災からかなりの時間が経過しているにもかかわらず，これら農漁業に関する復旧・復興状況は，半分にも至っていないのであり，津波被害からの復旧・復興の困難さを如実に物語っているといえよう。

宮城県では沿岸部を中心に壮絶な被害を受けたわけであり，このような状況のなかで，緊急時・復旧時，または現在の復興の過程において，自衛隊，自治体，政府，NGOやNPO，非被災地企業の支援など懸命な対応が行われ，危

図表4－11　宮城県の農林水産関係の被害額

内　訳	総被害額	津波被害額
農業関係	5,144億円	4,871億円
畜産関係	50億円	16億円
林業関係	140億円	117億円
水産関係	6,860億円	6,848億円
その他	93億円	92億円
合　計	1兆2,287億円	1兆1,944億円

出所：小笠原，2013，57頁。

機的状況を乗り越え，復興に向けて歩みを進めているのである。また，震災時に十分な公共的サービスが機能しないなかで大きな役割を果たしたのが，被災地域において当該企業自体も被災しながらも事業を継続して，地域社会に対する社会的責任を果たした被災地企業なのである。このような企業が地域社会に対して果たす役割，すなわち地域社会に対する社会的責任の行動を考察することで，企業が地域社会に対して果たす役割，企業と地域社会・ステークホルダーの相互的信頼関係などが示されるであろう。ある意味では，東日本大震災は平時ではなく，「有事」という極めて例外的な状況下であるかもしれないが，しかしながら，そのような時だからこそ，企業の真の意味での社会性の発揮を見ることができる。つまり，社会的存在としての企業の在り様を見ることができると考えられるのである。

4．本章のまとめ

　本章では，本書の研究テーマと関連する先行研究をレビューするとともに，本書の分析枠組みを提示した。本書の第1章においても述べたとおり，東日本大震災を企業経営の観点から考察する図書は多数発表されているが，企業の社会性やCSRについて考察するものはない。もちろん，論文やレポートの形で，東日本大震災とCSRに関する研究は，若干ながらも行われており，それらは「非被災地企業による被災地支援」と「被災地企業の取り組み」に大きく2つに分類された。前者においては，①ケース・スタディ型，②提言型，③定量型の3つに分けることができ，多くの研究はこれらに位置づけられ，後者に関しては，矢口（2012）や露木（2012）など若干存在するのみであり，それらについてもホテル・旅館業や社会的企業に考察が限定されているため，被災地企業のCSRについて十分な考察ができていない。それでも，これまで，日本では震災とCSRを関連づけた研究はほとんど存在していなかったことを考えると，東日本大震災は経営学研究においても大きな影響を及ぼしたということができよう。

また，海外においても，震災とCSRに関する研究は若干見受けられたものの，それらは非被災地企業による被災地支援の性格を有するものである。このように先行研究の多くは，「外から内へ」のアプローチを取るものであり，「内から内へ」のアプローチはほとんど存在しない。また，先行研究の考察対象時期区分は，ほとんどが緊急・救援期を対象としており，復旧期と復旧・復興並行期に果たす役割についてはほとんど考察されていない。それゆえ，本書では，「内から内へ」のアプローチを取ることに加えて，時期区分として，緊急・救援期だけでなく，復旧期と復旧・復興並行期をも範囲に加えて，東日本大震災とCSRについて考察していく。また，研究方法については，ケース・スタディ型と提言型の2つの方法を採用している。このような観点から，震災とCSR研究にアプローチすることで，被災地企業の地域社会に対するCSRの特徴を明らかにするだけでなく，CSRの本質の一端やCSRの観点から震災時における取り組みについて実践的インプリケーションを提示できると考えている。これが，本書の独自性であり，本書の研究上の意義である。

【注】

1）「企業論」という領域については，厳密にその意味を問うことは難しいが，本書では以下のように考えている。まず，本書で用いる企業論とは，かつて山本が主張した「経営存在の主体的構造」としての「企業」を意味しているわけではなく（山本，1967），株式会社論の延長線上で捉えている。株式会社論とは，株式会社の「利潤の性格や成果帰属といった経済的研究，会社権力の正当性と責任制，それに会社と国家との関係究明といった社会的・政治的研究」を主たる研究領域としている（正木，1983，12頁）。そして，これらの課題を現代的に捉えるならば，株式会社の「責任と統治」，すなわちCSRとコーポレート・ガバナンスが現代企業論の主要な研究対象となる（菊池，2007）。本書では，このように企業論（あるいは現代企業論）を位置づけている。

2）第1章では，東日本大震災と企業経営をテーマに研究した図書の一部を紹介したが，図書以外にも多くの論文も発表されている。本書ではすべてを紹介することはできないが，著名な研究の一部としては藤本（2012）や山村（2012）などがあるので参

照されたい。
3）環境報告書賞・サステナビリティ報告書賞の審査基準や受賞企業一覧などについては，東洋経済新報社ホームページを参照されたい。
4）ホテル・旅館業，とくに一般に女将制度を敷いている旅館は，企業というよりも「家業」的な性質の経営体であることが指摘されている（松村，2012，126-127頁）。本来なら，そのような家業的性格さらには接客業的な主体を経営学の対象とすべきか否かについては議論の分かれるところである。
5）パキスタン洪水によって，国土の3分の1が水中に沈み，1,500人以上が死亡し，数千万人が自宅を追われることになった。また，トルコ東部地震では，600人以上が死亡し，支援活動に取り組んでいた日本人男性も余震による建物倒壊で亡くなったことが知られている。
6）DHLは，ドイツに本拠を置く世界220以上の国・地域で活動する国際宅急便・郵便や海上ロジスティクスなどを主要業務とするロジスティクス企業である。詳細は同社ホームページを参照されたい。
7）コーポレート・アイデンティティに関する見解は多様である。ここでは，経営理念や組織文化を反映して構築される「企業の個性や独自性」であり，社会との関係を踏まえた当該企業の在り様を規定する概念と簡便的に捉えている。なお，コーポレート・アイデンティティの詳細な定義や概念については，井上（2012）を参照されたい。
8）仙台市の支店経済都市の状況については，たとえば，帝国データバンクホームページを参照されたい。
9）なお，本書の目的は東日本大震災における被災状況を詳細に記述するものではない。あくまで，被災地域での企業活動の理解を助けることを目的に被災状況の概要を示しているに過ぎない。東日本大震災の被害の詳細については，宮城県・福島県・岩手県などの各県庁ホームページ，さらには政府・行政機関からもさまざまな情報や報告書が公表されているのでそちらを参照されたい。
10）事業所とは，「経済活動の場所ごとの単位」であり，①経済活動が，「単一の経営主体のもとで一定の場所（一区画）を占めて行われている」こと，②「物の生産，サービスの提供が，従業者と設備を有して，継続的に行われている」という要件を備えているものをいう（統計局ホームページ）。なお，企業数と事業所数は同一にならない。なぜなら，1つの企業で複数の事業所（工場，事務所，営業所など）を有する場合が多く存在するからである。

第5章 東日本大震災とCSR：
非被災地企業の支援活動

　本書のオリジナリティは，被災地企業による被災地域に対するCSR活動の考察にあるが，その取り組みをより浮き彫りにするためにも，本章では，東日本大震災直後およびその後の復旧・復興過程における非被災地企業（〔A〕および〔Bc〕）のCSR活動，つまり被災地支援活動について考察していく。なお，前述のとおり，非被災地企業の震災支援活動については，若干ながら研究蓄積が進んでいる。それゆえ，本章ではそれら先行研究，新聞記事および各社ホームページなどに基づきながら，その取り組みを考察していく。

　まず，被災地支援はいかなるものであったか。これについて，緊急・救援期の支援およびそれを含めた復旧期の支援活動についてその全体的な動向を考察していく。その後，被災地支援における各社の取り組みを考察していくが，インフラ系企業の震災直後の取り組みを若干見て，トヨタ自動車のように日本を代表する企業で，そのCSRも高く評価されている企業数社の震災復旧・復興支援の事例を見ていく。このような考察をとおして，震災時およびその後の復旧・復興過程におけるCSRの課題の一端も明らかにされる。また，最後に被災地域に本社を置かないが，事業所が大規模被災した企業（〔Bb〕）のCSRや，非被災地企業の被災地支援（CSR）の変容についても若干ながら考察していく。

1．被災地支援の全体的動向

　東日本大震災以後，被災地域を応援・支援する動きが大きくなるなかで，非被災地企業の支援活動すなわち社会貢献活動は「空前の規模」になったという。震災直後の緊急支援だけでもおよそ1,000億円の資金提供，300トンにも及ぶ

物資支援が行われた。日本経団連会員企業の取り組みなどが報道され，2011年6月に多くの企業で開催された株主総会においては，被災地支援のために社会貢献支出を増やすべきという意見が株主からも提出されるほどであったという。短期的な利益減少を被ったとしても被災地域を支援すべきという潮流になっていたのである（『日経産業新聞』2011年7月12日）。また，金銭・物資支援だけでなく，人材派遣やチャリティ協力などさまざまな支援活動も行われたが，このような活動を非被災地企業が実行できたのには，1995年の阪神淡路大震災以後，被災地域の復旧・復興における社会からの期待の高まり，その後も国内外での災害で多くの経験を積んだことが活かされたからだという（谷本，2013，76頁）。

1.1　緊急・救援期の支援の動向：奥村・塚本・重信（2011）の研究に依拠して

　震災直後からおよそ3カ月間における，非被災地企業のCSR活動について調査した研究として，第4章でも見た奥村らの研究がある（奥村・塚本・重信，2011）。この研究では，上場企業時価総額上位100社のホームページやCSR報告書などの情報に基づき，非被災地企業の被災地支援状況を調査している。まず，奥村らは，震災直後の支援活動を，人材派遣，金銭支援，物資提供の3つに分類している。これによると，震災直後の数カ月において，100社中90社がこの3項目のうちいずれか1つ以上を実施していることが明らかになった。そのなかで，金銭支援と物資提供の双方を行う企業が30社となっており，金銭支援のみを行う企業（28社）よりも多かったという。さらに人材派遣，金銭支援，物資提供のすべてを実施した企業も20社に及んでいる。

　奥村らの調査において，金銭的支援を行った企業は，調査対象100社中で84社（84%）となっている。そして，1社あたりの平均支援額は約4.4億円であり，1億円以上2億円未満が29社（約35%）と最も多く，ついで3億円以上4億円未満が14社（約17%）となっている（図表5-1）。金銭的支援（寄付）を行った企業のうち，支援を決定するタイミングは迅速であり，震災発生後1週

第 5 章　東日本大震災と CSR：非被災地企業の支援活動 | 105

図表 5 − 1　企業による金銭支援額

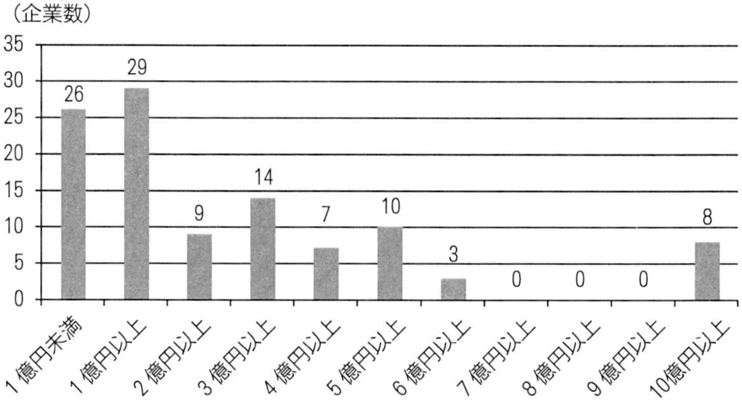

(企業数)

金額区分	企業数
1億円未満	26
1億円以上	29
2億円以上	9
3億円以上	14
4億円以上	7
5億円以上	10
6億円以上	3
7億円以上	0
8億円以上	0
9億円以上	0
10億円以上	8

出所：奥村・塚本・重信，2011，56 頁。

間以内に支援を決定する企業が 67 社（約 80％）となっている。物資提供を行った企業は，100 社中 55 社（55％）であり，製造業では自社製品が提供されたほか，製造業と非製造業のいかんを問わず緊急支援物資の提供が多く行われたという（図表 5 − 2）。その内訳は，生活用品（衣料品・衛生用品）32 件，食料品・飲料 26 件，医療器具・医療品 18 件，ラジオ・家電など 14 件，重機・車両・燃料など 10 件，子供・学校関連 6 件となっており，被災者の生活必須用品から応急・復旧に関するものまで多岐にわたっている。

　また，人材派遣も行われたが，ここでいう人材派遣は，業務の一環として被災地域に入り自社事業所の復旧活動を行うというものではなく，各社の人材・ボランティア派遣という形態で現地入りするものであり，29 件に及ぶ支援活動が実施されたという。もちろん，これには本業での技術に関連するものもあれば，そうでないものもあった。後者に関して見れば，がれき撤去・汚泥撤去などの復旧支援，避難生活者の支援，心のケアなどの取り組みが行われたという（奥村・塚本・重信，2011，56-58 頁）。このように震災直後の被災地支援として非被災地企業による CSR 活動がさかんに行われたのであった。

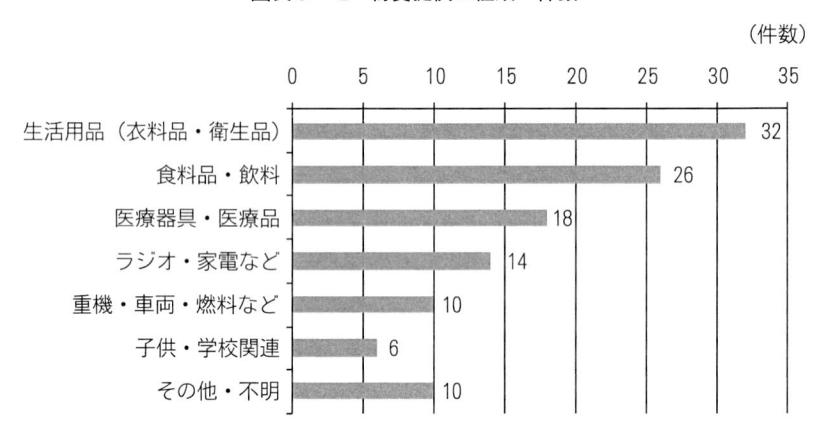

図表 5 - 2　物資提供の種類・件数

(件数)

種類	件数
生活用品（衣料品・衛生品）	32
食料品・飲料	26
医療器具・医療品	18
ラジオ・家電など	14
重機・車両・燃料など	10
子供・学校関連	6
その他・不明	10

出所：奥村・塚本・重信，2011，57頁。

1.2　復旧期の支援の動向：高浦（2013）の研究に依拠して

　震災発生から約1年間という比較的長いスパンで非被災地企業による被災支援活動を考察しているものとして，高浦（2013）の研究がある。高浦の研究は，2012年3月時点において，日経平均株価の算出対象企業である日経225社による震災対応の社会貢献活動に関する情報を分析している。まず，何らかの形で被災地支援活動に取り組んだ企業の割り合いであるが，225社中で212社であり，225社全体の約94.2％に及んでいる。奥村らの研究では時価総額上位100社の調査であるため，高浦の研究との単純な比較はできないが，震災から数カ月の緊急・救援期における支援企業割り合いは90％であったことから，震災後の1年間というスパンで見た場合，支援を行う企業の割り合いが若干増えていることがわかる。さらに高浦の研究では，被災地支援の形態についても詳細にまとめられている（図表5 - 3）。

　義援金を含む金銭的支援は190社が実施しており，その総額は約370億円にもなっている。これとは別に経団連1％クラブ調査では，金銭的支援額は438社で715億4,000万円に及んでおり，これは阪神淡路大震災時の約5倍に達しているという。また，金銭的支援には，企業財団による助成という形で実施さ

図表 5 - 3　企業による被災地支援の形態

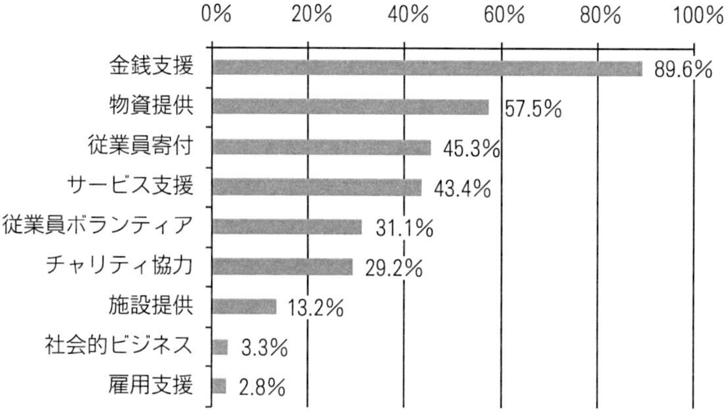

支援形態	割合
金銭支援	89.6%
物資提供	57.5%
従業員寄付	45.3%
サービス支援	43.4%
従業員ボランティア	31.1%
チャリティ協力	29.2%
施設提供	13.2%
社会的ビジネス	3.3%
雇用支援	2.8%

出所：高浦，2013，204 頁。

れ，震災孤児・児童への就学支援などに資金が拠出されるケースもある。たとえば，三菱商事のように 4 年間で 100 億円にも及ぶ資金拠出をする企業もあるほどである。物資支援については，緊急・救援期の対応だけでなく，被災地域のニーズの変化に合わせて，息の長い物資支援を行う企業も見られているという。従業員寄付においては，日本国内の従業員だけでなく各国グループ企業の従業員の寄付を募ったり，マッチング・ギフト[1]が行われたことが特徴的であるという（高浦，2013，204-205 頁）。

　サービス支援とは，高浦によれば，企業の事業特性を活かした支援活動（写真救済技術提供，通信機器の設置，保険特約措置など）や被災地農産物の販売支援（企業マルシェ）などの活動であり，このような活動に取り組む企業も多く見られたという。チャリティについては，店頭に募金箱を設置したり，復興支援キャンペーンなどで売上高の一部を寄付したりするなどの取り組みが見られた。従業員ボランティアでは，それに取り組んだ企業は阪神淡路大震災時の約 4 倍にも達しており，活発な従業員ボランティア派遣が行われた。なかには，従業員への CSR 教育の一環として，ボランティアを研修に盛り込む企業もあったという。施設提供は，各企業が保有する社宅・保養所などを被災者に無償貸与

するなどの取り組みである。最後に社会的ビジネスと雇用支援であるが、これらに対する取り組みは、震災後1年の時点では6から7社の取り組みに過ぎず、極めて限定的である。しかし、高浦は、雇用支援、社会起業家支援、震災復興に貢献するビジネスの取り組みなど、これらは「事業活動を通じて社会問題の解決」を目指すCSVの取り組みであり、大きな意義があることを指摘している（高浦，2013，205-207頁）。このように、震災後1年を通じてコミュニティの維持・再建などの生活支援を主要な目的として支援が実施されてきたのである。

また、高浦は非被災地企業による支援先のセクターも分析している（図表5－4）[2]。これによると、非被災地企業による被災地支援先は、自治体、日本赤十字、NPO、中央共同募金会などが多い。とくに、義援金などの金銭的支援については、日本赤十字と中央共同募金会の2団体で受け入れ先全体の50％以上を占めている。つまり、企業による支援先はあくまでも公共部門に集中しているのである。

このように奥村ら（2011）と高浦（2013）の研究を通じて、東日本大震災時とその後の復旧過程における非被災地企業による被災地支援の全体像について見てきた。彼らの研究は、あくまで情報公開（とくにCSR情報）が進む大企業の

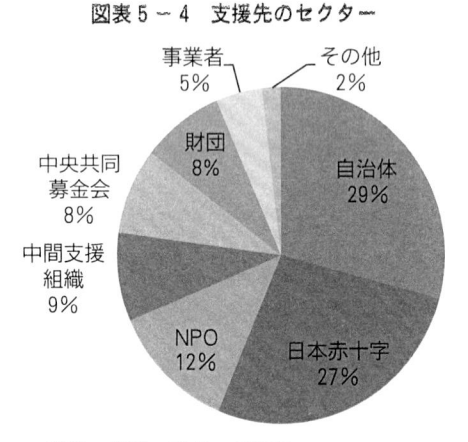

図表5－4　支援先のセクター

セクター	割合
自治体	29%
日本赤十字	27%
NPO	12%
中間支援組織	9%
中央共同募金会	8%
財団	8%
事業者	5%
その他	2%

出所：高浦，2013，208頁。

なかでも時価総額上位100社や日経225社といったように，とくに企業規模が大きな上場企業の取り組みを対象にしている。それゆえ非被災地域の中小企業による被災地支援については考察されていないし，筆者が知りうる限り，その全体的動向を探る研究もまた存在しない。また，すべての上場企業の動向を調査したわけではないので，必ずしも上場企業の全体的動向を正確に表しているわけではない。それでもこれらの研究は，東日本大震災における企業支援の傾向や大きな方向性を知ることには有益である。

　彼らの研究から以下のようなことも見て取れた。まず，震災の発生を契機に多くの上場企業において，何らかの被災地支援が実施されていることがわかる。震災発生直後の緊急・救援期では90％，復旧期も含めると94.2％という数値であり，一見するとポジティブな側面が見えてくる。しかし，たとえマイノリティだとしても，上場大企業において震災支援を行っていない企業があることも特徴的である。支援に取り組んでいても情報を開示していないとも考えられるが，これらの研究対象は上場企業であり，CSR報告書の発行，あるいは少なくともホームページ上でCSR情報を開示する企業でもある。このように考えれば，震災支援を実施している場合には，何らかの情報開示が行われているはずであり，それをしていないということは，上場企業の場合，震災支援に取り組んでいない企業ということができよう。これらの企業においては，CSRは明示化されているはずであり，暗黙的CSRが実施されているとは考えることが困難だからである。ともあれ，上場企業においても震災復興や被災地支援に対する認識が弱い企業が存在しているのである。表面的にはCSRに取り組みつつも，震災という危機的状況や変化する環境のなかで，どのような社会貢献を実施していくべきかという方針が未確立であったり，組織文化にCSRが十分に浸透していない企業があることを示しているといえるであろう。

　ついで，多額の金銭や物資の支援が行われたが，それらだけでなく，従業員ボランティアやサービス支援なども積極的に行われた。前者は，いわばフィランソロピー的な社会貢献であるのに対して，後者は各企業の事業との関連性を持たせながら行われる支援活動であり，その意味で言えば，事業との関連性で

社会課題の解決に取り組むという CSR のグローバル・スタンダードに近い考えである。次節では，このような取り組みを何社かのケースで考察していく。

最後に，企業による支援先のカテゴリーについてである。非被災地企業による被災地支援の受け皿は公的部門が大きな割り合いを占めている。この点に，被災地支援の課題があると考えられる。東日本大震災では，地方自治体も大きく被災して十分な配分機能が果たせなくなっており，そのような状況下で自治体に物資が集中することは効率的とは言い難い[3]。また，義援金などの金銭的支援については，その受け入れ先として日本赤十字や中央共同募金会が大きな割り合いを占めることになったが，残念ながら，そのような金銭的支援の被災地域への配分が遅れてしまったことも指摘されている。要は，あまりに膨大な金額の義援金と広範囲にわたる被災地域への支援に対応することが困難であったほか，被災地域を熟知している自治体も十分な配分機能を低下させてしまったのである（『日本経済新聞朝刊』2011 年 8 月 2 日）[4]。筆者は，支援の受け入れ先としてこのような公的セクターを批判するものではないが，それを分散させることが望ましいのではないかと考えている。とくに，機動的に地域社会を支える役割を担う主体であった被災地企業にそのような支援が渡れば，被災地域において金銭的支援や物資支援がより迅速に行き渡る可能性が高いことは看過できないであろう。

2．被災地支援における各企業の取り組み

上記では，非被災地企業による被災地支援を考察してきたが，金銭的支援，物資提供，ボランティア派遣などは，どちらかといえば，本業との関連性が低い，あるいは不明確な支援活動である。それゆえ，このような社会貢献の在り様は，フィランソロピーの一環であるが，支援企業の多くにとっての被災地域は，何らかの顧客や取引先などが存在しているため，当該企業の事業活動にも何らかの影響を及ぼしてくる。つまり，支援企業にとって，被災地域を支援することは，ポーター＝クラマーが指摘するような「競争環境の社会的次元」に

フォーカスする戦略的フィランソロピーの実行という側面を含んでいる。それでは，事業との関連性を持たせながら，すなわちバリュー・チェーンの社会的影響によって，被災地域を支援する活動はどのようなものであったのか。以下では，東日本大震災時の非被災地企業の行動について，震災直後のインフラ復旧を支えた企業の役割，CSR 的にも優れているとされる日本の代表的企業の復旧・復興支援，被災地支援の在り様の変化などについて考察していく。

2.1 震災直後における各社の役割
（1）物流・通信・石油などのインフラ各社の取り組み

震災直後の緊急・救援期におけるインフラ各社・各業界の取り組みについて一部見ていく[5]。震災直後の緊急期において極めて重要な役割を担ったのは，物流，通信，燃料などの各業界である。まず，東日本大震災では，物流網の重要性が明らかになり，それは被災地域に必要な物資というモノを届けるだけでなく，被災地域を孤立させないためにも宅配便各社では配送網の復旧に全力で取り組まれた。宅配各社によるさまざまな努力の結果，震災後わずか 2 週間で東北 6 県における宅配便の集配を復活させたという。とくに，最大手のヤマト運輸は，サービス再開の要望に対して，「復旧へ宅急便の復活は社会的責務」（木川眞ヤマト HD 代表取締役社長）との認識を持ちサービスの早期再開を実現させた。震災直後には，通常業務の小口配送ノウハウを活かして「救援物資輸送協力隊」を組織し，避難所や病院などへの必要物資の輸送に尽力したという（日本経済新聞社編，2011，216-220 頁）。

ついで，通信各社の取り組みについてである。東日本大震災では，被災地域の通信網が大打撃を受け，被災地域を中心に通話が困難な状況に陥っていった。携帯電話については，震災直後の東北地域において，約 50％まで落ち込んでいた基地局稼働率は，2 週間後には震災前の 90％まで回復している。NTT ドコモをはじめとする携帯電話各社は，可搬型の電源や移動電源車により基地局の復旧に努めた。それでも，震災直後の数日間は被災地域との通話ができない状況であり，そのなかで各社は災害伝言板を運用したり，とくにソフトバンク

では，メールの規制が電話よりも弱かったことを受けてメールの無料化を実施し連絡手段の確保に尽力した。現在および今後の課題としては，固定電話については震災の混雑時にもつながりやすい公衆電話網の設置，携帯電話の基地局については「長く使える非常電源の整備」という社会的ニーズ（価値）を満たすことが求められているという（日本経済新聞社編，2011，124-130頁）。

　東日本大震災では，東北・関東にある6つの製油所での生産が止まり，ガソリンや灯油などの燃料不足が深刻になっていた。石油元売り各社は，震災直後には，日本海側からタンクローリーで石油製品を輸送したが，1回に運べる容量に限界があり，復旧が急がれるなかで十分な石油供給ができない状況が続いていた。これを解決するために，石油各社は宮城県塩釜市の油槽所に着目して取り組みを開始した。同市には4カ所の油槽所があったが，再開の見通しが立っていたのは出光興産とエクソンモービルジャパン（以下，エクソン）の2社であったため，出光の油槽所をJX日鉱日石ホールディングス，エクソンの油槽所を昭和シェル石油とコスモ石油が共同で使用できるようにした。震災から10日後の3月21日から油槽所にタンカーが到着し，出光とエクソンともに，費用負担については一切考えずに，1日の出荷量を2倍に増やして操業を続けたという。エクソンの代表取締役社長デューコム（Ducom, P. P.）は，「業績への影響より，東北への安定供給を優先する」と言い切ったほどである[6]。石油各社の努力により，被災地域では4月までにガソリンスタンドの稼働率が80％台まで回復したという（日本経済新聞社編，2011，89-93頁）。

　このようなインフラ各社による緊急・救援期の本業を通じた被災地支援は，有事への対応であり，各社とも売上や利益を度外視する行為であった。営利事業としてよりも被災地域社会への貢献を優先して，各社ともそれぞれの事業特性を最大限に活かして，緊急・救援期への対応が行われたのである[7]。インフラ各社の活動は，非被災地企業の本業をとおして行われた被災地域社会に対するCSR活動の1つだったのであり，地域社会の瓦解を食い止めることに大きく貢献したのである。

（２）外資系企業の復旧・復興支援

　インフラ系各社が，採算性を度外視して被災地域の復旧に取り組んだのに対して，外資系企業では，被災地支援を当該企業のマーケティング活動に取り入れようとする動きさえ見られている。たとえば，米トイレタリー大手のプロクター・アンド・ギャンブル（Procter & Gamble，以下，P&G）は，2011年4月から10月にかけて，避難所で暮らす人々のために無償の洗濯支援活動を行った。その際に，P&Gの取り組みは，ほぼ全製品の売上の0.1％を拠出してその費用に充当したこと，さらにフェイスブックを活用して，同社の活動に対して「いいね！」ボタンが50回クリックされると，同社が1回分の洗濯費用を拠出する仕組みをつくり「消費者の共感を呼び込む」演出をしてきたという（『日経MJ』（流通新聞）2011年11月18日）。製品の売上の一部を拠出するこのような活動はコーズ・リレイテッド・マーケティングであり，同社の活動に消費者の共感を呼び込み，消費者の被災地支援に対する意識を喚起することは，まさにコーズ・プロモーションとしての性質を有するものである。

　フランスの化粧品大手ロレアル（L'Oreal）においても，コーズ・リレイテッド・マーケティングが展開された。同社の高級ブランド「ランコム」のマスカラが1本購入されるたびに100円を被災地域に寄付する"Eyes for Future"というキャンペーンが展開され，この取り組みを知った消費者のなかには，はじめてそのマスカラを購入して同社の顧客になるものも現れているという。また，2011年10月からは「モバイルサロン」を岩手県や宮城県の沿岸部で巡回させ美容サービスを提供して，同ブランドの知名度向上を狙ってきたという（『日経MJ』（流通新聞）2011年11月18日）。

　このように東日本大震災の被災地支援においても，マーケティングの観点から事業とCSRを両立させながら，社会貢献を行おうとする取り組みが外資系企業の一部では見受けられるのである。これら2社のケースでは，経済的価値と社会的価値の両立を狙うCSR戦略の特徴が見られている。緊急・救援期を過ぎ，復旧期にさしかかりつつある時期ではありながらも，被災地支援をマーケティングとして捉えて，当該企業の競争力を強化しようとする取り組みには

営利企業としての冷徹ささえを感じる。しかし，企業にとって，当該企業の事業に貢献しない社会貢献はできないという姿勢も如実に表れたケースである。このことから，欧米企業にとっては，CSRは競争力を強化する取り組みという認識が強く根付いていることを示しているといえよう。

2.2　日本の代表的企業による被災地支援の取り組み

　以下では，企業による被災地支援（「外から内へ」）について，非被災地企業のケースに基づいて考察していく。考察対象としてはトヨタ自動車の取り組みを中心に，富士フイルムホールディングス（以下，富士フイルム），資生堂，味の素の事例を見ていく。これらの企業は，東洋経済が発表する「CSR総合ランキング・トップ500」（2011年）において，それぞれ上位（トヨタ自動車：1位，富士フイルム：4位，資生堂：26位，味の素：58位）に位置づけられ，日本企業のなかでもCSRへの取り組みが顕著な企業である[8]。さらに，これらの企業は，東日本大震災に対する復興支援にも積極的な取り組みを見せており，バリュー・チェーンとの関連を通じてそのような活動が行われていることも特徴である。

（1）トヨタ自動車

　トヨタ自動車〔Bc〕は，東北地方（とくに宮城県と岩手県）を愛知県および北九州地方に次ぐ第3の国内生産拠点に位置づけていることもあり，非被災地企業でありながら，東北地域ならびに被災地域に対するコミットメントが極めて高い企業の1つである。2012年7月には，関東自動車工業，セントラル自動車，トヨタ自動車東北の3社が合併してトヨタ自動車東日本（本社：宮城県大衡村）が発足し，小型車の人気車種アクアやカローラなどが生産・出荷されている。東日本大震災の発生を目の当たりにして，トヨタは被災地復興に強いコミットメントを見せている。実際に，豊田章男代表取締役社長は「モノづくりを通じて，地域の人達と一緒に東北の未来をつくる」と述べ，継続的な復旧・復興支援プロジェクトを進めている。同氏が，このような考えにいたったのには，東日本大震災による被災地訪問を通じて，「どこも想像を絶する災害で，車事

業を通じて，被災地に何ができるか考えさせられた」からであるという（『仙台経済界』2011年9-10月号，99頁）。

　トヨタ自動車の復旧・復興支援は，2つの側面から実施されている。その1つが，事業活動そのものと強く関連するものであり，被災地域での事業を継続・拡充することで雇用維持・拡大をとおして地域経済に貢献すること，そして，2013年4月に開設された「トヨタ東日本学園」を通じたモノづくり人材の育成である。トヨタ自動車は東北の被災地域を「いい町・いい社会」にしようという理念の下で，「モノづくり・人づくり・地域づくり」を通じて東北の未来をつくろうとしているのである。トヨタ東日本学園は，「東北の現地・現物で学ぶ技能教育を通して，東北の未来づくりに貢献する人材育成のしくみ」であり，受け入れ対象については「東北6県の工業高校新卒者を対象」とするだけでなく，「地域企業から社会人も受け入れる体制」になっているという（トヨタ自動車ホームページ）。つまり，トヨタに就職する人材の技術力向上を狙うだけでなく，地域企業で働く技術者の人材育成にも積極的に関与し，東北地域全体の技術力向上に貢献しようとしているのである。

　もちろん，このような取り組みの背景には，事業の競争力強化と社会貢献の両立ということが意図されている。東北の被災地域での事業継続については，すでに東北を第3の生産拠点と位置づけて多額の投資を行っていることから，埋没コストが大きくなってしまっていて，容易には事業撤退できないということも想定される。埋没コストが大きくなってしまっている以上，経済的支援を通じて地域社会のより健全な発展に寄与することで，そのフィードバックにより自社事業を強化することを意図していると考えられる。人材育成については，より明確な戦略的な意図が見て取れる。東北では自動車産業の集積は進んでいるが，部品を供給する現地企業においては，技術力やコスト競争力が課題になっているのだという（玉生，2013，4-5頁）。それゆえに，東北地域での部品調達率が低く，愛知県などの遠方から部品を輸送してくる必要があるため，トヨタ自動車にとってコスト増にもなるし，新生産拠点の設置によるリスク分散というメリットの1つを享受できないのである。地域のモノづくり人材を育成す

写真5－1　トヨタ東日本学園

出所：トヨタ自動車ホームページ。

ることで，現地での部品調達率を高めることにつながると想定されるのである[9]。

　上記では，トヨタ自動車による事業活動との直接的な関連性を有する被災地支援を見てきたが，トヨタ自体としても，これらの活動を被災地支援とは明確に位置づけているわけではない。トヨタが行っている被災地支援のプロジェクトは，「ココロハコブプロジェクト」というものであり，その強弱または直接・間接のいかんを問わず事業との関連性を有するもの，また事業との関連性がないものも含めて，活動が多岐にわたる総合的な被災地支援を継続的に行ってきている。つまり，トヨタ自動車は，同社のCSR活動の大きな一貫として，被災地支援を位置づけて積極的に取り組んでいるのである。

写真5－2　ココロハコブプロジェクトのトレード・マーク

出所：トヨタ自動車ホームページ。

図表5－5は，ココロハコブプロジェクトの概要であり，7つの取り組み分野から幅広く被災地支援にアプローチしていることがわかる。震災直後の緊急・救援期においては，「寄付・義援金」，「物資」，「クルマ」といった領域での取り組みが見られた。3億5,500万円に及ぶ義援金の送付，食料・日用品などの物資や自動車提供が行われた。このような緊急・救援期を超えて，復旧・復興期に向かうにつれて，被災地域に対するさまざまな復旧・復興支援が行われる

図表5－5　ココロハコブプロジェクトの概要

取り組み分野	内　　容	活動時期	事業との関連性
地産品の活用	・被災各県の野菜や菓子などの物産販売会 ・企業内マルシェの開催	復旧・復興期 2011年8月から	低い
子ども・教育	・被災地域の子供・人材教育支援 　例：自動車・科学に関する特別授業 　　　中学生向けインターンシップの受け入れ	復旧・復興期 2011年8月から	低～中
文化・芸術支援	・被災地域の文化芸術活動を支援 　例：復興チャリティ・コンサート開催 　　　コミュニティ・コンサート開催	復旧・復興期 2011年12月から	低い
ボランティア・人的支援	・瓦礫撤去や泥出しなどの岩手県被災地域での従業員ボランティア ・被災地特別講義やコミュニティ・コンサートへの人材派遣	復旧・復興期 2011年6月から	低～中
寄付・義援金	・義援金：3億5,500万円（企業と従業員） ・寄付：震災孤児育英基金へ計3億円 ・チャリティ・イベントや募金活動	緊急・救援期 復旧・復興期 2011年3月から	低い
物　資	・被災地域への物資支援 　食料品・日用品など11トントラック87台分 　燃料，給水用タンクローリーなど	緊急・救援期 2011年8月まで	低い
クルマ	・被災地域に250台の自動車提供 ・釜石市におけるオンデマンドバスの実証	緊急・救援期 復旧・復興期 2011年3月から	高い

注：事業との関連性は，筆者の位置づけによるものである。分類基準は，自動車会社もしくはトヨタ自動車のバリュー・チェーンとの関連性から判断している。
出所：トヨタ自動車ホームページに基づき筆者作成。

ようになっている。風評被害にあえぐ被災地域の物産販売会や企業内マルシェ（「地産品の活用」），子供・教育に対する支援（「子ども・教育」），文化芸術支援（「文化・芸術支援」），ボランティアや人材派遣（「ボランティア・人的支援」），さらには釜石市におけるオンデマンドバスの実証（「クルマ」）などさまざまな社会貢献活動が行われていることがわかる。しかし，上記の被災地域における事業継続と雇用維持・拡大やトヨタ東日本学園のような事業そのものを通じたCSR活動とは異なり，どの活動も事業との直接的な関連性は低いものが多く，「外から内へ」の性質に基づく支援活動の域を出ていない。つまり，このような活動は，被災地域を物質的にも精神的にも支援するフィランソロピー的なCSRということができよう。

　このような取り組みが，被災地域にとってどれほど望ましいものであるかについては，多分に価値判断を要するため，その判断は困難である。ここでは，このような取り組みが実績として行われているということに注目すべきである。重要になってくるのは，被災地域の復興がおよそ10年を要するものであることが想定されているため，ココロハコブプロジェクトによる継続的・持続的な支援活動・CSR活動が実行できるか否かということである。図表5－6は，ココロハコブプロジェクトにおける各年の支援件数の推移を表している。

　2011年の活動実績が45回であるのに対して，2012年には27回，9月9日時点の数字ではあるが，2013年には8回と，震災から時間が経つにつれて，活動回数が大きく減少していることがわかる。さらに，ここでは1つの活動が，各項目に重複して掲載されていることも多いため，実際の支援活動はこれよりも少なくなる。たとえば，2013年5月11日（土）・12日（日）には，「ドライブ王国2013 in 福島」というイベントが開催されているが，これは「子ども・教育」と「寄付・義援金」の双方の活動に位置づけられている。もちろん，緊急・救援期に比べて支援の必要性は年々下がってくると思われるが，それを考慮したとしても，極端な活動実績の落ち込みが見て取れる。たしかに，寄付金・義援金，物資，クルマといった活動の必要性は低下すると思われるが，地産品の活用やボランティア・人的支援などの領域では依然としてニーズが高い状況

図表5－6　ココロハコブプロジェクトの各年の支援件数

	地産品の活用	子ども・教育	文化・芸術	ボランティア・人的支援	寄付金・義援金	物資	クルマ	合計
2011年	8回	8回	2回	6回	11回	2回	8回	45回
2012年	1回	8回	6回	5回	3回	0回	4回	27回
2013年	1回	3回	2回	0回	1回	0回	1回	8回

注1：支援件数は，ココロハコブプロジェクトの各項目の活動記事数を表している。それゆえ，実際の活動件数とは多少異なってくるが，おおよその傾向を示すことができている。
注2：支援件数の実績は，2013年9月9日時点のものである。
出所：トヨタ自動車ホームページを基に筆者作成。

にある[10]。ココロハコブプロジェクトを構成する各支援は，トヨタ自動車の事業との関連性で見れば，あまり高くはない。それゆえ，結局のところ，被災地域の支援について事業との関連性が低い支援活動・CSR活動は，時間が経過するにつれて継続することが困難になってくるということである。その理由を本書では考察できないが，予算削減や震災風化にともなうモチベーションの低下など，さまざまな要因が考えられるであろう。

（2）資生堂

資生堂〔Bc〕は，化粧品やトイレタリー製造・販売の大手企業として，CSRにも熱心に活動してきた日本企業の1つである。とくに，美容という業種特性ゆえに女性従業員の比率が相対的に高い企業であり，ダイバーシティ（多様性）への積極的な取り組みも特徴的である。

東日本大震災における被災地支援も，事業との関連性の高い活動も多数行われてきた。緊急・救援期には，義援金・寄付といった金銭的支援や物資の支援が行われた[11]。資生堂は，3月14日には義援金1億円をNPO法人ジャパン・プラットホームに寄付し，支援物資として，洗顔・ボディシート，ハンドクリーム，マスク計14万1,000個を支援物資として提供し，3月25日にも第2次支援物として，水のいらないシャンプー，ハンドソープ，手指消毒剤計4万個を

提供している。さらに，避難所や仮設住宅へ化粧品3万セットを提供するなど，資生堂製品を中心とした物資提供が行われてきた。物資提供は，多くの場合には事業との関連性が低くなる傾向があるが，資生堂の場合には，事業特性とも関連性の高い物資支援が行われたと言うことができよう。緊急・救援期のその他の支援としては，非常時の美容対策についての情報を提供することで，被災地域の女性に対するビューティー面での支援も行ってきた。さらに，臨時災害FMやコミュニティFMをサポートして上記の美容対策情報を被災者へ届けるなど，被災地域で求められる情報提供にも努めたという。

　復旧期においては，資生堂はさまざまなビューティー支援活動を展開している。春から夏にかけては，ビューティー・コンサルタントが避難所を巡りさまざまな美容支援を行い，また被災者が仮設住宅へ移った後においても，集会所を訪れたり，仮設住宅を1軒ずつ訪問して化粧品セットを届ける活動も行われた。その他の活動として，ビューティー・セミナーやチャリティ・イベントを開催したり，さらに従業員のボランティア活動だけでなく，学生のボランティア活動を支援したりと多面的な活動が行われてきた。

　2012年には，資生堂は「未来椿プロジェクト」を発足させている。このプ

写真5－3　仮設住宅を回るビューティー支援活動

出所：資生堂ホームページ。

ロジェクトは，全グループ従業員が参加して顧客や地域社会への社会貢献をする活動であり，被災地支援のみを目的とするものではないが，現在のところ，「化粧・美容による支援」，「環境にかかわる支援」，「次世代支援」などの活動領域の多くが被災地支援関連で占められている。化粧・美容による支援では，2012年には25件の活動が行われたが，被災地関連のものが18件を占めている。環境にかかわる活動については6件あるが，そのうちの5件が被災地関連のものであり，岩手県大船渡市への椿植樹や福島県での土壌保全活動などが行われている。また，次世代支援そのほかについても13件行われているが，そのすべてが被災地関連となっている。ただし，化粧・美容による支援以外は，資生堂の事業との直接的な関連性は低くなっている。

　このように資生堂の被災地支援は，震災直後の緊急・救援期から復旧期においては，物資支援も含めて事業との関連性の高い支援活動が主として行われた。その後，被災地域の状況が落ち着く復旧・復興期においては，事業との関連性の高い活動（ビューティー支援）を行いながらも，事業との関連性の低い純粋なフィランソロピー的な活動へとシフトしつつ，活動を継続・拡大していることがトヨタ自動車と対照的である。

（3）富士フイルムと味の素

　富士フイルムグループ〔Bc〕では，震災直後に金銭的支援として3億円を拠出し，また医療用超音波画像装置やウィルス防御マスクなど5億3,000万円相当の物資を支援するなど，支援物資においては同社の事業との関連性の高い支援が行われた[12]。同社のすべての取り組みを紹介できるわけではないが，その主要なものは以下のとおりである。

　富士フイルムの最も良く知られている復興支援が「写真救済プロジェクト」であり，現在においても名称を変更しながら継続している。写真救済プロジェクトは，緊急・救援期から復旧・復興期において行われており，津波により汚れてしまった写真やアルバムの洗浄を行い写真の再生を行うものである。富士フイルムは，2011年3月24日に写真救済方法をホームページ上に公開すると

ともに，4月初旬からこのプロジェクトを実施することになった。同年6月から約1カ月の間に従業員延べ1,500人が参加して，17万枚以上に及ぶ写真を洗浄して，被災地域に返却することができたという。写真救済プロジェクトは各地に広がったことから，2011年後半から2012年にかけては，写真洗浄ボランティアの支援や写真救済のノウハウなどを提供するようになっている。また，2013年以降，被災地域における写真洗浄に対するニーズが低下するにともない，このプロジェクトを「写真でつながるプロジェクト」に名称を変更し，写真救済も含めた写真活用による復興支援に重点を置くようになっている。

写真救済プロジェクト以外の緊急・救援期における支援活動については，各グループ企業を通じて，医療施設復旧や医療用消耗品供給といった「医療現場への支援活動」（富士フイルムメディカル），物資の仕分け・輸送体制の整備による「被災地の物資不足解消」（富士フイルムロジスティクス），「日本医師会へ医薬品を供給」（富山化学工業）といった事業との関連性に基づく活動が行われた。それ以外の活動としては，「放射線への対応」（富士フイルムRIファーマ）が挙げられる。同社は，2011年4月から6月にかけて，福島県広野町において経済産業省，文部科学省，広野町とともに汚染状況調査や除染作業を実施してきた。2012年には14万平方メートルの除染を完了し，現在では，地域住民への放射能教育や復興シンポジウムを開催するなど，復旧・復興期にかけて事業を通じた支援活動が行われている。

富士フイルムでは，本業との関連性を通じたCSR活動を重視しており，緊急・救援期から復旧・復興期の被災地支援においても，そのような考えに基づいてCSRが実践されていった。そのほかにも，従業員のボランティア派遣（2011年9月から2012年3月）やイベント開催・支援を行うなど，事業との関連性の低い分野における被災地支援活動も行われている。

味の素〔Bc〕においても，震災時および震災後の積極的な被災地支援活動が行われた。緊急・救援期においては，他社と同様に金銭的支援2億円，味の素グループで生産される25種類におよぶ食品（約70万個／本／セット）が支援物資として提供されている。また，同社は食品企業であることから，炊き出し

の実施や仮設住宅向け「味の素商品詰め合わせ」の提供（2011年7月から10月）など避難所や仮設住宅での「食」のサポートを行っている[13]。

　2011年10月から現在（復旧・復興期）にわたる継続的な支援として，「健康・栄養セミナー」を開催し，被災地域の仮設住宅生活者の健康増進に取り組んでいる。実際に，2013年6月末時点での実施回数は412回，参加人数は7,450名に及んでいるという。そのほかにも，2011年11月から復興支援キャンペーンも行われている。たとえば，期間限定で製品の売上の一部を寄付して農業支援や被災した窯元の支援などを行っている。さまざまな支援キャンペーンが実施されたが，そのなかで，2013年においても「〈ブレンディ〉東北器の絆プロジェクト」や「食べるって楽しい！」プロジェクトなど一部ではあるが，現在も継続しているものもある。

　以上，トヨタ自動車，資生堂，富士フイルム，味の素それぞれにおける東日本大震災時およびその後における被災地支援の取り組みを考察してきた。トヨタ自動車は，被災地域を拠点にした事業継続と人材育成という事業活動そのものによる取り組みと，ココロハコブプロジェクトという大規模な被災地支援活動を展開している。同プロジェクトは，同社の事業と直接的な関連性が低く，2011年から2013年へと時間が経過するにつれて活動実績が大きく低下していることも見て取れた。

　これに対して，資生堂，富士フイルム，味の素も，トヨタ自動車と同様に緊急・救援期の支援を実施した。また，復旧・復興期における支援活動は，トヨタ自動車ほど大々的ではなく，むしろ復興プロジェクト数も相対的には少ない。しかし，資生堂ならば化粧・美容，富士フイルムならば写真，味の素ならば食品・健康というように，各社とも中核事業を活かした，つまり本業との直接的な関連性を持たせながら被災地貢献・CSR活動が行われてきたのである。そして，そのような事業は，肉体的にも精神的にも被災者の生活に直結しており，被災者にとっても身近なものである。もちろん，すべての活動がそうではないが，そのような活動は2013年時点においても継続している場合が多い。自動車も被災地域や被災者の生活においては，大きな役割を担うものであるが，自

動車を被災者に提供するというような自動車を通じた被災者支援は現実的には困難である。また，被災地域において自動車の乗り方や知識が求められるわけではなく，トヨタも含めた自動車産業にとっては，化粧品や食品などのような被災者に身近な支援を行うことが困難なのである。そうなると，ココロハコブプロジェクトのように事業活動との関連性の低い支援活動・CSR が中心になり，それゆえに，その持続性は弱くならざるを得ないのではないだろうか。

近年の CSR においては，事業との関連性が重視されるが，このようなことから被災地支援においても本業との関連性のある活動が重要になってくるのである。そう考えると，被災地域におけるトヨタ自動車の CSR では，まさに事業継続と人材育成が重要な要素となっているのであり，本業そのものによる社会貢献が重要になってくることがよくわかる。ここに，非被災地企業による被災地支援や社会貢献の本質の一端が見えてくる。

2.3　日本の代表的企業による被災地支援の変容

現在，東日本大震災の被災地域において，実際に「大手企業の存在感」が増してきているという。これまでは事業との関連性・非関連性を問わず，社会貢献活動として地域社会を支える動きが強かったが，現在では，本業そのもので利益を上げつつ，復興を支援する活動に重点が置かれるようになってきているという。つまり，事業との関連性が高い，あるいは本業そのものの実行を通じた被災地支援，CSR の取り組みが見られるようになっている。以下の図表 5 - 7 は，日本経済新聞社がまとめた大手企業の被災地支援（宮城県）の現状を要約したものである。

三菱商事の宮城県気仙沼市における現在の支援は，同社傘下の三菱商事復興支援財団と気仙沼信用金庫による協働の取り組みであり，「気仙沼きぼう基金」という復興基金が設立されている。この基金のスキームは，気仙沼市の被災企業に出資をすることで自立支援を行い，それによって自立・再建を果たした被災地企業からの配当収入を原資として，地域産業に再投資するというものである（三菱商事ホームページ）。近年の総合商社の事業には，投資活動も重要な役

図表 5 − 7　日本の代表的企業による現在の被災地支援の取り組み

企　業	支援地域	支援内容	事業関連性
三菱商事	宮城県気仙沼市	復興基金（「気仙沼きぼう基金」）の設立	高
トヨタ自動車	宮城県大衡村	ハイブリッド車の生産強化，人材育成	高
日本製紙	宮城県石巻市	完全復興で地域の雇用を死守	高
三井物産	宮城県東松島市	環境都市づくりで協力	高
ソニー	宮城県多賀城市	地域の先端研究に空き工場を提供	低から中
キリンHD	宮城県仙台市	農業の人材育成，被災3県で農漁業のブランド化支援	低から中
サッポロHD	宮城県名取市	まちづくりで連携協定	低から中

出所：『日本経済新聞朝刊』2013年9月10日を加筆修正。

割になっていることから，ここには三菱商事本来の事業活動のノウハウが活かされていると考えることができよう。また，三菱商事復興支援財団の目的の1つには，「被災地の産業復興・雇用創出等に資する事業」が掲げられており，同財団による被災地支援活動は，事業目的とも整合性を有する事業活動そのものを通じた取り組みなのである。

　上記のとおり，トヨタ自動車は宮城県における事業継続と人材育成への取り組みを行っているが，トヨタ自動車東日本による「カローラハイブリッド」の生産開始やトヨタ東日本学園を通じて，当該企業それ自体の「競争力を高め，経済効果の一端を担いたい」という（『日本経済新聞朝刊』2013年9月2日）。つまり，本業を強化し被災地域の経済活性化に資することで，経済的側面から復興を支援しようとする意図が見て取れるのである。

　日本製紙〔Bb〕では，石巻工場が津波で大規模被災したが，2011年9月16日に生産を再開することができている。石巻市においては，製紙業は漁業・水産加工業とならぶ主要産業の1つであり，日本製紙の関連企業も含めると約2,000人に及ぶ雇用が創出されており，まさに石巻市は日本製紙にとっての企業城下町なのである。石巻工場の被害が甚大だったことから，一時，「日本製

紙は石巻から撤退する」という憶測が飛び交うほどであったが，石巻市において再建していくことが示されたのであった。製紙業界では，2008年のリーマン・ショック以降，生産調整の一環で「リストラ」が進んでおり，石巻工場においても震災後には約100人の人員整理を行わざるを得なかったという。それも，石巻市での長期的な雇用確保のための「苦渋の決断」であるが，その反面，今後も国内の基幹工場の1つとして石巻市において操業を継続していくという（『週刊ダイヤモンド』2011年11月12日号，110-111頁）。このように日本製紙は，石巻市の基幹産業の1つであることを認識し，その社会的責任の重さを自覚し，工場再建と事業継続により，地域の雇用や経済に対して社会的責任を果たしているのである。

　三井物産は「東松島市復興支援事業」として，宮城県東松島市と連携して津波被災地域における初の「メガソーラー」（奥松島「絆」ソーラーパーク）を稼働させている。三井物産は再生可能エネルギー事業を展開しているが，「ソーラービジネス」に関する取り組みは1990年代後半から始まり，国内外においてさまざまな事業展開をしてきたという。東松島市は，同市の復興構想として「MATSUSHIMA自然エネルギーパーク」構想を掲げており，三井物産の同市におけるメガソーラー稼働は，この構想の実現を支援するものであるという（三井物産ホームページ）。この取り組みも事業活動そのものによる被災地支援であり，メガソーラーの敷設は三井物産にとっても事業上の利益が強く見込めるものなのである[14]。また，ソニー〔Bb〕は，宮城県の多賀城工場が津波被害を受けたが，2011年5月末には同工場の操業を再開させている（『河北新報朝刊』2011年4月28日）。このような事業継続だけでなく，ソニーは，「みやぎ復興パーク」という被災企業支援や次世代自動車関連の研究開発拠点として多賀城工場の遊休施設を無償で提供している（『河北新報朝刊』2012年12月21日）。ソニーでは，事業継続による雇用維持という基本的活動のほかに，遊休施設の貸与という共助の取り組みも見られている。ただし，後者の場合は，事業との関連性は高いものではない。

　キリンビール〔Bb〕においても，東日本大震災では仙台工場が津波被害を

受け，操業再開まで半年間を要することになった。現在，東北一円にビールを出荷する仙台工場であるが，今後の取り組みは，被災地域における農業と水産業のブランド育成や人材育成に主眼を移すという[15]。その投資額は 16 億円を見込んでいるが，この取り組みの背景には，「東北の食材を復活させてビールの販売量を一緒に伸ばす」ことにあるという（『日本経済新聞朝刊』2013 年 9 月 10 日）。このようにキリンビールでは，事業継続を基盤にして地域産業の活性化と自社事業の強化を両立させようとしているのである。また，宮城県名取市に工場（仙台工場）を擁するサッポロ HD は，震災復興に向けて，同市との包括連携協定を 2013 年 4 月に締結している。この協定により同社は，地域力向上，環境保全，観光・産業振興，地元食材の活用，防災・災害対策，地域資源・人財育成〔ママ〕という 6 つの分野において，仙台工場を中心にまちづくりに取り組み，名取市の地位向上や経済の活性化に資することを目的に活動していくという（サッポロ HD ホームページ）。

　このように，被災地域に拠点の 1 つを構える大企業では，被災地支援の在り様が変わってきているのである。事業関連性の高低の如何を問わず，緊急・救援期および復旧期の大企業の CSR 活動は，あくまでも「支援」を目的とするものであった。しかし，被災地域に根差す大企業の行動は，復旧・復興期および復興期においては，各社ともその意図は別としても，企業の利益と社会の利益の双方を考慮した事業，すなわち CSV に向けた動きを見せているのである。しかし，このような本業そのものによる貢献が，CSR であるということについては，大企業においても十分には認識されていないことも事実であろう。

3．本章のまとめ

　本章では，東日本大震災と CSR について，非被災地企業による被災地支援という側面から考察してきた。まず，被災地支援の全体的動向について，奥村ら（2011）と高浦（2013）の調査・研究に依拠して見てきた。これによると，ほとんどの上場企業において，金銭的支援や物資支援などが行われていることが

わかり，その支援規模は史上空前のものであった。しかし，わずかであっても上場企業において，被災地支援を実施していない企業があることも見て取れた。また，支援先のセクターについては，自治体，日本赤十字，NPOなどの公共的セクターに対する割り合いが高く，このことが被災地域における義援金や物資配分の停滞を招いたことも指摘された。それゆえ，被災地域における支援の受け皿を多様化させることが必要になると思われ，その1つとして被災地企業が重要な対象の1つになるのではないだろうか。ともあれ，東日本大震災下の被災地支援は，金銭や物資といった事業との関連性が低い，あるいは不明な取り組みだけでなく，ボランティアやサービス支援など，事業との関連性を有する支援活動も実践されたのである。前者（金銭・物資支援）については，競争環境の社会的次元にフォーカスする戦略的フィランソロピーであり，後者（ボランティア・サービス支援）の場合については，第2章におけるCSRの定義からもわかるように，今日的な意味で認識されているCSRと近い取り組みである。

ついで，より具体的に非被災地企業による被災地支援について見てきた。物流・通信・石油などのインフラ各社の緊急・救援期の取り組みは，被災地域社会の瓦解を防ぐために，利益を度外視してまでも取り組まれた被災地支援活動であった。企業の本質は，営利性であるが，緊急・救援期という危機的な状況下においては，その性質は大きく変わり，社会的存在としての役割を担うようになっているのである。しかし，外資系企業のなかには，被災地支援をマーケティング活動の一環として戦略的に取り組むケースもあり，被災地支援においても徹底した営利追求を目的にするような活動も見ることができた。

そして，本章では，トヨタや資生堂といった日本を代表する企業で，CSRでも高い評価を受けている企業の被災地支援について見てきた。各社とも事業関連型と事業非関連型の双方による被災地支援活動を行ってきたが，持続可能な社会貢献は前者であり，トヨタ自動車のココロハコブプロジェクトの事例からもわかるとおり，後者の場合には，その持続性が困難になってくる。このことから，本業との関連性ある社会貢献，あるいは本業そのものでCSR活動を実践することが重要になってくると考えられるのである。

最後に，現在の復旧・復興期において，非被災地企業あるいは被災地企業〔Bb〕，いわゆる大手企業の被災地域における取り組みについて考察した。すべての取り組みがそうとはいえないまでも，そこでは戦略的フィランソロピーのような社会貢献活動ではなく，事業そのものによって被災地支援に取り組んでいるケースが見られている。激甚災害地域においては，事業を継続するだけでも事業活動を通じたCSRになるだろうし，それ以外についても当該企業の事業目的の一環として地域支援を行う取り組みが見られている。このような行動は，採算性を度外視した社会貢献ではなく当該企業の利害に基づくものであり，その意図は別としても，経済的価値と社会的価値を両立させようとする取り組みが見られているのである。

【注】
1）マッチング・ギフトとは，企業や団体が，従業員や個人からの寄付金を募る際に，その総額に同額あるいは一定の割り合いを上乗せして行う金銭寄付行為である。
2）図表5－4のNPOや中間支援組織などの厳密な定義は，高浦（2013）を参照されたい。
3）東日本大震災下の被災地自治体においては，大きく被災したために，その機能が大幅に低下したことが知られている（内閣府ホームページ）。
4）たとえば，峯（2011）は，東日本大震災時における救援物資の供給が停滞することになった要因について考察している。
5）この取り組み事例については，主として日本経済新聞社編（2011）に依拠している。
6）エクソンモービルジャパンは，アメリカのテキサス州に拠点を構えるエクソンモービル・コーポレーション（Exxon Mobil Corporation）のグループ企業の1つである。エクソンは，利益志向の強い企業であり，その利益率も極めて高い反面，CSRにおいては，これまで多大な問題を惹起せしめてきた（矢口，2010）。そのようなエクソンにおいても，東日本大震災という地域社会の危機的局面では，利益よりも地域社会に対する貢献を第1にしていることが見て取れる。
7）インフラストラクチャーは，もちろん，物流，石油，通信だけではない。上下水道，ガス，電気，道路網，鉄道，海運港湾など枚挙にいとまがなく，それらに携わる多くの企業が，緊急・救援期において被災地域の復旧・復興に尽力したことは広く知

られている。本書は，インフラ産業の役割を問うものではなく，また紙幅も限定されていることから，このように若干の状況を見ているに過ぎないことに留意されたい。

8）CSR 総合ランキングのランキングや評価方法については，東洋経済オンラインホームページを参照されたい。

9）トヨタ自動車東日本の白根武史代表取締役社長は，「部品の現地調達率を高め」て，部品づくりに地域企業を巻き込む考えを示している（『日本経済新聞朝刊』2013 年 9 月 10 日）。

10）2013 年 4 月の東日本大震災の被災地域でのボランティア従事人数は 2,907 人であり，2011 年 8 月の 4 万 8,231 人（最大人数）に比べて 94％ 減となっており，ボランティアへの取り組みは全体的に大きく低迷している（『読売新聞朝刊』2013 年 5 月 25 日）。しかし，ボランティアへのニーズは変化しているものの，被災地域におけるボランティアに対する要望は依然として大きい（『読売新聞朝刊』2013 年 6 月 2 日）。

11）以下，資生堂の東日本大震災における被災地支援活動については，資生堂ホームページに基づいて記述している。

12）本章の富士フィルムにおける東日本大震災の被災地支援については，富士フイルム（2011, 2012, 2013）を基に記述している。

13）本章の味の素による東日本大震災の被災地支援については，味の素（2012）および味の素ホームページを基に記述している。

14）メガソーラーは，通称，大規模太陽光発電所として知られているが，厳密には 1,000 キロワット（1 メガワット）以上の出力を擁する発電施設である。2012 年 7 月 1 日に再生可能エネルギーの固定買い取り制度が発足し，とくにメガソーラーでの発電の場合，1 キロワット（毎時）あたり 42 円で 20 年間買い取るというものである（『日本経済新聞朝刊』2012 年 7 月 2 日）。この制度の発足以降，主要企業によるメガソーラー参入が相次いでいる。

15）キリンビールの被災地域における農漁業支援の詳細については，同社ホームページを参照されたい。

第6章 東日本大震災とCSR：被災地企業の活動

　本章では，東日本大震災時とその後の復旧・復興過程において，被災地域に本拠を置き，自らも大きく被災しながらも，地域社会の瓦解阻止と維持・発展に向けた取り組みを見せてきた被災地企業の事例をCSRの視点に基づきながら考察していく。本書の第4章「先行研究のレビュー」においても提示されたように，このような「内から内へ」というアプローチは，先行研究とは異なる本書の独自の考察視点である。このような被災地企業の地域社会に対する社会的責任の行為の考察を通じて，被災地企業にあっては，事業そのものに社会性が組み込まれた社会的存在であることが明らかにされるであろう。

　なお，本来は，各業種・産業を代表する被災地企業のすべてを網羅できることが望ましいと考えられるが，そこまでの体系的考察はできていない。むしろ，本書の取り上げる事例には，業界・産業や規模などの観点から十分な基準を設定していないことから，その事例掲載基準に疑問が呈せられるかもしれない。本書では，限定された情報には基づいているが，震災時の緊急・救援期から復旧・復興過程において，CSRの側面から大きな役割を果たしてきた企業という基準に依拠している。それゆえ，業界・産業や規模などの特性に統一性や均等性といったものがないと思われるが，あくまで，CSRという基準で被災地企業をしっかりと選抜していることに留意してほしい。もちろん，情報収集の関係上あるいは筆者個人の能力的な限界などに起因する研究上の問題もあるかもしれないが，この点は今後の課題になると考えている。

1. 被災地企業（〔Ba〕および〔C〕）による震災時および復旧期の活動

1.1 被災地企業の取り組み：各産業の簡略的な事例考察

　以下では，被災地企業が，緊急・救援期および復旧期において，地域社会にどのような役割を果たしたかについて，小ケースを重ねることで，その全体像について迫りたい。ここでは，雑誌，新聞記事，その他の資料を中心に考察することで，被災地企業が果たした地域社会に対する行為をCSRの観点から，若干ではあるが，意味づけていく。なお，被災地企業のなかでも金銭や物資の支援・提供といった寄付行為を行った企業は多いが，以下のケースでは，このようなことについては捨象しているので留意されたい。その理由は，そのような行為が，被災地企業のCSRの本質を論じるうえで重要なパートを占める訳ではないからである。

（1）水産総合卸売：仙台水産

　仙台水産〔Ba〕は，水産物の総合卸売企業であり，東北地方でトップの売上高を誇っている。同社は，東日本大震災後の翌日の2011年3月12日から仙台中央卸売市場を開場し，商品供給を開始した。その背景には，「食は命そのもの」という同社の島貫文好代表取締役会長の使命があり，震災後においても「市民の台所」としての役割・責任を果たす必要性を強く自覚したからだという（『仙台経済界』2011年11-12月号，92頁）。

　仙台水産は，2011年9月に「第27回仙水グループ提案会」を開催し，東日本大震災により被災した水産関連企業のアピールの場を提供した。実際に，205社が出展し，全国から約2,500人の参加を得て盛会に終わったという。島貫会長によると，「一時開催を見合わせたが，被災した企業の現状を発信したいと考え実施」することを決定したという（『仙台経済界』2011年11-12月号，15頁）。これによって，同社は，生産者と消費者を結ぶ「場」の提供と「情報の

写真6−1　震災翌日からの食料供給の状況

出所：仙台水産ホームページ。

伝達」に取り組み，水産業の復興に向けた支援をしているのである。

　このように仙台水産では，地域の食に対する責任を強く持っており，そのことが震災翌日からの事業継続を進めて，地域の人々への食料供給という供給責任を果たすことにつながったのである。また，水産加工企業を支援する取り組みは，地域経済の活性化という意図もあるが，仙台水産それ自体の復興や持続的発展にとっても，水産業の復興が必要なのである。

（2）人材派遣：ヒューレックス

　ヒューレックス〔Ba〕は，東北に特化した採用支援を行う人材派遣企業である。東日本大震災の発生に際して，同社は，雇用のミスマッチ解消や人材と企業を結びつけるといった雇用促進をとおして震災直後の対応にあたっている。具体的には，2011年の3月には14人，6月には36人の新入社員を迎えて，正規雇用を前提とする紹介予定派遣として彼らを企業に派遣した。派遣期間の5カ月間は，給与が宮城県から支給されることも合わせて，派遣従業員の適性や技術習得などに関与して，雇用の創出につなげ地域の復旧・復興に貢献することを目的に活動したという。

2011 年の震災前の宮城県の有効求人倍率は 0.44 倍であり[1]，さらに東日本大震災による大卒の内定取り消しなどもあり，宮城県の大卒内定率も 82.3％（全国ワースト 4 位）と極めて低い状況になっていた。このようなことから，ヒューレックスは，数多く存在する東北の優秀な人材と企業を結びつけることを社会的責任と自覚し，未就職者に対するカウンセリングなどを無償で提供し，雇用創出による被災地支援に取り組んでいる（『仙台経済界』2011 年 7‐8 月号，102-103 頁）。実際に，震災からおよそ 2 年間で，同社は 1,800 人に及ぶ被災者の就労を支援してきたという。また，同社は 2013 年 4 月から，「婚活支援ビジネス」を始めており，これにより若者を被災地域に定着させることで，沿岸部の過疎化や企業後継者の結婚支援による事業承継の円滑化などに取り組むことで，被災地域の復興を強化する取り組みを行っている（『日本経済新聞朝刊』2013 年 6 月 25 日）。

　このように，ヒューレックスでは，同社の事業である「人材」と「雇用」という活動を活かして，雇用創出支援，人材育成，人材の被災地定着などの側面から，被災地域の経済活性化に貢献する活動をしているのである。

(3) コンサルティング：ファミリア

　2011 年 5 月に，「循環型社会のモデルタウン」をつくり，それによって 6 次産業を創出することを目的に「東北 ROKU プロジェクト」が発足した。このプロジェクトを主導・プロデュースするのが，ファミリア〔Ba〕という企業である。同社は，農林漁業の 6 次産業化モデルに取り組んでいて，農園経営（多賀城ファーム）と加工商品生産，野菜を中心とするレストラン運営などを手がけている。震災後には，被災障害者の雇用創出など被災者支援活動をしていくなかで，このプロジェクトを発足させることになったという（ファミリアホームページ）。ファミリアは，この 6 次産業化した商業施設（「アタラタ」）を 2012 年 4 月を目標に宮城県名取市に開業して，農林漁業復興とともに，観光拠点，震災による失業者，障害者，高齢者の雇用増加の役割を担おうとしている。なお，このプロジェクトには，アップルファーム，オオホリ建託，トップ不動産

開発などの企業も参画して取り組まれている（『仙台経済界』2011年11-12月号，46頁）[2]）。このように同社は，6次産業化という手法を用いて，農業支援，観光支援，雇用支援に取り組んでいる。

（4）医療機器商社：コセキ

　コセキ〔Ba〕は，東北地区において，医療機器，映像・音響およびIT機器などを取り扱う複合型専門商社である。東日本大震災時には，コセキは，同社の顧客でもある病院や学校への食料・生活物資を支援する過程で，緊急時の電源確保の重要性を知り，「電源対策品の調達ルートを緊急開拓」し，災害に強い地域社会づくりを意識した事業展開をしているという（『仙台経済界』2011年11-12月号，74頁）。また，震災後の4月10日には，石巻市の避難所に入れたてのコーヒーという嗜好品を提供する支援活動を行った。この支援活動は，同社の本業との関連性は低いが，震災直後でコーヒーさえ飲むことができない人々に対して，心のゆとりを届けることの重要さを感じているため行われたのだという（『仙台経済界』2011年5-6月号，22頁）。

　このような取り組みのほかに，コセキの被災地域の復旧・復興に対する考え方は，地域企業として利益を上げて法人税を納めて，従業員にも給与を遅滞なく支払うことで彼らの納税義務と消費を促進することにあるという。地域経済活性化という点については，地域企業との取引を重視することで，地域の企業が活性化していくことが重要であるという。また，コセキは，地域社会の健全な発展を強く意識しており，ピンク・リボン活動など地域文化への貢献にも積極的である（『仙台経済界』2011年11-12月号，74頁）。

　コセキの震災後の取り組みは，地域経済の活性化を意識しながら，経済的責任を果たすことに主眼が置かれている。そして，今後の予防的措置のために，災害に強い地域づくりを意識して事業展開を行うなど，地域社会重視の姿勢を見て取ることができる。

（5）水産加工：阿部長商店，木の屋石巻水産，カネキチ阿部源食品

　阿部長商店〔C〕は，気仙沼市に本社を置き，岩手県大船渡市から宮城県石巻市といった南三陸のリアス式海岸地域において，水産加工事業と観光事業の2つを主要な事業として展開している。東日本大震災では，甚大な被害を受けた企業としても知られている。実際に，その被害は，同社の9つの水産加工工場のうち8工場が津波により流出あるいは大規模被災，本社も同様に津波被害を受けることになった。なお，観光事業の宿泊部門は，気仙沼市に2施設，南三陸町に1施設のホテル・旅館を経営しているが，これらも一部津波被害を受けたりしたものの高台のため操業が可能であった。

　このような大規模被害を受けた企業に対して，震災直後には，ハローワークでさえ解雇を勧めることもあったなかで，阿部長商店の阿部泰浩社長の決断は事業を継続し，雇用を維持するとともに，新入社員の内定も取り消さずに新規採用を行うというものであった。同社では，従業員との「つながり」の精神をつねに重視してきたことから，その考えの下で，明日の生活さえもわからず不安定な状況下に置かれている従業員を「外に放り出す」ことはできなかったのである。また，水産加工業がなければ，漁港に漁船が入港してきても魚介類が受け入れられずに，最終的に港そのものが衰退してしまうという懸念から，同社では工場再建を迅速に進めてきた。つまり，東日本大震災によって，漁港都市である気仙沼市の衰退を阻止しようとする取り組みが見られたのであり，雇用の維持だけでなく，地域産業の発展に関する社会的責任を自覚した取り組みを行ってきたのである。

　震災時に雇用を維持したことで，従業員との信頼関係を構築することができているため，工場再建を進めるための雇用も確保できているという。これに対して，震災時に解雇した水産加工企業では，従業員との信頼関係が崩れてしまい，従業員が集まらず事業の再建ができない企業もあるほどだという。また，震災前には，阿部長商店は，ロシアや中国などへの魚介類輸出を水産加工事業の柱の1つとしていたが，震災後には，福島第1原発事故の影響から海外への輸出が困難な状況になった。そのことが，同社をして，商品の付加価値増大と

国内での新たな販路開拓へと事業を転換する契機になり，イノベーションの創出にもつながっているのである。ともあれ，阿部長商店は，本業強化という経済的責任の実践を通じて，雇用維持・拡大や地域経済の発展のために資する取り組みを行っている。

　多くの水産加工業が林立していて，壊滅的な被害を受けた石巻市において事業を展開する木の屋石巻水産〔C〕がある。同社は，「鯨の大和煮缶詰」などを生産する缶詰メーカーであるが，震災時には石巻市魚町にある店舗と工場が全壊するという壊滅的な被害を受けた。また，同市では多くの水産加工業が，同社と同様に壊滅的な被害を受けている。震災後，石巻市のほとんどの水産会社が従業員の解雇に踏み切るなかで，木の屋石巻水産では希望退職者などを除いて，従業員の解雇を一切行わなかったという。そこには，「会社は何があっても社員を守らなければ」ならないという同社の理念があるからだという。さらに同社では，2013年2月に石巻本社工場を完成させており，雇用の維持だけでなく，雇用を拡大させることで地域社会の発展に貢献していくという（『仙台経済界』2012年7-8月号，8-9頁）。

　壊滅的な被害までは受けていない水産加工業〔Ba〕の取り組みとしては，カネキチ阿部源食品（宮城県七ヶ浜町）の取り組み例を挙げることができる。同社においては，本社や第1工場は無事であったが，第2工場や在庫が流出するなどその被害は小さくはなかった。震災直後には，出荷予定の商品を集めて役

写真6-2　津波被害を受けた石巻本社工場

出所：木の屋石巻水産ホームページ。

写真6-3　完成した新石巻本社工場

出所：木の屋石巻水産ホームページ。

場に届けたり，近隣のスーパー・マーケットで臨時販売を行うなど，被災者に対して緊急支援を行った。同社では，震災直後には倒産を覚悟したそうであるが，事業を継続して雇用を維持し，また震災の3カ月後には10人を新規採用するという雇用拡大に向けて取り組み出した。その背景には，地域の復興には雇用がその柱の1つになるという同社の社長の理念があった。もちろん，理念だけでは，被災のなかで雇用を維持・拡大して事業継続することは困難であろう。カネキチ阿部源食品をして事業継続を可能にしたのには，同社の独自の骨きり技術などを活用したアナゴ原料のかば焼きや惣菜に対する需要が震災後に高まったからである(『河北新報夕刊』2011年9月17日)。つまり，カネキチ阿部源食品の経営者の理念と独自技術によって強化された本業が，同社をして雇用維持・拡大をとおして地域社会への貢献を可能にしたのである。

　このように阿部長商店，木の屋石巻水産，カネキチ阿部源食品といった水産加工業は，沿岸部で事業をしている企業が多く，それゆえ，大規模・壊滅的な被害を受けたケースが多かった。そのような大規模被害にもかかわらず，これら3社は事業を継続し，雇用を維持することを決定した。その背景には，地域社会の維持・発展には雇用が必要であり，また，従業員との信頼関係が事業継続と発展に重要な役割を果たしているからである。さらに，早期に事業を再開・拡大することは，地域産業の衰退を阻止するためにも大きな役割の1つを担っているのである。

(6) 宿泊：ウェスティンホテル仙台，南三陸ホテル観洋
　旅館やホテルといった宿泊施設のなかにも，今回の震災では大きな役割を担った企業もある。たとえば，仙台市内では，出張で訪れている人々を中心に多数の帰宅困難者が発生したが，ウェスティンホテル仙台では，3月11日から，そのような人々に4日間にわたって客室を提供したり，ロビーを一時避難場所として開放するだけでなく，水や食料の提供を行ったという(森トラストホームページ)。実際に，延べ約3,000人の帰宅困難者を受け入れたという[3]。

　阿部長商店の経営する南三陸ホテル観洋が南三陸町で果たした役割もよく知

られている。南三陸町は激甚災害地域であり，高政のケースで後述する女川町と同様に壊滅的な被害を受けた地域である。地域社会が瓦解しつつあるなかで，ホテル観洋が南三陸町を支える大きな役割を担った。緊急時の住民への避難場所・食料供給，地域住民の仮設住宅移住までの避難所機能，復旧・復興支援の活動拠点，地域社会の現状を訴えるPR活動，またNPOやボランティアの活動拠点としての役割である。ホテル観洋ほど劇的ではないにせよ，沿岸部で津波被害を免れたホテル・旅館業は，津波被害地域の緊急時と復旧過程において欠かせない役割を果たしたのである。

　このように被災地域のホテル・旅館業では，震災直後においても事業を継続し，宿泊機能という事業特性を活かして地域社会の維持・発展に貢献する取り組みが見られたのである。

（7）交通：宮城交通，愛子観光バス

　交通機関という側面では，震災直後には，鉄道や空港が機能しないなかで，唯一道路を使った交通が長距離移動の手段となった。その担い手が公共交通機関でありバス事業者であったが，各社とも被災しながらも，震災後には独自に増便することで復旧に向けた支援を行っていったのである。たとえば，宮城県内で高速バスを運行する宮城交通〔Ba〕は，震災で31台のバスを失ったほか，営業所やバス停留所など多数が被災することになった。同社は，震災1カ月後の4月13日には，大船渡線以外のすべての路線で震災前の運行状況に戻し，仙台市と被災地最前線の気仙沼市や石巻市を結ぶ路線を増便させただけでなく，震災直後には，首都圏への帰宅者や物資調達路線である山形線を山形交通と共同で運行したのであった。震災直後の運行開始は，同社の「独自の判断」であり，「地域の足を守るという社会的使命」を強く認識したからだという（『仙台経済界』2011年5‐6月号，34-35頁）。

　また，仙台市西部で通勤通学バスや貸し切り・送迎などを行う愛子観光バス〔Ba〕は，震災当日も帰宅する人々のためにバスを運行したという。その後も，多くのバス事業者が運転再開を見合わせているなか，3月14日という早期に

通勤・通学者のためにバス運行を再開させて，地域住民の移動手段としての役割を果たしたのだという（『仙台経済界』2012年3‐4月号，23頁）。このように，バス運行各社は地域の交通手段として，震災直後およびその後において，人々の重要な移動手段となることで，地域の人々の生活を支えることができたのである。

（8）部品製造①：岩機ダイカスト工業

　岩機ダイカスト工業は，1968年創業の宮城県山元町に本社ならびに本社工場を置くアルミ・亜鉛ダイカスト製造を主要業務とするメーカーである。従業員数は約320名となっている。震災時における工場は国内に5つ（宮城県山元町4工場，埼玉県1工場）とアメリカに1つの合計6工場がある。同社は第2次サプライヤー（Tier 2）に属しており，同社の製品はケーヒン，ボッシュ，日本精機などの第1次サプライヤー（Tier 1）に納入され，最終的にはトヨタ自動車，ホンダ，日産自動車などの自動車組立メーカーに納入される。

　東日本大震災では，宮城県南部の太平洋沿いの山元町も大きな津波被害を受けた。同社においても，山元町の茨田工場が津波で完全に流出してしまい，また各工場において，成形天井の落下や建物の一部地盤沈下に加えて，アルミニ

写真6－4　岩機ダイカスト工業の本社工場

出所：岩機ダイカスト工業ホームページ。

ウムを溶かす電解炉が固まってしまうなど製造に支障をきたす状況になってしまったという。とくにダイカスト製造は，電気炉においてアルミニウムや亜鉛を溶かして，それを金型に流し込んで固めるというプロセスを経るのだが，その電気炉が固まってしまったことで短期的には製造が困難になったのである（横山，2012，19-23頁）。

　岩機ダイカスト工業の震災時以降の行動原理をCSRの観点から捉えると，部品サプライヤーとして供給責任を果たすということがまず挙げられる。変電所が被災して電力供給を受けられないなかでも，多額の費用と労力を投入してディーゼル発電機を全国から調達して，事業の早期再開と継続に全力を尽くした。製造が一時的に止まっている間は，保有在庫を拠出して，取引先への部品供給を継続した。電気炉が止まり固まってしまっている状況下ではあったが，本社工場自体の被害は大きくはなく，電力や水道が復旧すれば操業を再開できる予定であったという。それにもかかわらず，同社は技術やノウハウの結晶である金型を顧客に返却する決定をした（『Automotive Technology』2011年7月号，63頁）。

　金型の設計・製造は，岩機ダイカスト工業が行うが，その所有権は部品製造を依頼する顧客に属するという。同社が，顧客の注文に基づいて部品を製造し続ける限り，金型は実質的に岩機ダイカストに帰属し，そのノウハウが他社に漏えいすることはない。金型を返却することによって，技術的なリスクを負うにもかかわらず，同社は，万が一にも「相手先のラインを止める，これは絶対にできないこと」という「Tier 2としての責任」を果たすために，このような意思決定を行いサプライ・チェーンの維持に努めたのである（横山，2012，25頁）。

　ついで，従業員の雇用の維持である。岩機ダイカスト工業では，2008年のリーマン・ショック時にも大きく需要が低下しただけでなく，東日本大震災における生産高の減少も極めて大きなものであったが，雇用の維持に強い使命感を持っている。全員主義で，全員で我慢しながら，全員の雇用を守っていくことを重視しているのだという。そして，マスコミからの取材を積極的に引き受

けることである。本来，マスコミからの取材は，岩機ダイカスト工業の復旧・復興活動にとって，その進行を遅らせる阻害要因にすらなりかねないが，それにもかかわらず，同社はマスコミからの取材を積極的に受け入れた。その意味は正確な情報の伝達ということにあり，第1には，同社の事業活動との関連性が挙げられる。同社では茨田工場の流出状況が全国放送で放映されたために，実際には復旧が進みつつあるにもかかわらず，遠方の土地勘のない取引先が「岩機はもうダメ」という誤った認識をしていることから，その誤認識を是正する必要があったのである（折橋・村山，2012，27頁）。第2には，山元町という地域社会のためである。東日本大震災では，山元町も大きく被災しているにもかかわらず，石巻市や気仙沼市などの被災地域と比べると，相対的には山元町の状況は全国的には知られていなかったという。それゆえ，同社が取材を受けることによって，山元町の状況が全国的に広く知られれば，全国からの支援も厚くなるし，また原発事故関連での風評被害の緩和にもつながることになる。つまり，今後の岩機ダイカスト工業それ自体の事業継続と地域社会の維持・発展を目的にマスコミからの取材にも積極的に応じたのであった。

　このように岩機ダイカスト工業の取り組みは，震災直後には，事業を継続してサプライ・チェーンを維持すること，つまり取引先に対する供給責任を果たそうとするものであった。とくに，金型などの生産ノウハウを公開してまでも供給責任を果たそうとしたのだが，そのような企業が多数あったことも報告されている（ニッセイ基礎研究所ホームページ）。同社は，このような経済的責任を果たしながら，雇用を維持し，地域社会のPR役を担う活動をして，地域社会の維持・発展に大きな役割を果たしたのである。

（9）部品製造②：堀尾製作所
　堀尾製作所は，岩機ダイカスト工業と同様にTier 2のダイカスト部品メーカーである。宮城県石巻市に本社を構えるが，本社ならびに工場が石巻市でも内陸部にあったため，東日本大震災にともなう津波被害はなかった。また，2003年に発生した宮城県北部地震の際に建物の被害が大きかったこともあり，

地震対策を施していたため大きな被害はなかったという。東日本大震災時とその後の堀尾製作所の取り組みとして，まず雇用の維持という側面が挙げられる。2008年のリーマン・ショック後の生産減少の下で，派遣社員とパートタイマーを解雇せざるを得ず，従業員数は約80人から50人程度まで減少していた。同社にとって，従業員50人というのは，生産ラインを維持するのに見合わないほどの少人数であり，本来ならパートタイマーが行うべき仕事を，技術者が行わざるを得ないほどであったという（折橋・村山，2012，44頁）。

　東日本大震災が発生しなければ，2011年の春から新規受注が入る予定となっていて，堀尾製作所は雇用を増やせる状況を迎えようとしていたが，震災の発生によりそのような計画も困難になってしまったという。同社が，従業員の雇用に強い使命感を持っているのには，雇用の創出こそが，企業の最も重要な役割や責任の1つであると強く考えているからである。そのために，魅力ある製品を製造できるよう競争力を高めていく，つまり，本業を強化することで，地域社会に対してさまざまな貢献ができるのだという。その最たるものが雇用の創出であり，雇用が生まれれば，地域社会の所得増加と地域経済活性化につながっていく。このような役割を果たせるためにも，東日本大震災後においても本業をしっかりと実践していくことが同社のCSR活動なのである。

　その背景には，フィランソロピー的な社会貢献の持続性への疑問がある。震災直後には，同社は中国取引先などに支援を呼びかけて，義援金・物資を集めて被災地域に届ける取り組みを行ったが，そのような本業外の活動が持続できるものではないと認識したからである。それゆえに，製造業という事業活動をとおして，雇用の側面から地域経済に寄与していくことが望ましいと考えるようになったという。堀尾製作所は，亜鉛ダイカストで高精度鋳造を実現しており，2006年には中小企業庁の「元気なモノ作り中小企業300社」にも選抜されているほどであり，技術力という本業に対する自信があるからこそ，本業を通じた社会貢献を意識できるのだと考えられる。

　また，堀尾製作所は，協力会社を支援する取り組みも行った。部品加工・検査を主要業務とする雄勝無線（石巻市雄勝地区）は津波により工場が流出してし

まったが，同社に対して堀尾製作所は工場の空きスペースと設備を貸し出すことになった。このような行為の背景には，堀尾製作所が，「小さな企業はお互いに仕事をやり取りしながら，大きな一つの仕事をこなしている」という認識を持っていたからであり（『Automotive Technology』2011 年 7 月，64 頁），取引先というステークホルダー間の協力が重要なことを示している。本来なら，雄勝無線が行っている仕事を堀尾製作所は自社で代替できる，すなわち「内部化」することも可能であったというが，「雄勝無線に事業継続への強い意志があったため，むしろその支援」をすることで同社の存続に協力をしたのであるという（折橋・村山，2012，41 頁）。

このように，堀尾製作所にとって，本業を強化することで雇用を維持・拡大し，地域経済の活性化に貢献することが地域社会に対する社会的責任なのである。また，地域の取引先企業への工場貸し出し，ならびに自立支援というような共助の取り組みも見て取ることができた。このようなことは，第 5 章で見たように，ソニーのみやぎ復興パークによる共助の取り組みと同様の性質を持つものである。

1.2　被災地企業の取り組み：簡略的事例考察のまとめ

上記では，宮城県の産業ごとに被災地企業の震災直後および復旧期の取り組みについて，それぞれ簡略的ではあるが，その事例を見てきた。それをまとめたものが図表 6 - 1 である。ここからわかることは，被災地企業の震災時およびその後の地域社会に対する CSR 活動が，若干の例外的な取り組みはあるものの，その多くが事業との関連性が極めて高い，むしろ事業そのものを通じた地域社会に対する社会的責任の履行であったことがわかる。

そして，激甚災害地域にある企業（阿部長商店，木の屋石巻水産，カネキチ阿部源食品，南三陸ホテル観洋）では，震災直後の緊急・救援期において果たす最も重要な役割は，事業そのものを継続することであった。廃業によって事業活動を止めてしまっては，従業員や地域社会に対する社会的責任を放棄することに等しいからである。事業を継続して雇用責任を果たすことこそが，大規模な被

第6章　東日本大震災とCSR：被災地企業の活動 | 145

図表6-1　震災直後から復旧期（数カ月間程度）における被災地企業の取り組み

業種	社名	地域支援の取り組み	CSRの性質
水産卸売	仙台水産〔Ba〕	震災直後：卸売市場の開場・食品供給 復旧期：提案会の開催により生産者と消費者を結ぶ	・事業関連性：事業そのもの ・CSRの性質：事業継続，供給責任，水産加工企業の支援
人材派遣	ヒューレックス〔Ba〕	震災直後：雇用ミスマッチ解消，紹介予定派遣 復旧期：被災地における雇用支援，婚活支援	・事業関連性：事業そのもの ・CSRの性質：雇用創出支援，人材の定着
コンサルタント	ファミリア〔Ba〕	復旧期：アタラタ開業による6次産業化推進	・事業関連性：事業そのもの ・CSRの性質：農林業支援，雇用創出
医療機器商社	コセキ〔Ba〕	震災直後：避難所へのコーヒー・サービス 復旧期：地域防災の強化，本業強化，地域内取引強化	・事業関連性：低から高までさまざま ・CSRの性質：地域経済活性化，地域社会の持続可能性
水産加工	阿部長商店〔C〕	震災直後：事業継続と雇用維持 復旧期：工場再建，漁港の衰退阻止	・事業関連性：事業そのもの ・CSRの性質：事業継続，雇用維持，地域社会の維持・発展
水産加工	木の屋石巻水産〔C〕	震災直後：事業継続と雇用維持 復旧期：工場再建と雇用拡大	・事業関連性：事業そのもの ・CSRの性質：事業継続，雇用維持，地域社会の維持・発展
水産加工	カネキチ阿部源食品〔Ba〕	震災直後：事業継続と雇用維持 復旧期：雇用拡大	・事業関連性：事業そのもの ・CSRの性質：事業継続，雇用維持，地域社会の維持・発展
宿泊	ウェスティンホテル仙台〔Ba〕	震災直後：帰宅困難者の受け入れ，食料提供	・事業関連性：事業そのもの ・CSRの性質：地域社会の維持
宿泊	南三陸ホテル観洋〔Ba〕などの沿岸部宿泊施設	震災直後：事業継続，地域住民の避難場所・食料供給 復旧期：地域住民の滞在，復旧・復興支援者の活動拠点，NPO・ボランティア活動拠点，地域社会のPR活動	・事業関連性：事業そのもの ・CSRの性質：事業継続，雇用維持，地域社会の維持・発展を主導
交通	宮城交通〔Ba〕や愛子観光バス〔Ba〕	震災直後：独自判断による運行開始 復旧期：運行維持・増便により地域の交通手段確保	・事業関連性：事業そのもの ・CSRの性質：地域社会の維持・発展
部品製造	岩機ダイカスト工業〔Ba〕	震災直後：雇用維持，サプライチェーンの維持 復旧期：地域社会のPR活動	・事業関連性：事業そのもの ・CSRの性質：雇用維持，供給責任，地域社会の維持・発展
部品製造	堀尾製作所〔Ba〕	復旧期：雇用維持・拡大，工場空きスペースの貸し出し	・事業関連性：事業そのもの ・CSRの性質：雇用維持，本業強化，地域経済活性化，共助の取り組み

注：被災地企業でも仙台などの津波被害の少ない地域の企業では，金銭支援や物資支援などの活動も多く見られたが，そのような金銭・物資の寄付的な取り組みは割愛している。
出所：筆者作成。

災地域においては，地域住民の生活を支えることになり，地域社会の瓦解を阻止することにもつながるのである。大規模震災下にあっては，事業継続こそが，企業がさまざまな社会的責任を果たすうえで土台となるのである。

　その他，各産業によって取り組み方はそれぞれ異なるが，震災時と復旧・復興期における各企業の取り組みのすべてが地域社会の維持・発展に向けたものであることがわかる。たとえば，帰宅困難者や避難者の受け入れ（ウェスティンホテル仙台，南三陸ホテル観洋），本業強化や工場再建などを通じて雇用を維持・拡大すること（ほぼすべての企業），農漁業といった地域の産業復興支援や取引先との助け合い（仙台水産，ファミリア，堀尾製作所），地域の交通手段の確保（宮城交通，愛子観光バス），被災地域のPR役（岩機ダイカスト，南三陸ホテル観洋）といったものであり，これらはローカル・コミュニティの瓦解を防ぐとともに，地域社会の発展の土台をなす行為であるといえよう。このように被災地域において，震災時およびその後の被災地企業の行動は，営利追求機関として当該企業の利益を重視するというものではなく，地域社会の存続に焦点が置かれたものであったのである。

　この背景には，地域社会の存続と企業の存続が相互に不可分の関係にあるという認識があるからである。被災地企業の多くは中小企業であり，大企業が全国あるいは全世界で事業を展開しているのとは異なり，それらの活動領域（商圏）は，宮城県内，あるいは広くとっても東北地方といった，まさに地域社会そのものである。それゆえ，大企業や多国籍企業にとっては，このような地域社会は，複数ある事業地域の1つに過ぎないのに対して，被災地企業にとっては事業存続の基盤そのものなのである。また，被災地中小企業にとっては，大企業とは異なり，CSRが明示化されているわけではなく，東日本大震災下の行動は，経営者や組織そのものに暗黙的に内包されている社会的責任が企業行動として表れたものである。いわゆる，「暗黙的CSR」の実行なのである。ともあれ，緊急・救援期とその後の復旧・復興期において，被災地企業にあっては，事業そのものが地域社会を支える重要な役割を担っていて，地域社会に対する社会的責任を果たすことにつながっていることがわかるであろう。

2．被災地企業の具体的事例考察：イシイ，高政，舞台ファーム

　上記では，被災地域における被災地企業の取り組みについて，産業ごとに簡略的に考察をしてきた。そこから，その際の CSR が，事業関連性が極めて高く，そして地域社会に対する社会的責任そのものであったことがわかった。以下では，東日本大震災時およびその後において，地域社会との関係で特筆すべき社会的責任を果たしてきた（いる）イシイ，高政，舞台ファームの 3 社の被災地企業の事例を詳細に検討していく。これら 3 社の考察を通じて，被災地企業が震災時に果たした役割，復旧・復興期に果たす役割が浮き彫りにされ，震災という有事における企業の社会性・CSR の重要性が示される。また，このような考察をとおして，当該企業が拠点を構える地域社会が，東日本大震災のような大規模災害に直面した際に，被災地企業としてどのように行動すべきかの示唆も提供されるであろう。

2.1　卸売・流通を主とした取り組み：イシイ株式会社のダブルストーン事業

（1）イシイの概要および震災直後の作業服・作業用品店の開店状況

　イシイは，1961 年に創業した宮城県の地元企業である[4]。本社は，仙台市若林区に置かれ，2012 年度の売上高約 50 億円，従業員数約 150 名の東北の中堅企業[5]である。同社は，東北エリアを中心に「快適で安全な職場環境創り」に取り組んでおり，主として以下の事業が展開されている。①ユニフォームの販売・レンタル事業，②旗・のぼりなどのセールス・プロモーション事業，③除菌・消臭水「ステリ PRO」や蓄電池システムなどの環境事業，④作業服・作業用品の店舗販売事業（ショップ名：ダブルストーン）である。とくに，ユニフォーム事業のマーケットシェアは東北 1 位となっていることに加え，ユニフォーム販売・レンタルの実績では日本で 1 位となっている。さらに，近年では，

写真6-5　仙台市若林区のイシイ本社　　写真6-6　ダブルストーン六丁の目店の外観

出所：イシイより提供。　　　　　　　　出所：ダブルストーンホームページ。

ステリPROに代表される環境事業が大幅に伸長している。このように顧客に対して快適で安全な職場環境を提供することが，イシイの事業ドメインとなっている。東日本大震災時の緊急・救援期とその後の復旧・復興過程において，このような事業と同社の地域社会に対する使命感が，イシイをして地域社会に対する社会的責任の遂行を可能にせしめたのである。

　2011年3月11日の東日本大震災の発生に際して，イシイでは，人的被害はなかったものの，本社などの建物が被災し，また同社が宮城県内で展開するダブルストーン12店舗（当時）のうち気仙沼店，石巻店，塩釜店の3店舗が津波により流出または大規模半壊という壊滅的な被害を受けた。このような状況下におけるイシイの注目すべき取り組みは，震災翌日の3月12日より津波被害を受けていない全店舗で営業を再開し，作業用品を全力で供給したことである[6]。津波被害を受けていない店舗といっても，大地震により建物は大きく被災していて，窓ガラスが破損したり，施錠できないなど，通常なら営業が困難な状況であったという。さらに，強い余震も頻発しており，停電しているためパソコンなどの電子機器が使用できないという困難な状況下に置かれていたのであった。

　図表6-2は，東日本大震災直後の宮城県内における主要ホームセンターおよび作業服・用品店の営業状況を表している。ダブルストーンと取り扱い商品やサービスが近似しているのは，ワークマンのような作業服・用品の専門店で

第6章 東日本大震災とCSR：被災地企業の活動 | 149

図表6－2　震災直後の宮城県主要ホームセンターおよび作業服・用品店の営業状況

	3月12日	3月13日	3月14日	3月15日	3月16日
カインズホーム	n.a. n.a.	— —	— —	1/3以下 店頭・部分	1/3以下 店頭・部分
コメリ	n.a. n.a.	— —	2/3以上 店舗営業	2/3以下 店舗営業	2/3以下 店頭・部分
ダイシン	n.a. n.a.	— —	2/3以下 店頭・部分	2/3以下 店頭・部分	2/3以上 店頭・部分
ホーマック	n.a. n.a.	— —	— —	— —	1/3以下 店頭・部分
ダブルストーン	2/3以上 店舗営業	2/3以上 店舗営業	2/3以上 店舗営業	2/3以上 店舗営業	2/3以上 店舗営業
ワークマン	n.a. n.a.	n.a. n.a.	n.a. n.a.	n.a. n.a.	n.a. n.a.

注1：上段は宮城県内全店舗に占める営業店舗数の割り合い，下段は営業形態を指す。下段の「店頭・部分」とは，店頭販売あるいは一部営業などの部分販売や仮設営業を示しており，「店舗営業」とは，ほぼ通常どおりにオープンして営業再開している店舗である。なお，店舗営業には，店舗営業と店頭・部分の混合営業形態も含まれる。

注2：「—」は営業されていない状況を示す。"n.a."は，新聞記事によりデータが入手できず，営業状況が客観的に判断できないことを示している。

出所：『河北新報朝刊』2011年3月13日，3月15日，3月16日，3月17日に基づき筆者作成。

あるが，カインズホームやコメリなどのホームセンターも含めている。その理由は，ホームセンターはDIY用品の総合取り扱い店舗であるが，作業服や用品も一部提供していることから，その意味ではダブルストーンと類似の機能を担っていると考えられるからである。それゆえ，図表6－2では，ダブルストーンの比較対象としてこのような小売店を掲載している。

これによると，作業服・用品を提供するこれらの小売店では，ダブルストーンを除くと震災直後の3月12日と13日には，ほとんど営業ができていないことがわかる。ダブルストーンでは，3月12日から，店舗営業できない店舗では店頭販売・部分営業も含めながらも，実に2/3以上の店舗で営業が再開されているが，このような行為がいかに特筆すべきことかがわかるであろう。実

際に，他のホームセンターは，3月14日からようやく一部店舗において店頭・部分営業が開始されるような状況であった。もちろん，各社とも店舗の建物被害，電気・ガスなどのインフラ停止，ガソリン不足による商品供給の停滞，治安の悪化などから店舗営業が困難であったと容易に推察される。しかし，このようなことは，被災地域で活動する企業においては共通の課題であったが，そのような課題を克服して，震災直後の宮城県内において作業服・用品の提供機能を担えたのは，ダブルストーンのみであったのである[7]。

（2）東日本大震災におけるイシイの緊急・救援期の活動

　このように，震災直後にはホームセンターや作業服・用品店の営業再開の目途が立たない店舗が多いなかで，その他の業態の小売店舗においても，3月12日から営業を再開している店舗はわずかであった[8]。しかも，かろうじて再開している店舗の多くも沿岸部ではなく，津波被害地から離れた内陸部に位置する企業であった。イシイが運営するダブルストーンにおいても，内陸部の店舗もあるが，石巻市（蛇田店）や名取市（空港店）といった津波被害が大きい被災地域の最前線店舗においても営業が再開されていたことはさらに特徴的である。イシイが，このような行動をすることができたのには，同社の石井吉雄代表取締役社長の地域社会を第1に思う経営姿勢と従業員を動員する強いリーダーシップがあったからである。石井社長自身，大きな余震が続くなかで明日への不安でいっぱいだったが，被災地域の住民もそのような思いをしていることを強く認識していたという。イシイには「衣類や生活用品もある」ため，「できるだけのことをやって，日頃お世話になっているお客様の役に立とう」と，石井社長は従業員に店舗営業継続の号令を発したのである（『ユニフォームプラス』2012 Mar.1 Vol.5, 6頁）。

　3月12日の早朝に，従業員が仙台市若林区のイシイ本社に集合して，津波被害を受けていない開店可能な店舗に向けて出発した。津波被災地の石巻市の蛇田地区においては，開店前から100人以上の被災者の人々が寒空の下でダブルストーン蛇田店の開店を待ち望んでいたという。津波被害を受けた「被災者

第 6 章　東日本大震災と CSR：被災地企業の活動 | 151

写真 6 − 7　ダブルストーン塩釜店の
　　　　　　震災直後の店内風景

写真 6 − 8　ダブルストーン石巻蛇田
　　　　　　店の風景

出所：イシイホームページ。　　　　　　出所：イシイホームページ。

のほとんどが着の身着のまま」で，「靴下の上にビニール袋を巻いて震えている人もいた」という。蛇田店の営業再開に際して，そのような被災者からは，「開店してくれてありがとう」と涙をながしながら感謝されたという。店舗は泥で大きく汚れ，壁も壊れており，さらに，停電のなかで計算は電卓で行いながら，店舗営業が続けられたのである（『河北新報夕刊』2011 年 7 月 30 日）。また，名取市の仙台空港近くの空港店では，店舗近くまで津波が来ていて，余震のために再度津波が押し寄せてくる可能性があるなかで，もちろん従業員の安全を第 1 に考えながら営業を再開し，地域の被災者の人々の生活を支援したという。もともと，ダブルストーンは復旧や復興に欠くことができない作業服と作業用品を中心に扱っていることもあり，この日以降，被災者支援と復旧活動の支援に注力する「災害復旧専門店」として地域社会の存続を最優先にした事業を展開していくことになる（『河北新報夕刊』2011 年 7 月 30 日）。

　作業用品を全力で供給したダブルストーンは，被災者だけでなく，自治体，警察，自衛隊など復旧に関与する多くの人々からも頼りにされることになった。震災直後からダブルストーンが店舗営業を継続，さらにテレビやラジオのニュースで何度も放映されたことから，被災地域の最前線において，店舗が「民間の物資支援拠点」にもなり「準公共的」[9]な役割さえ担うようになったという（『ユニフォームプラス』2012 Mar. 1 Vol. 5，7 頁）。実際に，NHK においてもダ

ブルストーンに行けば生活に必要な物資を購入できることが盛んに報道されたほどである。本来，NHK は，一企業の宣伝になるような報道はしないが，震災直後においてそのような報道が行われたのには，生活や復旧に必要な物資を購入できる店舗が極めて限定されているために，ダブルストーンが地域社会に必要不可欠な存在になっていたからである。また，震災直後の停電が続くなかでは，ラジオが主要な情報伝達手段であったが，東北放送においても盛んにダブルストーンがオープンしていることが報道され，地域の人々に生活物資を提供する場として誘導されたのであったという。ダブルストーンと東北放送の間には，長期間にわたる取引関係を基礎に信頼関係が構築されていることが，このようなことを可能にせしめたのだという。

　震災直後には，大型のスーパー・マーケットやモールなど近隣の多くの店舗が閉店している状況であったが，そのなかでも石巻市の蛇田地区では，震災から1週間が経過しても近隣店舗は営業再開できない状況であったという。それゆえ，市民からの要請に応じて，カップラーメン，カセットコンロ，乳幼児用品や生理用品など，地域住民の生活に必要なものを全力で供給したという（『朝日新聞夕刊』2013年3月13日）。

　なお，震災直後には，津波で何もかも流されてしまい，お金をまったく持っていない被災者も少なくなかった。それゆえ，「金は後から持ってくる」という地域住民も多く，このような何の保証もない顧客に対して，石井社長は「とにかく商品を客に渡せ」と伝えたという（『朝日新聞夕刊』2013年3月13日）。また，震災による被災のなかで，扉や壁などが壊れているなかで盗難も増加していったという。営業時間中の混み合う店内においても，商品の盗難がしばしば発生したという。テレビや新聞などのマスコミでは，被災地域の住民は「自助努力と他者との調和を保ちながら，礼儀さえも守ってい」ると報じられていたが（平和と安全ネットワークホームページ），実際には，津波被害を受けて衣服，食料，金銭という生活の糧を喪失した被災者のなかには，生きていくために盗難せざるを得ない現状があったことも事実である。このようなこともあり，営業を中止する店舗がほとんどのなかで，イシイでは，被災者が商品を持って行

ってしまうのを咎めず，黙認して被災者の生活を支えることを選んだのである（『ユニフォームプラス』2012 Mar. 1 Vol.5，7頁）。また，イシイでは，店舗や建物だけが被害を受けただけでなく，ダブルストーンの店舗を通じた数億円に及ぶ売掛金が回収不能になったり，石巻市，女川町，南三陸町の300社以上の取引先が被災して販路も失ったのである（『日経トップリーダー』2012年3月号，45頁）。このことから，イシイそれ自体も，東日本大震災では直接的にも間接的にも大きく被災した企業であることを忘れてはならない。

　このように震災下のイシイの企業行動は，利益追求や自社店舗・在庫といった資産の保全を考慮せずに，当該企業の経営資源を最大限に活用して，地域社会の維持・再生に取り組む活動を行ったのである。しかも，イシイ自体も大きく被災して，損失を被っているにもかかわらず地域社会を重視する企業行動を取ることができたのである。

（3）震災時支援におけるステークホルダーとの信頼関係

　イシイが，震災直後からダブルストーンの店舗営業を継続して，被災地域の復旧・復興支援のために商品を供給し続けられたのには，イシイの企業努力に加えて，全国中の取引先の支援があったからであるという。取引先からは，震災直後からの安否を気遣う問い合わせだけでなく，イシイに対する必要物資の支援にも全力を尽くしてくれたという。震災直後において，燃料や物資が不足しているなかで，多くの取引先の協力があったからこそ，イシイではダブルストーンの営業継続が可能になったのである。すなわち，イシイの震災時における地域社会に対する支援活動は，直接的には，イシイ自体の地域社会を支える使命感と強い社会的責任の自覚と履行にあるのだが，そのようなCSR活動実践の背景には，全国の取引先というステークホルダーからの協力体制の存在を抜きには語れないのである。

　このような状況下で，取引先から支援を得られたのには，イシイと取引先との信頼関係が強固であったからである。イシイは，普段の取引関係において取引先に対する支払い遅延が一度もなく，信用力が極めて高いのに加えて，全国

の取引先との協力関係づくりにおいてもつねに中心的な役割を果たしてきた。本来なら，このような大震災下における被災地企業との取引については，非被災地企業である取引先は，被災地企業の継続性や信用力低下にともない債務不履行になる可能性が高まるため，被災地企業との取引に躊躇することが容易に想定される。なお，ここでの取引とは，金銭や物資の寄付・支援といった活動ではなく，企業間で行われるビジネスとしての側面のものである。イシイにおいては，取引先との信頼関係が強固であったことが，震災時において取引先をして同社への商品提供を可能にせしめたのである。

そして，震災時に事業を継続して，このような取り組みを実行する主体は従業員であり，イシイにおいて地域社会に対する社会的責任を果たすことを可能にするには，従業員の積極的な協力を欠くことはできなかった。そのためには，企業と従業員との強固な信頼関係と従業員自身の地域社会を思う姿勢という2つの要因が必要になると考えられる。まず，後者については，石井社長の地域社会を重視する姿勢が浸透しているほかに，従業員自身が取引先や人間関係をとおして地域社会によって生かされていることを強く自覚している[10]。実際に，震災直後のダブルストーンの営業継続では，被災者が店舗営業を再開したことに涙を流して感謝するほどであり，同社の従業員も「仕事でこんなに感謝されたことはありません」と述べて感動していることからも（『河北新報夕刊』2011年7月30日），従業員の地域社会を最優先に思う姿勢が見て取れるのである[11]。

ついで，前者については，従業員の企業への帰属意識が重要になるが，そこには給与支払いなどの金銭的側面も大きく影響してくると考えられる。イシイは，創業以来，従業員への給与支払いについて一切の遅れや未払いがないだけでなく，震災下においても経済的責任の履行を欠くことはなかった。実際に，東日本大震災の発生直後においても，給与支払いに遅延もなく，さらに震災下の従業員の生活を支援するために，「震災見舞い金」を全従業員に支給するほどであった。もちろん，同社においても従業員の解雇も当然ながら行われていない。多くの報道や本章の簡略的事例考察においても見られるように，当該企業が，大規模被災をしたにもかかわらず雇用を維持することの重要性が述べら

れたが，イシイの取り組みは，雇用維持を企業が負うべき当然の社会的責任として受け入れて，そのうえで，さらに従業員の生活を支援する取り組みを行うという特筆すべき行動を取っていたと言うことができよう[12]。

このようなことから，イシイでは，従業員をして同社に対する絶大な信頼関係が醸成され，さらには従業員自身の地域社会への強固な思いが，震災翌日のダブルストーンの店舗営業継続を可能にし，被災地域の瓦解阻止・維持に貢献する活動を行うことができたのである。このようにイシイでは，経営者の地域社会に対する使命感に加えて，取引先や従業員といったステークホルダーとの信頼関係を基盤として，彼らからの協力を得て，地域社会というステークホルダーの支援を行うことができたのである。また，イシイの被災地支援というCSR活動については，同社の事業活動それ自体を通じて行われたものであり，決して目新しいCSRの仕組みを構築するものではなく，経済的責任というCSRの基礎的責任を果たしたに過ぎないのである。しかし，震災時のような有事において，そのような責任を果たすことは，単純ではあるが，困難なことでもあることがわかるであろう。

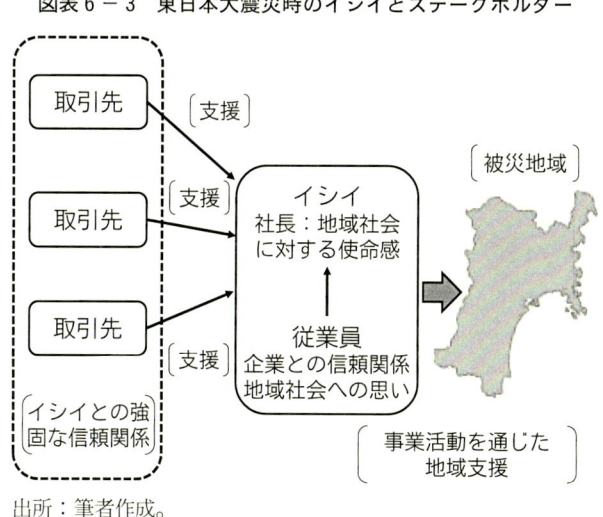

図表6−3　東日本大震災時のイシイとステークホルダー

出所：筆者作成。

（4）復旧・復興期における取り組みについて

　このようにイシイの震災時の取り組みは，地域社会の瓦解を防ぐことで，被災地域が震災時の危機的状況から復旧・復興し，将来の発展をなすための基礎づくりに貢献したと見ることができる。なお，復旧・復興期においても，イシイは主として事業活動を通じて地域社会の復興に寄与する企業経営を行っている。まず，復旧・復興支援者を中心に必要な商品を提供するダブルストーン事業の拡大である。東日本大震災以前の店舗数は，宮城県が12店舗（気仙沼店，古川店，石巻店（石巻市元倉），石巻蛇田店，利府店，塩釜店，加茂店，六丁の目店，大和町店，286店，仙台空港店，大河原バイパス店），県外2店舗（岩手県水沢店，山形県山形店）の計14店舗であった。東日本大震災の津波で，気仙沼店は全壊，石巻店と塩釜店は大規模半壊と3店舗が被害を受けた。この3店舗のうち気仙沼店の復旧はできていないが，大規模半壊の石巻店や塩釜店では震災直後には店舗前で仮営業を行い，さらに店舗自体を早期に復旧させて商品供給体制を構築している。

　復旧・復興期において，ダブルストーンは復興活動の支援を目的に新規出店を行っている。南三陸町からの避難者も多く，同町の復旧・復興に向かうための拠点ともなっている登米市（登米市佐沼店），石巻市の震災被害の復旧・復興のための最前線拠点である石巻市湊地区（石巻市湊店），さらに福島県相馬市に近い新地町（福島県新地町店）への出店というように被災地支援を出店の基本方針に策定して新規出店を展開している。そして，2013年12月には，復興支援をより強化するために，津波被災地の南三陸町（志津川店）にも新規出店をしている。また，このような新規出店だけでなく，松島町のホテルのロビーに臨時店舗を開いて商品提供を行ったりなど，自前の店舗にこだわるのではなく，復旧・復興支援者やボランティアなどの人々への商品提供を第1目的にして柔軟に店舗運営を実施してきた（『河北新報夕刊』2011年7月30日）。

　それ以外の支援活動として，イシイは，主として西日本に本社を構える作業服メーカーや販売店で構成される日本ワークショップチェーンと共同して，業界全体で被災地域を支援するための取り組みを行ってきた。作業服に「義援金

ワッペン」を付けて販売して，その売上の一部を義援金に充てるものであり，このようなことを呼びかける行動にもイシイは積極的に参画してきた（『河北新報朝刊』2011 年 8 月 4 日）。また，イシイの基幹事業であるユニフォーム事業においても，被災地域での復旧・復興活動のニーズを踏まえた商品開発ならびに商品提供が心がけられてきた。実際に石巻市の災害廃棄物処理業務にも同社のユニフォームが活用されるなど，多くの復旧・復興の現場において作業者の活動を支援しているのである。

　また，復興の長期的な視点を考える際には，復興に有為な人材の育成を欠くことができない。そのような観点から，大学のビジネス教育にも積極的に協力し，東北地方の復興の一翼を担える人材育成にもイシイは貢献している。たとえば，筆者が所属する東北学院大学経営学部では，ビジネス・ケース研究という実践的講義科目が開設されている。この講義は，受講生が地域企業を調査・研究し，最終的にケース対象企業の経営者に対して戦略提案を行うことで，大学生の職業人としてのマインドや実践力を養わんとするものである。ケース研究の協力企業には，担当教員によるケース作成のためのヒアリング，複数の受講生チームの調査の受け入れ，戦略提案発表会への出席など，多大な協力を求めることになる[13]。実際に，2013 年度後期には，イシイのダブルストーン事業をケース対象として，受講生が今後の出店計画や商品計画などを戦略提案している。イシイは，大学教育へも積極的に協力することで，東北地域の人材育成にも貢献しているのである。

　このようにイシイでは，同社の事業活動を通じて，震災直後の緊急期対応，そして復旧・復興支援に全力を上げて取り組んできたのであり，現在も取り組みが継続されている。ここには，石井社長が仙台・宮城地域において事業展開できてきたことへの恩返しという意味（『河北新報夕刊』2011 年 7 月 30 日），そして地域社会が存在していなければ，当該企業それ自体も存在できないという意味で，企業と地域社会の相互的依存関係あるいは相互的信頼関係が存在していることが見て取れよう。石井社長によると，このような震災時とその後の取り組みだけでなく，企業経営はしっかりと事業を継続し売上と利益を上げること

が最も重要な社会的責任になるという。売上と利益が上がるからこそ，従業員への給料支払い，雇用の拡大，取引先への支払い，税金の納付など，地域社会の経済的側面を支えることができるという。実際に，イシイは創業以来，バブル崩壊後やリーマン・ショックなどのマクロ経済情勢が悪化した局面においても，一貫した右肩上がりの成長を続けており，一度たりとも赤字を出したことがないという。震災直後の 2011 年度においても，復旧・復興支援への取り組みを継続しながらも企業成長を実現させており，経済的な側面からも地域社会に対する社会的責任を果たしている。

2.2　女川町における地域社会の復興イニシアティブ：株式会社高政
（1）高政と震災直後の女川町の概要

　高政（高橋正典代表取締役社長）は，1973 年設立の宮城県女川町に本社ならびに本社工場を構える水産加工・食品製造企業である。主力製品は，笹かまや蒲鉾などの魚介類の練り物加工製品であり，販売店舗は女川本社「万石の里」のほか，宮城県内の主要百貨店，ショッピング・モール，スーパー・マーケットなどである。万石の里は，2011 年 9 月に被災地域の女川町にオープンした本社工場併設の店舗であり，焼き立て，揚げ立て蒲鉾の販売のほか，笹かま焼きの体験や工場見学なども行える観光拠点としての機能を担い，同町への訪問客呼び込みに貢献している。

　高政の高橋社長は，地域社会に対する思い，復興の姿勢を以下のように述べている。「私たちの故郷女川町はまだ復興の段階からは程遠く，魚市場もまだ本格的な活気を見せていません。株式会社高政は，地元女川町への貢献をするべく，今後も社員一丸となって地域の復興を目指し，皆様からの応援の声にお応えするために日々努力してまいります。女川の味を一人でも多くの方に知っていただきたい，女川復興へ貢献したい，その思いで社員一同努力しております」（高政ホームページ）。このような地域社会に対する強い決意は，先代の社長から受け継がれた高政の経営理念（「企業は地域に生かされている」）が反映されているからだという（『月刊ウィズビズ』2011 年 9 月号，15 頁）。

第4章においても若干触れたが，女川町は，日本有数の水揚げ量を誇る港町であるが，その約8割が津波により壊滅的な被害を受けたことでも知られている。女川町の人口は，1万16人（2011年2月末時点）から8,496人，実際に居住しているのは約6,200人（2011年11月末時点）と大きく減少しており（『毎日新聞夕刊』2011年12月26日），このような人口流出により町自体の存続・復興が大きな課題になっている。女川町の復旧・復興へ向けての合言葉は「おだづなよ津波！」（ふざけるなよ津波）であり，このことを企画したのも，同社の高橋正樹企画部長であるという。壊滅的な被害を受けた女川町，つまり瓦解しかけた地域社会を立て直し，復旧に向かっていくには高政という企業の役割が大きい（かった）のである（『月刊ウィズビズ』2011年9月号，12頁）[14]。

　水産業・水産加工業を主要産業とする女川町においては，復旧・復興は単なる産業の立て直しとは異なり，福島第1原発事故による汚染水の海洋流出にともなう魚介類の放射性セシウム汚染が大きな課題になってきた。政府による基準値は，魚介類1キログラムあたり100ベクレルというものだが，仮にそれを下回っていようとも被災地域の魚介類が敬遠される「風評被害」が発生してしまうからである。このような課題と全面的に対峙しながら，高政は，女川町と自社の双方の復旧・復興を目指して取り組んできたのである。

（2）高政による地域社会の瓦解阻止に向けた取り組み

　高政は，女川町の沿岸部から少し離れた高台に位置していて津波の被害を免れることになった。それゆえ，震災時には出荷前の製品在庫があったことから，それらを緊急支援として一時避難している被災町民に1週間かけて配布する活動を行った。また，支援物資が届くようになっても，被災者に十分な栄養を供給するだけの食料がなかったことから，「食糧難にあえぐ町を元気にする」ために，工場再開に向けて動き出したのであるという。実際に3月20日には，緊急用の発電機を用いて一部生産を再開し，女川町，石巻市，東松島市などの避難所へさつま揚げなどを配布して，地域の人々への重要な食料品の供給機能を担ったのである（『朝日新聞朝刊』2011年4月2日）。

女川町では沿岸部に位置する 40 社あまりの水産関連企業はのきなみ流出して操業不能な状況であったが，高政においても地震による工場被害を受けたため，稼働可能な製造ラインは半分程度になっていたという。しかも，電気や水道などのインフラが回復していないなかで，設備メンテナンスや電源車両要請により最低限の電源を確保して，そして，4 月 17 日には稼働可能なラインのみであるが操業を再開し，被害の少ない店舗においても営業を再開したという。このような状況で稼働・営業再開をすれば，業務効率が大きく低下して非効率なものとなってしまうが，それでも早期稼働させたのには，「早急に営業を再開しなければ，仕事を失った人たちが女川を離れてしまうという危機感」（高橋企画室長）があったからだという。

　そして，実際に営業を再開すると，被災して女川町を離れていた従業員が戻ってきてくれたという。女川町からの人口流出に歯止めをかけるためにも，雇用の場を確保するという高政の姿勢は，3 月 11 日からの約 1 カ月にわたる休業期間においても，従業員の解雇を一切せずに給与を支払い続けたことにも見て取れる（『毎日新聞朝刊』2013 年 1 月 3 日）。つまり，早期の生産再開という同社の取り組みの目的の 1 つは，単なる効率性や利益率などの経済合理性に関するものよりも，雇用の場の提供や地域住民への食料供給といった社会を維持するための機能に傾注されたのである。

　高政は，これから復旧のために借入をして，その返済に 30 年を要そうとも，女川町との復興をともにしたい強い意志を持っている。そのためには，時間の経過とともに少なくなっていく支援に甘えるのではなく，支援が厚いなかで迅速な復興へ向けた動きを進めることである。また，製品の品質を絶対に落とさないようにすることだという。なぜなら，被災地支援のための購入でなく，消費者からの継続的な購入により顧客を獲得するためには，品質が極めて大きな条件になってくるからであるという（『月刊ウィズビズ』2011 年 9 月号，13-15 頁）。

（3）復興に向けた地域振興イニシアティブ：地域のPR役，観光拠点，本業強化

　高政は，同社単独の復興・再建による被災地支援だけでなく，壊滅した女川町のまちづくりや産業など地域社会の復興に向けたイニシアティブを発揮してきた。まず，事業以外の取り組みになるが，高政が操業を再開したばかりの2011年4月19日に，同社の高橋正典社長が会長を務める形で「女川町復興連絡協議会」を設立させている。この協議会には，女川町商工会を中心にして，水産加工組合やボランティア団体などが参加しており，具体的には，被災者の意見を取りまとめる行政との一本化された窓口として，行政との協力の下で，被災者の住居や雇用を確保することを最優先の課題事項としている。このように，高政では同社単独での地域復旧・復興だけでなく，地域社会の各主体との連携の中心的存在としても復興の役割を担っているのである（『仙台経済界』2011年5-6月号，25頁)[15]。

　ついで，高政は，2011年8月30日から女川町や女川魚市場と協力して町内産食品の放射能検査を行うようになっている。同社が，費用を負担して検査システムを導入し，同社だけでなく，町内企業にも無償で使用してもらうようにしている。その理由としては，検査機関への依頼だと費用が高く，時間も要するため，女川町の食品の安全性を知らしめるには非効率的なのだという（『朝日新聞朝刊』2011年9月8日)。このような放射能検査の意図は，女川町で水揚げされる魚介類や水産加工品の安全を早期にPRすることで，「女川ブランド」をアピールして同町の水産業を復興させることにある（『日本経済新聞朝刊』2011年9月8日)。

　さらに2011年9月には，新工場（本社工場）が稼働したことによって，延床面積765平方メートルと収容能力300トンの冷凍庫を擁する旧工場（旧第2工場）を，社屋を失った地域の水産加工企業に無償で貸し出すことを決定し，実際に女川町の同業4社に工場を貸し出している。このような高政の同業者支援の背景には，同社が「被災前同様の生産量を確保できている町内唯一の食品工場」であるため，地域企業を支援することも高政にとって重要な社会的責任の

写真6-9　本社工場を併設する高政の万石の里

出所：農林水産省ホームページ。

写真6-10　高政の商品ラインナップ

出所：農林水産省ホームページ。

1つという認識があるからである（『河北新報朝刊』2011年9月15日）。

　このほかにも，高政による復興イニシアティブはさまざまな形で具現化している。たとえば，2011年11月から女川町商工会との協力の下で「地買地消」運動を提案している。これは，被災地支援者が「被災地の企業を通して支援物資を調達できる仕組み」であり，支援者が被災地外の物資を被災地に送るのではなく，被災地域で購入して被災地域に配布するシステムなのである。この取り組みを進める背景には，被災地外からの支援物資が被災地域にとって「民業圧迫」になる可能性があるからだという。つまり，地域経済を活性化させ雇用の場を確保すること，これによって復興に向かっていくには，非被災地域からの支援の在り方さえ変える必要があるのだという（『毎日新聞夕刊』2011年12月26日）。

　また，2012年2月には，女川町で研修していた中国人技能実習生15人が再来日し，高政も5人の実習生を受け入れている（『読売新聞朝刊』2012年2月5日）。実習生を受け入れることは，単純な技術支援という社会貢献活動にとどまらず，交流人口の増加により女川町の人口がわずかでも増加する。ここには外国人を受け入れることでの地域社会の活性化が意識されていると考えられる。

　高政は，地域のPRや観光拠点としての役割を担うことで，女川町の復興を支援する取り組みも始めている。2012年3月には，高政は，北海道テレビの

人気番組「水曜どうでしょう」のディレクター陣の取材を受けており，そのような若者向けのメディアにも同社の万石の里が代表的存在として露出することで女川町を盛んにPR（「女川どうでしょう」）している。2012年7月には，水産加工品の国内最大級の展示会「ジャパン・インターナショナル・シーフードショー」が東京において開催されたが，被災3県からは約40社が参加して，復旧後の販路開拓を目指したが，高政もこの取り組みに参加して，高橋企画室長が被災地域の水産業や水産加工業について講演するなどの活動もしている（『日本経済新聞朝刊』2012年7月19日）。

また，JR東日本びゅうが，2013年から店頭販売を開始している石巻市と女川町をバスでめぐる復興応援ツアーが好評なことから，これら地域方面での「観光復活」に期待がかかっている。そのコースには，高政の女川本社工場も主要見学先の1つになっており，同社の存在が観光資源の1つとしても地域社会の復興に貢献しているのである（『石巻かほく』2013年1月24日）。旅行会社に支援ツアーを組んでもらうという受身の待ちの姿勢ではなく，高政自体が旅行会社と組んでツアーを模索してきたことから（『日本経済新聞朝刊』2011年9月8日），その成果が，ツアーの認知や人気の向上につながっていったことも否定できないであろう。復旧・復興をより進めるために，高政は，地域社会や産業のPR役を積極的に担い，観光拠点として同社の施設を活用するなど，女川町の復興に対する取り組みを次のフェーズへと進めているのである。

もちろん，雇用に対する同社の責任感は重く，2011年9月の万石の里開業を受けて，従業員数は2013年1月時点で180人以上（震災前：約120人）と，被災地域において雇用を維持するだけでなく拡大させる取り組みを見せている（『毎日新聞朝刊』2013年1月3日）。このような取り組みが行えるのは，本業が強化されているからこそ可能なのである。PRや観光によって，地域社会の復興に資する行動が，女川町産の食材に対する消費者の需要喚起や観光客・訪問客といった交流人口の増加につながれば，高政の業績という経済的側面にも直接的に関係してくると考えられ，同社の事業を強化することにもつながるであろう。

図表 6 − 4　高政による地域支援の取り組みの全体像

```
┌─────────────────────────────────────────────────────────┐
│ [同社単独または事業そのものによる取り組み]              │
│                                                         │
│           ┌──────────┐   ┌──────────┐                   │
│           │早期事業再開│   │女川本社工場・万石│           │
│           │ 品質向上と │   │ の里開業：雇用拡大│          │
│           │ 雇用の吸収 │   └──────────┘                  │
│  ┌────────┐└──────────┘                    ┌────────┐   │
│  │震災時： │                                │女川町の │   │
│  │かまぼこ │                                │ PR 役  │   │
│  │ 配布   │                                └────────┘   │
│  └────────┘                                             │
│              ┌──────────────────────┐                   │
│              │    〔高政〕          │                   │
│              │被災を免れた女川の中心的企業│             │
│              │地域社会を重視する経営理念│               │
│              │         ↓            │                   │
│              │女川地域復興へのイニシアティブ│           │
│              └──────────────────────┘                   │
│                                                         │
│  ┌────────┐                          ┌──────────┐       │
│  │ 地買地消 │                         │観光客の呼び込み│  │
│  └────────┘                          └──────────┘       │
│                    ┌──────────┐                         │
│                    │工場貸し出し│                        │
│                    └──────────┘                         │
│         ┌──────────┐                                    │
│         │放射能検査支援│                                 │
│         └──────────┘                                    │
│                          [同社による支援，地域を巻き込んだ取り組み] │
└─────────────────────────────────────────────────────────┘
```

出所：筆者作成。

　このように高政では，単なる自社のみの復興・再建ではなく，女川町という地域経済・地域社会全体の復興を目指して活動していることがわかる（図表 6 − 4 ）。その取り組みは，企業は地域社会に生かされているという理念に基づいて，まず当該企業の事業を強化することで，雇用維持や観光拠点として地域経済の活性化を図ろうとする姿勢が見て取れる。ついで，自社のみが再建するのではなく，地域全体が復興していくためには，震災前には一部競合していたかもしれない女川町の地域企業の復興も必要であり，それらを支援する取り組みも行っている。これらを実現するために，地域企業への工場無償貸与や放射能検査の受け入れ，さらには地買地消の推進や PR 役としての活動などを展開しているのである。高政は，被災地域における被災地企業の地域社会における社会的責任を認識して，地域社会の復興に向けてイニシアティブを発揮している

のである。ここには，イニシアティブ（主導権）という言葉だけではなく，助け合いという「共助」の重要さも窺い知ることができる。ともあれ，高政がこのような役割を担えるのも，同社が震災前の生産水準を回復しているとともに，その本業が堅固だからである。地域社会・産業が復興することが，高政それ自体の持続的な発展にも必要不可欠であり，企業と地域社会の"win-win"を目指す取り組みが行われているのである。

2.3　被災地農業の復興・強化を目指す取り組み：株式会社舞台ファーム

（1）舞台ファームの概要と農業経営の特徴

　舞台ファーム（針生信夫代表取締役社長）は，宮城県仙台市若林区に本社を構える農業生産法人である。農業生産法人とは，農業法人のうち，農地を使用して農業生産を行う組合法人または会社法人である。さらに，農業生産法人は，法人として農地や採草放牧地の所有権と使用収益権を認められる存在であり，これ以外の法人には農地や採草放牧地の購入や借地は許可されない（農地法2条）。つまり，農地法によって認められた農業を営む営利法人が，農業生産法人なのである（井出，2012，22-32頁）[16]。

　舞台ファームは2004年に株式会社化しており，その事業内容は，業務用野菜生産・卸販売，業務用米生産・販売，農産物加工・販売，直営飲食店舗（杜の市場[17]，泉中山住宅展示場内など）運営を行っている。売上高は約10億円，従業員105人を擁する「国内トップクラスの農業商社」となっている（『河北新報朝刊』2012年7月25日）。いわゆる「農家」が，1次産業として農作物の生産にだけ特化しているのと異なり，舞台ファームは，農作物の生産に加えて（1次産業），加工（2次産業），流通・販売（3次産業）を手掛ける6次産業化を推進する企業である。舞台ファームの6次産業ビジネスは先進事例として全国からも注目されており，2013年1月には，同社は，革新的な経営であることが評価され「東北ニュービジネス大賞」を受賞している（『河北新報朝刊』2013年1月31日）。

写真 6 − 11 舞台ファーム本社　　写真 6 − 12 被災した仙台市若林区の農地

出所：舞台ファームホームページ。　　出所：農業農村工学会，2011，6 頁。

　6次産業とは，上記のファミリアの事例でも若干述べられたが，農水産業の生産から加工・流通までを一手に手掛けることで，より大きな付加価値を生み出すことを目的とした新しいビジネス・モデルである。実際に，農林水産省などの政府・行政機関においても，このような6次産業化によって地域資源の活用や新たな付加価値創出・雇用創出を見込んでおり，農漁業といった1次産業の東日本大震災からの復旧・復興に大きく貢献することが期待されている[18]。

　舞台ファームの経営理念は，「赤ちゃんが食べても安心・安全な食材の提供」と「舞台米・舞台野菜が毎日の食卓に並び消費者の命を守ること」である。前者は「未来の保障」，後者は「現在の保障」であり，つまり食生活を通じて人々の現在と未来の生活を守ることが同社の理念となっているのである。舞台ファーム本社は，太平洋沿岸より5キロメートルの距離にあったことから直接的な被害を受けることはなかった。しかし，本社よりも海岸沿いに同社保有の農地が多くあったことから，同社では，東日本大震災の津波により農地の約60%を失い，また自宅が大きな被害を受けた従業員もいたという（針生，2013，51 頁）。震災前には，40ヘクタールの田畑で栽培していたが，塩害も含めると作付が困難になった農地は，約70%にもおよび，その被害額は2億円を超えるという（『河北新報夕刊』2011年9月24日）。

　舞台ファームは，約900店舗ある東北のセブンイレブンに，サンドイッチやカップサラダなどを365日納入している。また，約700ヘクタール分，およそ

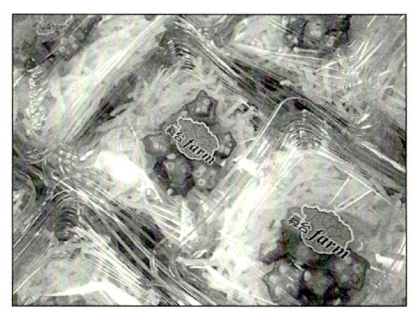

写真 6 − 13　カット工場で生産されたサラダと出荷体制

出所：舞台ファームホームページ。

　6万俵に及ぶ米を精米していて，さまざまな飲食店チェーンにトータルで3,200トンに及ぶ米を供給してきたという。針生社長によれば，農業経営がこれまでの世襲的・家業的に営まれるのではなく，財務諸表や損益分岐点などの財務的視点を意識して，データに基づきながら「農業，米，野菜，家畜，いろいろなもので利益を出す」仕組みやシステムを構築することで持続的な発展が可能になり，同社の経営理念を担保することにもなるのだという。そのような農業経営の視点に基づきながら，カット工場の建設や「コールドチェーン」(cold chain, 低温流通体系) での物流体制を整えて，セブンイレブンをはじめとする「大口出口」を開拓・確保し，また同社独自の直売所や飲食店を通じて生産物の販路を確保して業績を伸ばしてきた（針生，2013，12頁）。

　舞台ファームが，コンビニエンス・ストアなどの小売業と直接取引に踏み切った背景には，農作物の市場では取引相場に価格が大きく左右されるため，そのような状態では経営規模拡大や収支の安定した農業経営が困難であると考えたからである（藤本，2012，5頁）。また，大手コンビニ・チェーンの店舗で販売する野菜について，生産者が直接納入するケースは全国でも舞台ファームだけであるという（藤本，2012，15頁）。

（2）舞台ファームの緊急・救援期の支援活動と農業の復旧に向けた農業経営の考え方

　このように舞台ファームでは，農作物・加工品を日々大量に取り扱っていたことから，震災直後において被災地域に食料を供給することができたという。具体的には，水槽には数十トンの水が，倉庫には100トンに及ぶ野菜が，さらには工場施設もあったことから，緊急・救援期において，岩手県陸前高田市から福島県南相馬市までの47カ所において，計4万2,000食分の炊き出しを行うことができたという。本来，コンビニエンス・ストアが機能していれば，それらへの食品供給を通じて被災地域への食料支援を行えたのだが，東日本大震災では，コンビニエンス・ストアの多くが機能しなくなってしまったために，同社単独による炊き出しに切り替えて食料供給を行ったのだという（針生，2013，13頁）。

　また，舞台ファームは，仙台放送と共同で設立した「マルシェ・ジャポンセンダイ」を通じても約2万食を被災者に供給することができたという（針生，2013，13頁）[19]。マルシェとは，生産者が消費者に直接販売や情報発信をする場であるが，同社がこのようなマルシェを設立しようと考えたのには，「日本の食糧生産の砂漠化を抑制」すること，仮設テント型イベントを通じて地域の商店街の活性化に資すること，そして，生産者を消費者に可視化して消費者の安心安全に応えることが可能になると考えたからだという。このように，舞台ファームが設立に関与したマルシェは，食を通じて生産者と消費者を結ぶ取り組みであり，東日本大震災下の緊急・救援期には，救援対策本部を設置して被災者への食料支援を行えたことに加えて，混乱している震災下の状況においても，食中毒を出すことなく「確実な支援活動」を実施することができた（藤本，2012，13-17頁）。マルシェ・ジャポンセンダイと同様の事業は，全国で12団体が取り組んでおり，それらの団体からの資金や物資の受け皿になったことも，食料支援を可能にせしめたのである（『日本経済新聞朝刊』2011年5月10日）。

　仙台市では，1980年には約58億円の野菜が生産されていたが，2010年には20億円を割り込む状況になっている。それほど，農業に対する魅力が低下し

写真6－14　被災地石巻市での出店風景

出所：マルシェ・ジャポンセンダイホームページ。

て，後継者が育成されない状況が続いているのだという。また，マーケットを意識して，ICTやオートメーションなどの新しいシステムを組み込んだ6次産業化を進めていくなかで，大手スーパー・マーケットが展開するプライベート・ブランド商品とも競合関係が生じてくるという。このように農業経営をめぐる経営環境は，楽天的ではないのである。そのようななかで，舞台ファームが取り組むべきことは，同社の経営理念である安心・安全な食料供給はもちろんのこと，農業における家族経営的体質から脱却して，「もうかる農業」を実践していくことが，これからの社会的責任なのだという（針生，2013，14-17頁）。

　仙台市の農地の津波被害は，実に同市の農地全体の約30％（1,800ヘクタール）に及ぶほどであった（『河北新報朝刊』2013年9月19日）。仙台市沿岸部で米や野菜をつくっている農地のほとんどが津波被害を受け，とくに沿岸部3キロメートルのところでは，塩害が厳しいため耕作まで長期間を要する。このことを受けて，舞台ファームは，まず，農業生産を廃業せざるを得ない人々に，担い手不足の内陸部農家とのマッチングを行い，彼らに農地を提供する活動を実施してきた。そのうえで，針生社長は，東北地方の次世代の農業を支える人材の育成が必要になるという。これからの農業には，マネジメントが求められてくる

のであり，若手の農業生産者に対して数字上で結果を残せる経営者になるよう養成していくという（『日本経済新聞朝刊』2011年5月10日）。つまり，農業が利益を計上できるビジネスとして実践されていくことが，仙台市沿岸部における農業の長期的な発展に必要不可欠と考えているのである。

　舞台ファームは，震災が東北地方の農業を強化する機会とさえ捉えており，それをなすためには，農業に人材を吸引し，若手リーダーを育成することが必要であると考えているのである。それゆえ，漁業も含めて第1次産業が高収益産業として転換して，若くて優秀な人材を引き付ける産業になる必要があるという（『日本経済新聞朝刊』2011年6月15日）。実際に，震災直後の被災者支援という社会的役割を担いながら，同社は6次産業の「強み」を生かした利益確保にも努めており，6次化した農業生産法人としての経済的責任を強く認識しているのである。また，東北の農作物は福島第1原発事故の影響により風評被害を受けていたことから，正確な放射線測定を行ってその数値や意味をわかりやすく消費者に伝えることが必要であり，高精度の線量計を独自に購入し食の安全性の担保に努めてきたという（『河北新報夕刊』2011年9月24日）。

（3）被災地域の農業の復興と強化へ向けたリーダーシップ

　舞台ファームは，自社のみの復興だけでなく，仙台市の地域農業全体の復興・発展に積極的に関与しようとしている。2011年6月には，政府さえ農業政策の軸を打ち出せないなかで，舞台ファームは，政府・行政機関に依存するのではなく，若手の農家とともに復興に向けた勉強会を開催していくなど，政府・行政機関や非被災地域へ依存するのではなく，被災地企業自らが企業家精神を発揮して復興に向かう取り組みを実施してきた（『日本経済新聞朝刊』2011年6月14日）。実際に，7月から開催された若手との勉強会（研修会）では，「先行事例を通じて商品開発の要点を学んだ後に，被災地の産品を使った新商品」の試作・製造に乗り出すなど，実践的な内容を重視してきたという。また，舞台ファームは，被災地米である「ササニシキ」のPR活動についても，「東の食の会」（東京）と連携して首都圏での飲食店への販売促進も展開してきた（『日経MJ』

2011年5月27日，2011年7月4日）[20]。

　2011年12月には，東日本大震災で津波被害を受けた「仙台市沿岸部を創造的に復興」するために，地域の農業生産者を中心に「仙台東部地域6次化産業研究会」が設立され，研究会の会長に舞台ファームの針生社長が就任した。この研究会では，仙台沿岸部に数10ヘクタールに及ぶ養液栽培施設と，そこで採れた野菜の加工・販売施設を併設した大規模農業施設を建設するプロジェクトを立ち上げている（『河北新報朝刊』2011年12月9日）。仙台市は，東部地域を「農と食のフロンティア」として農業復興の重要拠点と位置づけており，2012年2月には復興特区の申請を行っている（『河北新報朝刊』2012年2月16日）。このような行政が行う復興計画に対して，舞台ファームは積極的に参画するどころか，農業復興の先導役として復興推進の中心役的役割を担っていることから，市や行政の復興計画は同社の活動に追随したものであるという印象さえ受けるであろう。

　実際に，2012年7月には，この研究会を母体に新たな農業生産法人が誕生している（『河北新報朝刊』2012年7月25日）。それが，被災農家らによって設立された「みちさき」であり，仙台市宮城野区蒲生地区において，大規模養液栽培施設によりイチゴやトマトなどの生産，加工，流通という6次産業化を採用して事業が展開されている。みちさきは，企業として，ビジネスとして農業を展開しているのであるが，このような取り組みについて，舞台ファームが，カゴメや日本IBMと協力する形で同社の生産やマネジメントを支援しているのだという（『河北新報朝刊』2013年1月19日）[21]。また，仙台東部地域6次化産業研究会では，2014年度の稼働に向けて（2013年9月時点），舞台ファームを中心に「国内最大規模の野菜工場」を設立する計画が進んでいるという。このために，被災農家から農地を借りるなどして農地を集約化して50ヘクタールまで拡大して，若手農家500人を新規採用する予定だという（『河北新報朝刊』2013年9月19日）。このように舞台ファームは，地域全体の農業にイノベーションを起こしながら，農業をビジネスとして展開し，地域の農業経営者への積極的な支援活動を実施して，地域農業および農家が復興していくことに積極的に関

与しているのである。

　東北地域の農業復旧・復興において TPP（環太平洋経済連携協定）の交渉が大きな影響を及ぼす可能性についてしばしば指摘されている。交渉結果によっては，コメをはじめとする農作物の関税が撤廃される可能性があるなかで，宮城県の農業関係者は懸念を抱いている。これについて，針生社長は，「農作物が国境を越えるのは止められない流れ。農業者はグローバル化をいかに利点にできるか」と述べ（『河北新報朝刊』2013 年 4 月 13 日），被災地域の農業復興に向けて震災前よりも強い農業を構築していく必要があることを指摘している。つまり，TPP などで経営環境が変化してくるなかで，被災地農業の競争力を強化して，むしろグローバル化を機会に収益拡大さえ可能な農業システムの構築を目指していると考えられる。

　さらに 2013 年 4 月には，舞台ファームは，仙台市に本社を置く生活用品製造大手アイリスオーヤマとともに，50 億円を出資して「舞台アグリイノベーション」を設立し，大規模な精米工場の建設に取り組んでいる。建設地は，宮城県亘理町であり，2014 年 4 月に工場を稼働する予定でいて，初年度売上高は 400 億円を見込んでいるという。この取り組みの背景にも TPP の存在があり，今後，農作物の輸出入の増加を見込んで，集荷・加工（精米含む）・流通を一元化することで国内，とくに東北地方の農業の復興および競争力強化につなげるのだという（『河北新報朝刊』2013 年 4 月 24 日，2013 年 8 月 30 日，図表 6 − 5）。ここにも，規模の経済性を活かしたコスト削減や販売先との交渉力強化など，市場変動に左右されない，安定した農業経営を目指す舞台ファームの経営戦略が大きく反映されていると考えられる。

　農業の 6 次産業化は，政府や仙台市も農業復興の切り札と考えており，舞台ファームは 6 次産業のフロンティア企業としても知られている。そのような同社が，自社だけの復興・成長だけでなく，被災地域の農業全体を考えて，東北地方の農業を復興させて，持続的な発展に向けて 6 次産業化モデルを活用したイニシアティブを発揮しているのである。もちろん，被災地宮城県において，農業の 6 次産業化・ビジネス化に取り組んでいるのは舞台ファームだけではな

第 6 章　東日本大震災と CSR：被災地企業の活動 | 173

図表 6 − 5　舞台アグリイノベーションの精米ビジネスのイメージ

```
┌─────────────┐
│  個人農家    │─┐
└─────────────┘ │        ・低温精米    ┌─────────────┐    ┌──────────────┐
                │全       ・小分包装    │             │───▶│スーパー・    │
┌─────────────┐ │量                    │             │    │マーケット    │
│ 農業生産法人 │─┤買      ┌──────────┐ │             │    ├──────────────┤
└─────────────┘ │取      │舞台アグリ│ │             │───▶│コンビニエンス│
                │        │イノベー  │ │             │    │・ストア      │
┌─────────────┐ │        │ション    │ │             │    ├──────────────┤
│  出荷組合    │─┘        └──────────┘ │             │───▶│ホームセンター│
└─────────────┘                        │             │    ├──────────────┤
                                       │             │───▶│インターネット│
                                       │             │    │販売          │
                                       └─────────────┘    └──────────────┘
```

出所：『河北新報朝刊』2013 年 4 月 24 日を加筆修正。

い。東松島市のアグリードなるせや仙台市宮城野区のさんいちファームなどの農業法人も農地集約や水耕栽培などの技術の確立に取り組んでおり，ビジネスとして農業に取り組み，被災地域において農業復興に向けた取り組みが行われている。

　舞台ファームは，東日本大震災の緊急・救援期には，炊き出しや食料供給を行い，被災地域を支える活動をしたが，これには，6 次産業化という農業経営やマルシェ運営という同社のビジネス・モデルが寄与することになった。もちろん，同社それ自体も，震災では大規模な被害を受けたが，「安心・安全な食材の提供」と「消費者の命を守る」という経営理念に基づき，被災地域の瓦解を阻止し，維持するための活動が行われたのである。

　復旧・復興期においては，養液栽培や 6 次産業化をさらに推し進めて農業のビジネス化を図り，農業が儲かる産業に転換することが，被災地域の復興において重要であるとの認識の下で企業活動が行われている。その際の取り組みとしては，同社単独の取り組みだけでなく，仙台東部地域 6 次化産業研究会の発足と工場建設，アイリスオーヤマとの提携や被災農業生産法人への支援など，舞台ファームの農業経営のノウハウをフィードバックして，被災地域の農業全

体において，儲かる仕組みを確立していくことに取り組んでいる。なぜなら，そのような仕組みをつくることによって，農業を担う若手人材を吸引することができ，農業の活性化に結びついていくと考えているからである。これによって被災地域の農業が復興し，震災前には衰退傾向にあった東北地方の農業を強化し，想定されるTPPによる農作物の輸出入増大にも耐えられる農業づくりを舞台ファームは目指しているのである（図表6－6）。

このように舞台ファームは，6次産業化モデルという同社の事業の中核，つまり事業活動そのものによって地域社会に対するCSRを実践し続けてきたことが見て取れるであろう。高政が，女川町という地域社会・産業を中心に復興のイニシアティブを取ってきたことに比較すると，舞台ファームのイニシアティブは，被災地域全体の農業復興と競争力強化というより広い視点に基づいている。

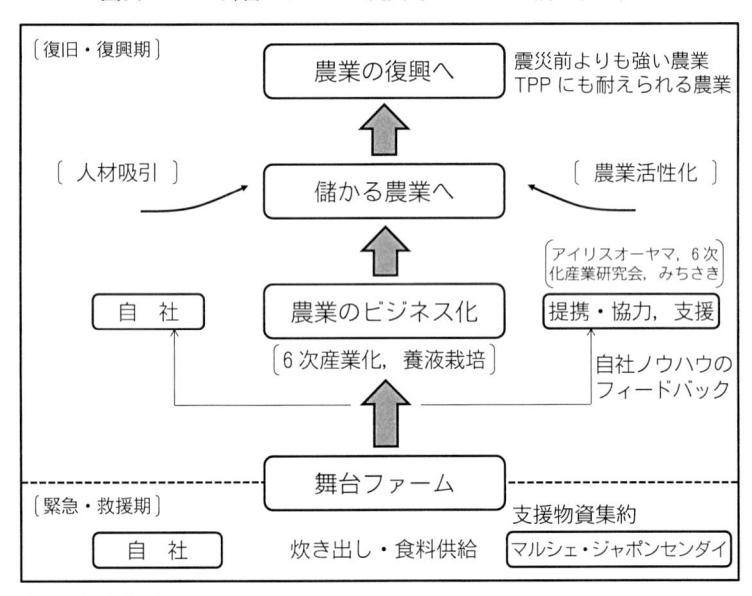

図表6－6　舞台ファームの震災時およびその後の取り組み

出所：筆者作成。

3．本章のまとめ

3.1　本章の要約

　本章では，東日本大震災時およびその後の被災地企業の取り組みについて，地域社会に対する貢献・社会的責任の観点から事例を中心に考察を進めてきた。本章における考察は，これまでの震災とCSRに関する研究と比較してもオリジナリティの高いものである。つまり，たびたび本書で指摘している「内から内へ」のアプローチに基づく考察である。

　まず，水産総合卸売，人材派遣，医療機器商社，水産加工，宿泊，部品製造など産業ごとに宮城県の各企業の取り組みを簡略的に見てきた。激甚災害地域においては，企業は事業を継続して，雇用を維持することこそが最も重要な社会的責任のように思われる。また，とくに宿泊業ならば帰宅困難者や避難者受け入れ，全体としては，被災地域のPR役，地域の取引先や同業企業との連携，本業強化や事業再建を通じた雇用拡大と地域活性化などのように，各社単独もしくは地域のステークホルダーとの協力・支援関係の下で，復旧・復興を目指す取り組みが行われてきた。このような取り組みのほとんどは，各社とも事業との関連性が高い，事業そのものを通じた地域社会に対する社会的責任であり，暗黙的CSRであることは上記でも見てきたとおりである。

　その後，本章では，震災時および復旧・復興過程において，地域社会に対して顕著な社会的責任を果たしてきた3社（イシイ，高政，舞台ファーム）を選抜し，それらの事例を詳細に考察してきた。イシイでは，震災直後にほとんどの店舗が閉店しているなかで，同社のダブルストーン事業を通じて被災地域に物資を提供し続けて，被災者・被災地域の震災直後の生活を支える大きな役割を果たした。復旧・復興期においても，復興拠点への出店，製品開発と提供，復興人材育成への協力などの取り組みを見ることができた。そのなかで，イシイが震災時および直後に地域社会に対して社会的責任を果たせたのには，経営者の地域社会に対する使命感とステークホルダーとの信頼関係が基底にあったの

である。そのことが，イシイをして地域社会に対する社会的責任の実践を可能にしたと考えられる。

　ついで，高政のケースである。高政の位置する女川町は壊滅的な被害を受けた地域であり，緊急・救援期においては，在庫食料放出や工場の緊急稼働によって，食料が不足する地域社会に対して食品供給を行ってきた。また，早期に営業を再開して雇用を維持し，地域からの人材流出を防ごうとする活動，さらには復旧期に新工場を操業して，雇用拡大や観光拠点として地域のPR役を担うなど，同社による地域社会への支援が行われたのである。さらに，企業と地域社会がともに復興するために，地買地消，放射線検査，工場貸し出しなど地域社会のステークホルダーを巻き込んだ取り組みが行われてきた。このような高政の取り組みは，女川町の復興そのものを支援する活動であり，その背景には，企業と地域社会がともに復興しなければ同社の復興もあり得ないという考えが基底にあると言って良いであろう。高政では，「企業は地域に生かされている」という経営理念の下で，本業を強化するだけでなく，地域社会との信頼関係を構築して地域の復興に取り組んでいることがわかるであろう。

　最後に，舞台ファームの事例を考察した。東日本大震災では，宮城県をはじめとする被災地域では，水産加工と同様に農業も大きな被害を受けた。同社は，上記2事例と同様に，震災時の緊急・救援期には食料供給を行ったが，そこには同社の6次産業化という農業経営とマルシェ運営による事業形態がその支援を可能にした。そして，復旧・復興期において，舞台ファームは，被災地域の農業全体が復興して，農業が儲かるビジネスとして競争力を強化する必要性を認識している。つまり，同社単独ではなく，さまざまな企業や農業生産法人などとの提携・協力・支援関係の下で6次産業化や養液栽培など農業経営を実践していくことで，雇用拡大や若手人材を引き付け，東北地方の農業を活性化させていくことが重要であると考えている。最終的には，震災前よりも強い農業を志向し，今後のTPPによる農作物の輸入自由化にも耐えられる農業の構築を目指している。つまり，舞台ファームでは，同社の本業を強化することに加えて，地域社会と地域産業そのものの復興に対してイニシアティブを発揮する

活動を実施しているのである。

3.2 被災地企業のCSRの枠組み

　このようにイシイ，高政，舞台ファームとも，経営者が地域社会の維持・発展に対して強い使命感を有しており，事業そのものを通じて，地域社会に対する社会的責任を果たす行為を無意識的に行っているのである。これは，上記の簡略的な事例からもわかるとおり，まさに暗黙的CSRの実行と言うことができるであろう。そして，この3社の事例からは，地域内外を問わず，ステークホルダーとの信頼関係や協力関係が，これらの企業をして，地域社会に対してCSRを果たしていくうえで重要な要素となっていることもわかった。もちろん，何よりも被災地企業が本業を強化して経済活性化や雇用維持・拡大を進めていくことが重要であるが，当該企業単独でのCSR実践には限界が生じてくるであろう。それゆえ，地域社会や非被災地域のステークホルダーとの協力や支援関係がなければ，そのようなCSRの実践さえ困難になってくる。それゆえ，本業の強化とともに共に助け合う「共助」の枠組みを構築しておくことも重要なのである。被災地企業の地域社会に対する社会的責任の行動枠組みを示すと以下のようになる（図表6－7）。

　まず，震災時の被災地企業の基本となる行動は，いかに困難な状況に置かれようとも事業を継続することである。それを基本に，地域社会や産業に対して社会的責任を果たしていくことになるが，その際には，経営者の地域社会に対する強い社会的使命に基づくリーダーシップと従業員との信頼関係が，被災地企業をして，地域社会を支える行動を取らしめる原動力となる。事業を継続することによって，被災地企業は，食料供給・物資支援や取引先への納入といった供給責任，雇用維持，事業再建と本業強化による雇用拡大や地域経済の活性化などに資することができるのである。また，被災地域社会や地域産業全体の復旧や復興に向けたイニシアティブを取ることも重要である。とりわけ，激甚災害地域に本拠を構える企業や地域産業の衰退が当該企業にも大きな影響を及ぼす場合には，そのような地域社会や産業を巻き込み，ステークホルダーとの

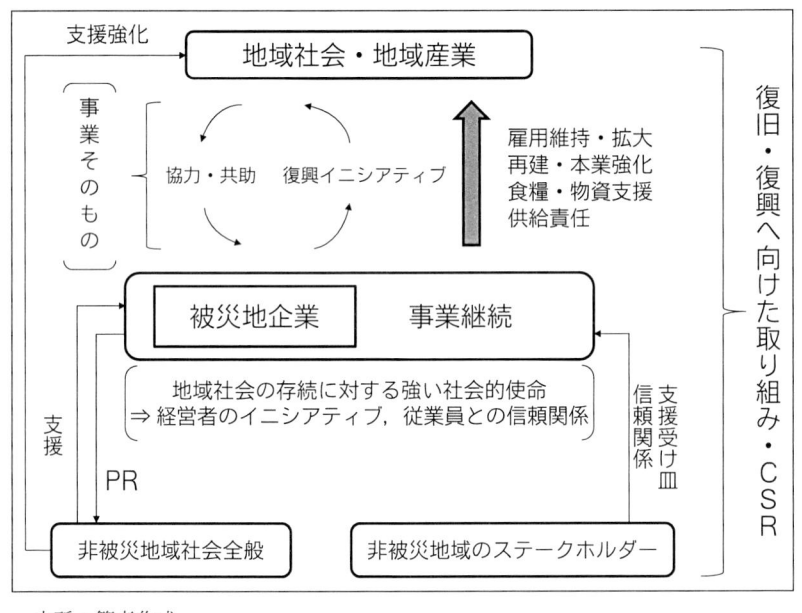

図表 6 − 7　被災地企業の復旧・復興へ向けた CSR 活動の枠組み

（図表）

出所：筆者作成。

協力・支援・共助に基づいて，復興のイニシアティブを取ることも被災地企業による重要な CSR 活動の一環と考えることができよう。ともあれ，このような活動は事業そのものを通じた取り組み，あるいは事業との関連性が極めて高い取り組みなのである。

　そして，被災地企業単独での再建や被災地支援の限界を克服したり，有効に取り組んでいくには，非被災地域の取引先，顧客や団体などからの支援を受けたり，震災直後における取引継続などの経済的関係の継続が重要になってくる。そのためには，日頃から，そのようなステークホルダーとの信頼関係が強化されていることが重要になるであろう。また，被災地企業が観光支援やマスコミへの露出などを通じて地域の PR 役となることで，被災地企業だけでなく被災地域社会への支援が強化されることもある。このような枠組みで，社会的責任に優れた被災地企業による復旧・復興へ向けた取り組みや CSR 活動を捉える

第 6 章　東日本大震災と CSR：被災地企業の活動　｜ 179

ことができ，現在も，復旧・復興過程においてその取り組みが継続されているのである。また，このような枠組みを理解しておくことが，大規模災害下において，被災地域に本拠を構える企業が果たすべき CSR の指針となるであろう。

【注】
1） なお，2013 年 4 月時点の宮城県の有効求人倍率は，震災の復興需要を大きく反映して，1.29 倍という数値であり，全国でも最高の数値に上昇している（厚生労働省ホームページ）。
2） アタタタの開業は，2013 年 9 月と予定より大幅に遅れることになった。なお，この 6 次産業化商業施設については，ロク・ファーム・アタタタホームページを参照されたい。
3） この受け入れ人数については，同ホテル関係者の談話に基づいている。
4） イシイの概要は，同社の販促用資料ならびに同社関係者へのヒアリングに基づいている。なお，同社の東日本大震災の危機時ならびに復興過程での取り組みは，主として『ユニフォームプラス』（2012 Mar. 1 Vol.5, 6‐7 頁），『河北新報夕刊』（2011 年 7 月 30 日），『朝日新聞夕刊』（2013 年 3 月 13 日）および同社関係者へのヒアリングに基づいて記述している。
5） 中堅企業とは，中村がその著書『中堅企業論』（1964 年）で提示した概念である。中村によると，中堅企業とは，「大企業にはなっていないが，中小企業の枠を超えて発展している第三の企業グループ」であり，そこには「大と中小との中間の規模」という「規模」の概念に加えて，独立企業やイノベーションなど「質」の要素が含まれている（中村，1990，2‐3 頁）。
6） ダブルストーンは，3 月 11 日の午後も店舗営業を継続したので，東日本大震災による休業日は実質的に 1 日もなかったことになる。
7） 作業服・用品の専門店としては，全国的にワークマンの知名度が高く，宮城県にも 14 店舗存在している。営業再開状況のデータを入手できなかったので，客観的なことは述べられないが，震災直後には宮城県内のワークマンの多くの店舗では，営業がなかなか再開されなかったという。
8） 震災直後の宮城県の流通業の営業再開状況については，『河北新報朝刊』の「東日本大震災／生活関連情報」の「身の回り品」という項目において詳細な状況が記されている。

9) 政府や自治体といった公的部門は,「公共的」なサービスを提供して,震災などの際には地域住民や地域社会を支える役割を担う。しかし,東日本大震災時には,被災地域の自治体自体も大きく被災し,政府・行政といった中央からの支援も遅れる事態となってしまった。そのような状況のなかで,企業という本来は私的な営利追求機関が,政府・自治体の役割を一部代替して地域社会を支える存在となった。私的機関が提供する公共的サービスという意味合いから,本書では,そのような取り組みを「準公共的」という言葉を用いて表象している。

10) このことは,イシイにおいてのみ見受けられた特徴ではない。実際に,被災地域においては,従業員自身の自宅が流出したり,家族の安否が不明な状況下でも,その他の被災者や被災地域の瓦解阻止を最優先に従事する人々が多くいたことも知られている。

11) なお,2013年3月10日に,筆者は石巻地域の市民に若干のヒアリング調査を行った。これによると,震災から2年が経過しようとしているにもかかわらず,ダブルストーンの震災時の取り組みを覚えていて,いまだに感謝している被災地市民の声を聞くことができた。

12) もちろん,大規模被災地域においては,雇用を維持するだけでも極めて重要なCSRの履行になるため,被災地域といっても企業が置かれた環境によって状況は異なってくることに留意されたい。ただし,イシイのように従業員に対して付加給付を行った企業は,筆者の知りうる限りでは存在しない。

13) これまでのケース協力企業としては,家庭教師事業を展開するセレクティ(仙台市),家具製造の天童木工(山形県天童市),FMSオーディオ(マレーシア・ペナン州)などがある。

14) 宮城県は,周知のとおり,かまぼこ製造企業が林立している地域である。実際に,石巻市に本拠を置く白謙蒲鉾店は,主力の門脇工場が津波被害を受けたが,2011年4月の段階で営業に向けて動き出した。主力工場の操業再開には数カ月を要するにもかかわらず,同社は迅速に操業を開始したが,その意識には自社が復興することで「石巻の復活をPRしたい」という,地域社会とともに復興を遂げる姿勢が見られるのである(『河北新報朝刊』2011年4月18日)。

15) 女川復興連絡協議会は,2012年1月に女川町の復興に向けた提案書を女川町長と町議会に提出している。提案書には,復興のグランド・デザインと基本方針が示され,ユニバーサルタウン,緊急時対応を考慮した街区設計,産業振興などで提言がなされているという(東北電力ホームページ)。

16) 農業生産法人は、組合法人と会社法人に分かれており、後者においては、株式会社、特例有限会社、合資会社、合名会社、合同会社といった会社法上の会社が含まれている。なお、農業生産法人の各種要件については、井出（2012）を参照されたい。
17) 杜の市場は、東日本大震災後の2011年5月28日に仙台市若林区に開設された仙台場外市場であり、魚介類や農作物などの販売に加えて、レストランなどの飲食店も設置されている。
18) 6次産業は、今村奈良臣による造語であり、「1次産業＋2次産業＋3次産業＝6次産業」という考え方であり、1次産業従事者が加工、流通・販売・観光などに取り組み新たな付加価値を創出する活動として捉えられた。政府は、2010年に「地域資源を活用した農林漁業者等による新事業の創出等及び地域の農林水産物の利用促進に関する法律」（「6次産業化法」）を制定したり、2011年には「未来を切り拓く6次産業創出総合対策」などを発表し、さまざまな形で6次産業化を支援している（堀、2011、13頁）。
19) 舞台ファームと仙台放送は、マルシェ・ジャポンセンダイの実行委員であるせんだいファミリアマルシェ実行委員会として、共同でマルシェ（青空市場）を運営している。マルシェ・ジャポンセンダイの活動や復興支援については、同マルシェのホームページを参照されたい。
20) 東の食の会とは、被災地域や東日本の食の復興と創造を目指して、2011年6月に設立された組織である。マッチング、ブランディング、食の安全・安心、政策提言、経営基盤支援といった5つの分野を通じて支援活動が実施されている。詳細は、東の食の会ホームページを参照されたい。
21) 2013年10月現在、舞台ファームのホームページによると、みちさきは同社のグループ企業になっている。

第 7 章　結論：CSRの本質と実践的インプリケーション

　以上，本書では，東日本大震災と企業の社会性，企業のCSR活動に焦点を当てて考察してきた。第1章では，本書のスタンスおよび研究目的が示された。企業を社会的存在として捉える企業観と，東日本大震災という有事の企業活動を捉えることで，企業の社会性・CSRの本質に迫るというものであった。第2章では，CSRの基本と新しい視点ということで，CSRを構成する4つの要素とステークホルダーとの関係性，さらにはCSRの制度化と経営戦略的特徴について考察してきた。CSRとは，倫理や社会貢献といった上位の責任事項を果たすことに焦点が置かれ，企業内にCSRの仕組みを制度化しつつ，共通価値創造を目指す取り組みであることが提示された。第3章では，CSRの国際的潮流について考察したが，そこから，CSRは民間だけでなく，政府・行政諸機関を巻き込む経済政策の1つにまでなっていることが示された。CSRは，各国・地域の利害を反映する政策的手段の1つであり，戦略的取り組みにさえなっているのである。

　第4章では，先行研究をレビューして，従来の研究が，「外から内へ」のアプローチを主としていて，「内から内へ」という被災地企業による地域社会に対する社会的責任について考察されておらず，この点に本書の独自性と研究意義があることを提示した。さらに，被災地企業と非被災地企業の分類枠組みも合わせて示し考察対象を明確にした。第5章では，非被災地企業による被災地支援について，先行研究にも依拠しながら考察をしてきた。これら多くの企業による被災地支援は，震災直後のインフラ復旧支援や金銭・物資支援などの形態で行われ，被災地域にとって大きな役割を果たしてきた。しかし，長期的には事業との関連性が高くなければ，持続的な支援が困難になることから，現在

では，本業との関連性が高い経済と社会の共通価値創造を目指す取り組みが見られている。

そして，第6章では，宮城県の被災地企業の震災時から復旧・復興期における活動をCSRの観点から考察してきた。まず，各産業の企業の取り組みについて簡略的な考察を行い，そこから事業継続，供給責任，雇用維持，被災者支援など，本業そのものを通じた経済的責任の履行による地域社会への社会的責任の取り組みを見ることができた。そして，震災時とその後において顕著な取り組みをしてきた企業として，イシイ，高政，舞台ファームの3社の事例を詳細に検討した。そこでは，上記のような経済的責任の履行に加えて，経営者の地域社会に対する使命感，ステークホルダーとの信頼関係，地域社会・産業の復興におけるイニシアティブなどの特徴をさらに見ることができた。これら被災地企業の取り組みは，暗黙的CSRであるが，緊急・救援期から復旧・復興期において，被災地企業による本業に基づくCSR活動が地域社会を支える大きな役割を担い得ることが提示された。

最後に，本章では，このような震災時および復旧・復興期の被災地企業の行動をCSRの観点から意味づけていき，CSRの本質に迫っていきたいと考えている。また，震災とCSRの観点から実践的なインプリケーションを提示するとともに，今後の課題を述べて本書のむすびとしたい。

1．アングロ＝サクソン型企業経営とCSRの現実問題

第2章でも見たように，CSRの定義はさまざまであったが，多少の捨象を恐れず言えば，広範な社会・環境課題を事業に位置づけて，事業との関連性でいかに解決していくかというものであった。そのためには，ステークホルダーとの対話や企業目的・評価が変容していく必要があるが，あくまでもCSRの目的とするところは，企業の競争力強化と持続可能性の確保である。CSRが競争力に結びつく過程としては，コーポレート・レピュテーションの向上，SRIの呼び込み，事業の円滑化，競争環境の社会的側面の改善などであり，

第 7 章　結論：CSR の本質と実践的インプリケーション | 185

　またCSVに見られる共通価値創造は社会課題を解決することで直接的に企業のパフォーマンスに結びつくことも指摘されている。とくにアングロ＝サクソン型CSRの思考は，経済の競争力を強化することを目的にしており（The United Kingdom Offshore Operators Association Homepage），その究極的な目的は株主価値の最大化なのである。それゆえに，このような企業が持つ事業・営利性に，いかに社会性をビルドインしていくかが，CSRであることは，第1章において述べられたとおりである。

　しかし，このようなアングロ＝サクソン型のCSRについては，2つの観点から批判をすることもできる。その1つが，コストを要するということである。たとえば，CSRの専任部署，CSR教育，CSR報告書，ISOの認証取得などのようなCSRを明示化していく取り組みは，少なからずコストを発生させることになる。それゆえ，そのようなコストを十分に吸収できるだけの売上高や資産規模を持った大企業でなければ，明示的にCSRに取り組むことが困難になるのである。そして，今日的な傾向として，明示的CSRを行っていないのであれば，CSRを実践しているとはみなされない可能性があるのである。このようなことから，CSRとは資金的に余裕のある大企業のみを対象とするのであって，明示化の進んでいない中小企業（中堅企業含む）では，CSRが実践されていないと誤認識され，中小企業による事業実践を通じた暗黙的CSRといった活動が看過されてしまう。制度化あるいは明示化されていなければ，CSRを実践していないという風潮が形成されてきているのである。

　そして，より大きな問題として，CSRが表層的なものに終始しているケースが多くみられることである。あたかも事業に社会性を取り込み，CSRを実践しているように見せても，実際のマネジメントにCSRが統合されておらず，さまざまな社会課題を惹起するということが英米企業において見受けられてきたのである。そのことは，まず「ブルー・ウォッシュ」（blue wash）や「グリーン・ウォッシュ」（green wash）というキーワードで知られるようになっている。ブルー・ウォッシュとは，社会的・環境的な問題を抱えていることを隠ぺいしようとして，国連グローバル・コンパクトを支持して人道主義を標榜しよ

うとするものである。要は，国連の青いロゴ・マークの下で，当該企業のイメージ向上を図ろうとするものである。後者は，環境への取り組みを軽視あるいは環境問題を惹起しているにもかかわらず，ポジティブな社会的イメージを構築しようとする取り組みである。両者とも，企業が環境や社会に対する負の影響を隠ぺいしようとするものであり，CSR に対する取り組みの情報開示を歪め，粉飾し，CSR そのものの信頼性を損なう行為である。

　実際に，多くの多国籍企業においてそのような問題が見られ，NGO からの批判の対象となってきた（Nwete, 2007, p. 313）。このようなことは，シムズ＝ブリンクマン（Sims, R. R. and Brinkmann, J.）によれば，「粉飾された倫理」（Window-Dressing Ethics）という概念で示され，たとえば，2001 年に経営破たんしたアメリカの総合エネルギー企業エンロン（Enron）がこれに最も該当するケースであるという（Sims and Brinkmann, 2003, p. 254）[1]。そして，こうした企業の CSR 活動の表層と現実の違いをより浮き彫りにした研究として，クリスティアン・エイド（Christian Aid, 2004）および矢口（2009）が挙げられる。

　クリスティアン・エイドの調査報告書は，「仮面の下で―企業の社会的責任の真相―」（"Behind the Mask : The Real Face of Corporate Social Responsibility"）というもので，ロイヤル・ダッチ・シェル（Royal Dutch Shell，以下，シェル），ブリティッシュ・アメリカン・タバコ（British American Tobacco，以下，BAT），コカ・コーラ（Coca-Cola）の 3 社における CSR の理念と実際の操業の乖離を明らかにしている。まず，シェルについては，ナイジェリア操業において，これまで同社採掘施設からの多量の原油流出が問題になってきた。シェルは，「良き隣人」（good neighbour）として，そのような課題解決に臨むことを表明していたが，迅速な原油流出の清掃・除去に失敗し続けている。また，オイル・マネーによる「地域発展スキーム」（community development schemes）が設立されているが，それも有効に機能せずに，同社による地域貢献も形骸化しているという。シェルによる原油流出は，地域社会の分裂さえ招いてきたのだという[2]。ついで，BAT は，従業員や現地農家の健康と安全について高い基準を遵守することの重要性を強調していながら，ケニアやブラジルにおいて，その

ような基準の遵守・履行は見られず，契約農家はタバコ栽培に関連する慢性的な健康被害を訴えている。そして，コカ・コーラは，天然資源（水資源）の責任ある利用を強調しているが，同社のインドにおける100％子会社の操業では，多量の水が汲み上げられたことで，人々の生活水である村の井戸を枯渇させてしまったと非難されている（Christian Aid, 2004, pp. 1-2）。

「仮面の下で」を代表するような企業が，イギリスのオイル・メジャーBP（旧英国石油）である。BPでは，1995年にブラウン（Lord Brown of Madingley）がCEOに就任して以降，BPの頭文字をもじった「石油を超えて」（Beyond Petroleum）というテーマの下でCSRを経営戦略に位置づける取り組みが行われてきた。その取り組みは，先駆的なものとしてメディアや投資家などのステークホルダーから極めて高い評価を受けてきた。しかし，そのような評価やCSR戦略とは異なり，事業の実態にはCSRが浸透しておらず，結果として，CSRをめぐる戦略とマネジメントの間に大きな乖離が生じさまざまな問題を惹起することになった。2005年のテキサス・シティ製油所での火災事故（従業員15名死亡，150名以上重軽傷）や2006年のアラスカ・パイプラインの原油流出（5,000バレル以上）という不祥事に結実したが，これらには日常の安全管理体制の不備が指摘されている（矢口，2009，12頁）。

そして，BPによる決定的な不祥事として，2010年のメキシコ湾での原油流出事故がある。11名の従業員が死亡し，推計で490万バレルという史上最大の原油流出を引き起こすことになり，事故収束費用やアメリカの「油濁法」に基づく制裁などを考慮すると，BPの最終的な負担は実に600億ドルに及ぶと見られている（『日本経済新聞朝刊』2011年6月5日）。この背景にも，BPは工期を優先して，760件に及ぶ安全管理体制の不備や違反が明らかになっており（『日本経済新聞朝刊』2010年9月9日），採掘事業というマネジメントに安全や環境といったCSR課題が浸透していなかったのである。さらに，当時のCEOヘイワード（Hayward, T.）は環境汚染軽視や自己弁護行動を取り続けていて，企業が負うべき社会的責任よりも自己保身を図る姿勢に批判が集中することになった[3]。

写真 7 − 1　BP メキシコ湾プラット・フォームの爆発

出所：International Business Times ホームページ。

　このように，世界を代表する欧米企業において，CSR の理念や表明とは異なり，現実の事業活動において大きな課題事項を惹起させるケースは枚挙にいとまがない。このことから，企業が持つ事業や営利性に社会性を組み込み，それを組織に浸透させるというアングロ＝サクソン的な CSR の考え方では，CSR の実践を十分に担保することは困難である。それゆえに，筆者は，企業の本来的な性質が社会的存在なのであり，その性質の実践化・具現化こそが CSR であると考えるのである。

2．東日本大震災時の企業活動から見る CSR の本質

　CSR の明示化，そして CSR 戦略という新しい視点の下で，企業の社会的責任に対する関心が高まっている。また，EU がイニシアティブを取る形で進む CSR の国際的潮流もそのような動きを反映したものであり，日本企業の CSR もそのような動向を大きく反映してきている。このような動き自体は，批判されるものではなく，環境的・社会的な側面から見れば，むしろ歓迎されるべきことであろう。しかし，CSR に取り組まざるを得ない経営環境の下で，この

ような取り組みが組織の文化や価値観にまで一体化していない表層的な取り組みに過ぎないのであれば，そこにCSR批判が行われ，CSRそれ自体の意義さえもなくなってしまうであろう。

　東日本大震災時において，非被災地域に本拠を構える大企業では，CSRは組織に制度化された明示的取り組みであった。そして，そのような企業による被災地支援は，緊急・救援期にはさまざまな支援活動，復旧・復興期には復興プロジェクトを通じて行われたが，それらのCSR活動はあくまでも明示的CSRに基づいて実践された社会的責任の履行である。もちろん，緊急・救援期には，各社とも採算性を度外視して，インフラ復旧，避難所，金銭・物資提供などの被災地域を支えるための活動が行われた。そのようなCSR活動も含めて，事業との関連性の高いものから低いものまでさまざまであったが，キャロル＝ブックホルツのCSRピラミッドに基づけば，倫理的責任や社会貢献的責任といった上位の社会的責任であったのであり，現在のCSRの潮流においてもこれら2つの社会的責任項目が重視されていることも第2章で見てきたとおりである。

　また，前述のとおり，非被災地企業による復興関連のCSR活動は本業そのものか，事業との関連性の高い復興支援活動でなければ，継続的な取り組みが困難であるということであった。このようなことを反映してか，非被災地企業の代表的日本企業の被災地域におけるCSRは，本業との関連性の高い，事業と両立しうる活動へとシフトしてきており，ポーター＝クラマーが主張するCSVに類似する取り組みが見られるようになっている。このようなことから，非被災地企業が被災地域の復興に長期的にコミットしていくための1つの含意を提示することができる。

　これに対して，本書で取り上げた被災地企業は，すべて未上場の株式会社であり，ほとんどが中堅・中小企業である。そして，若干のCSRに関連する記述が各社のホームページなどから見られるものの，非被災地企業の大企業のようにCSRの明示化は進んでいるわけではない。これらの企業のCSRは，経営者の理念や使命感，さらには従業員の価値観といった組織に暗黙的に根差し

た暗黙的 CSR だったのである。イシイの石井社長によれば，企業が地域社会に対する強い使命感や社会的責任を持っているかどうかは，東日本大震災のような危機的な状況における企業活動に反映されてくるのだという。被災地企業が，被災地域を支えようと必死に行動した背景には，各社の組織文化や風土に地域社会との関係性が，ごく当然に，そして強く組み込まれていたからなのである[4]。

　それゆえに，非被災地企業のような明示的 CSR に基づく支援活動や復興プロジェクトのような CSR ではなく，泥臭いかもしれないが，被災地企業の CSR は，事業継続に基づく本業そのものによって行われた活動である。繰り返し述べてきたが，生活基盤とも関係する雇用維持，避難場所の提供，供給責任の履行，本業強化による雇用拡大・地域経済活性化，地域社会・産業を巻き込んだ復興イニシアティブなどである。これらの行為は，被災地域住民の生活を守る行為であり，コミュニティの瓦解を防ぎ，震災後のさらなる発展に向けた第 1 歩の取り組みであった。そのような行為があったからこそ，現在，各被災地域は復興という次のステップに向けて歩み出せているといっても過言ではない。

　東日本大震災という有事を通じて，被災地域にあって被災地企業が果たした社会的責任は，「経済的責任」の履行をもって遂行された CSR であり，そのことによって地域社会の瓦解阻止と復興に向けた取り組みが行われてきたのである。もちろん，そこには共助の枠組みや地域復興へのイニシアティブを取ることも重要になってくるが，そのためには本業が堅固であること，すなわち経済的責任を十分に果たしている企業だからこそ，地域社会に対する CSR の実行が可能になるのである。このようなことから，企業の事業に社会性をいかに取り込むかという CSR の議論から，社会的存在として，事業そのものに社会性が具備されていて継続企業（ゴーイング・コンサーン）たり得ること。これによって，経済的責任を果たすことこそが，企業の地域社会に対する社会的責任であることを，東日本大震災という「1000 年に一度」の大災害は示すことになったのではないだろうか。

第7章 結論：CSRの本質と実践的インプリケーション

　たしかに，現在のCSR論は，グローバル・ガバナンスに基づいて，世界的な課題事項の解決を意図してさまざまな枠組みがつくられている。それに呼応する形で，多種多様なCSRの定義・特徴や制度化・戦略的アプローチなどが議論され実践されてきたが，本業を大切にして，経済的責任を果たすという意味では，皮肉にも，フリードマンの考え方はCSRの本質を突くものであり，それは現在でも大きな有効性を持つといえる。しかし，フリードマンは，株主利益の最大化のために本業を強化するという目的であって，地域社会を支える主体となるための経済的責任の強化という目的とは相いれない。

　また，谷本は，日本企業の経営者のCSRに対する考え方が，「本業を果たし社会に貢献しているのであるから，それ以上の活動は必要ない」というものが多く，これではCSRの意味を十分に捉えていないことを批判的に指摘している（谷本, 2013, 18頁）。もちろん，「それ以上の活動は必要ない」という考えは極論であるが，東日本大震災と被災地企業のCSR活動を見ると，実際には，「本業の実践」こそが最も重要な社会的責任であると理解することができる。それができていなければ，多様な社会課題に対応できないことから，経済的責任とは，古典的な企業観ではあるが，実は，CSRや企業の社会性の最も基礎を構成するものであり，最も重要な要素とみなすことができるのである。

図表7－1　CSRピラミッドの再掲

```
       社会貢献的責任
(Philanthropic Responsibilities)
         倫理的責任
  (Ethical Responsibilities)
         法律的責任
   (Legal Responsibilities)
         経済的責任
  (Economic Responsibilities)
```

出所：Carroll and Buchholtz, 1999, p. 37

このことに加えて，第2章では，CSRを制度化することに加えて，バリュー・チェーンの活動を共通価値創造できるものに変容させる必要があることを述べた。バリュー・チェーンに社会課題を組み込んでいくこと，つまり明示的にCSRに取り組んでいくことの必要性が述べられたが，本来は，意識的にそのようなことをするのではない。なぜなら，事業活動そのものに社会性が備わっているのだからであり，明示的CSRは暗黙的CSRに基づくものでなければ，本質的なCSRの発揮にはつながらないということであろう。もちろん，ステークホルダーからの情報開示が求められてくるなかで，明示的CSRを意識せざるを得ない状況が現出していることも留意する必要はあるが。

　ともあれ，企業は，その性質そのものに「社会的存在としての企業」たる根拠があると考えられるのである。本書の第1章でも述べたように，社会的存在としての企業は，当該企業が大規模化していくなかで，株式を証券市場に上場し，専門経営者が台頭して，所有と経営が分離してくることで，私的な性格が削がれて，社会的な存在になっていくという考え方であった。本書で考察してきた被災地企業は，上記でも述べたように未上場企業であり，いわば「オーナー企業」であり，このような考え方に基づけば，「私的な存在」であるとみなすことができる。しかし，東日本大震災下では，そのような被災地企業のCSR実践から，事業活動そのものに社会性を見出すことができるのであり，事業そのものに企業の社会的存在としての性質を見出すことができるのである。第3章では，国際比較を通じて，CSRにはワン・ベスト・ウェイを求めるのではなく，国や地域によって多様な在り方や価値観が反映されるべきことを主張した。このことを考えるにあたっても，忘れてはならないのが，経済的責任を果たすということであり，そのうえで多様な社会貢献や倫理の在り方，事業へのCSRの統合方法などを構築していくべきであろう。

　また，被災地企業，非被災地企業を問わず，被災地支援というCSR活動は，本業そのもの，あるいは事業との関連性の高いものでなければ，持続性が弱くなるため，継続的な支援が困難になることについて，本書では繰り返し指摘してきた。それゆえ，復旧・復興期には，非被災地企業は被災地域においてビジ

ネスを展開して，積極的に利益を上げることが正当化されるのである。なぜなら，ビジネスとして利益を上げられるということは，それだけ被災地域の現地ニーズに合致しているからであり，復興支援と矛盾しないからである。ただし，合法だが，被災者の精神的衰弱に付け込むようなビジネスはもちろん例外であることに論を待たない。

本書は，緊急・救援期だけでなく，復旧期，復旧と復興の並行期を含めた時系列的視点を考慮に入れながら，震災と企業の社会性・CSR を検討してきた。そして，そのような CSR が地域社会との関係で果たされることに注目しながら考察を進めてきた。そのような考察から，私たちはもう一度原点に立ち返り，何が企業の社会性の本質なのか，何が究極的な CSR 活動なのかを改めて考える必要があるのではないだろうか。東日本大震災という有事は極めて異例な事態かもしれないが，少なくともこのような問いを CSR 研究や企業の CSR 実践において投げかけていると考えられる。

3．実践的インプリケーションと今後の研究課題

3.1 実践的インプリケーション

最後に，本書での考察を通じて得られた若干の実践的インプリケーションと今後の研究課題を述べてむすびにかえたい。とくに，今後，南海トラフ地震といった大津波をともなう超大型災害が現実的に想定されているなかで，CSR との関連で企業はどのような活動をすべきか，東日本大震災時とその後の復興過程における被災地企業の行動が実践的含意を示すことになるであろう。

第1に，東日本大震災のような大きな震災の時には，被災しながらも事業を継続することが地域社会に対する CSR を実践するための第1歩になる。このように考えるならば，緊急時や危機時においても事業継続を可能にするための BCP を準備しておくことが必要である。そのためには，沿岸部などに拠点が集中している場合には，適度に地域を分散させておくこともその対処方法の1つにはなるだろうが，単純に拠点を他地域に増設せよという議論は，あまりに

乱暴で無責任なものである。それゆえ，地域の取引先などとの協力関係を築き，緊急時の代替生産先を確保することで対応できることもあるであろう。震災も含めたいかなる事態であれ，供給責任を果たせなければ，当該企業の継続性や持続的な発展の可能性は低くなる。緊急時において，いかに迅速に生産や事業の再開に目途がつけられるかは考慮すべき大きな課題事項の1つであろう[5]。

　第2に，震災直後には，建物や在庫などの被害状況の如何を問わず，企業財務的に大きな打撃を受けることにもなり，そのことが事業継続の可能性を低下させてしまうであろう。それゆえ，日頃から本業が競争力を有していて，財務的にも健全であることが重要である。企業の根幹がしっかりとしていて，緊急時に対応できるだけの組織スラック[6]を十分に保持しておける余力が必要になってくる。緊急時に生産設備の稼働が困難になり，その際に一定程度の在庫が無ければ，取引先や消費者などへ供給責任を果たすことは当然ながら困難になる。財務的にも余剰が無ければ，休業時における従業員の給与負担やその他の支払い負担にも耐えられなくなってしまう。また，被災地企業単独での地域支援には限界があることも明らかであり，そのために非被災地域のステークホルダーとの信頼関係を強固・堅固にしておくことが重要である。そのような信頼関係を構築するためには，公正な取引を行っていくことも重要だが，財務的に健全で取引先への支払い遅延がなく，どのような状況下でも取引可能であると判断されるようになることも重要である。

　第3に，東日本大震災直後の緊急・救援期において，義援金や物資の被災地域への配布が遅れてしまったという教訓があった。これには，あまりにも膨大な支援量が，自治体や日本赤十字などの公共機関をはじめとする特定主体に集中しすぎてしまったことが指摘されている。このことを考慮に入れれば，震災時の緊急・救援期において，金銭的支援や物資支援の受け入れ先を多様化しておくことも必要なのではないだろうか。そして，そのような受け入れ主体の1つとして大きな役割を果たすのが，被災地域の瓦解阻止に全力を尽くした被災地企業が挙げられる。このような活動的な企業に金銭や物資が回ることで，支援物資がより迅速に被災地域や被災者に届けられる可能性が高くなるとも考え

られる。もちろん，民間企業は，自治体や赤十字などと違って被災地域の全体像を把握できないだろう。それゆえ，いかに高い地域社会に対する使命感を有していようとも，被災地域の民間企業による地域支援では「偏り」が発生してしまい，被災者に対して，万遍なく，平等な支援は困難になると考えられる。被災地企業を通じた物資支援では，迅速性というメリットと偏在性というデメリットが存在し，公共機関を通じた支援では，緩慢性というデメリットと遍在性というメリットを擁することから，今後，震災などの緊急・救援期の支援は，公共機関と民間機関の双方を受け入れ先とすること，すなわちバランスが重要になってくる。これによって，それぞれのデメリットをカバーする形で，できるだけ迅速に物資を必要とする被災者や施設にそれらを届ける仕組みを構築していく必要があると考えられる。

　第4に，現在の宮城県の政策は，地域企業よりも県外企業優先の経済成長を狙いとしており，そこに大きな過ちを犯している可能性がある。宮城県や仙台市は，支店経済都市であることは前述のとおりであるが，その宮城県は「富県宮城の実現」を目指して，これまで他県からの企業誘致に努めてきた。企業誘致を進めるためには，企業の進出を促進するために企業立地奨励金が設けられているが，主として，その奨励金に使用することを目的に，宮城県独自の課税制度が2008年より施行されている。その制度が「みやぎ発展税」であり，資本金1億円超または所得金額4,000万円超の宮城県の企業を対象に，法人事業税[7]に5％を5年間にわたって上乗せする超過課税制度である（『河北新報朝刊』2008年4月10日）。つまり，県外の有力企業を誘致するために地域企業に超過課税を強いるものであり，宮城県は，その経済的発展について，地域企業を強化することでそれを達成することを目指しているわけではないのである。

　2012年10月には，みやぎ発展税の課税期間が2018年まで延長されることになった。このようなことを端的に言えば，宮城県は，他都道府県からの進出企業に優しく，地域企業には厳しい姿勢を持っていると言わざるを得ない。東日本大震災では，被災地企業が，被災地域を支える大きな役割の1つを担ったが，そのためには，それらの本業が強化されていて，震災後においても事業継

続できるようにすることが必要であることを指摘した。その影響力の多寡については不明であるが，被災地企業が本業を強化して経済的責任を果たせるようにすることが，自治体の税制によって阻害・制約されている可能性があるのである。外向きの政策でなく，地域企業をいかに強化していくかが，震災時における地域社会や地域経済のことを考えると，より重要になってくると考えられる。政策提言的になってしまったが，震災という危機的状況を考慮するならば地域企業を強化する施策が必要なのである。

　第5に，震災時および復旧・復興過程には，地域社会のPR役を被災地企業が担えることである。震災直後に事業継続が可能となり，地域社会に対して供給責任を果たす行為ができたとしても，被災地域にそれが伝わらなければ，その効果は減殺されてしまう。それゆえ，緊急・救援期において，そのような活動を伝えるための手段を準備することも必要になってくるであろう。地域の報道機関との信頼関係を日頃から構築しておき，緊急時に使用できるようにパイプをつくっておくこと，また報道機関も震災時における被災地企業の活動状況を市民に知らしめる何らかの仕組みを構築しておくことも必要であろう。このようなPR役は，被災地域内という「内へ向けたPR」ということができよう。これは，イシイのダブルストーン事業から得られた示唆である。これに対して，岩城ダイカストや高政の震災時のPR行動は，「外へ向けたPR」であり，このような行為によって，非被災地域の取引先も含めたステークホルダーへ当該企業の正確な状況を伝えることになるし，当該被災地域への関心を高めることにもつながる。つまり，このような活動は，被災地域を支えるとともに，当該企業にも経済的メリットをもたらす共通価値創造に近い取り組みなのである。そのために，震災時において，情報の発信をいかにすべきかを考えることも重要なテーマの1つになってくるであろう。

3.2　今後の研究課題

　最後に今後の研究課題を述べて本書のむすびとしたい。第1に，本書では，被災地企業および非被災地企業による被災地域におけるCSR活動について，

時系列的スパン，事業との関連性，ステークホルダーとの関係性などさまざまな視点から考察してきた。しかし，そのようなCSR活動が，被災地域においてどれほどの有効性があったのかについては検討できなかった。つまり，被災地支援の望ましい「在り方」を考える必要があるということである。第2に，本書における被災地企業の考察は，宮城県の企業のみに限定したものであった。本来なら，福島，岩手も含めた被災三県の動向を踏まえた被災地企業の活動を見ることが重要になるであろう。とりわけ，福島県は，原発事故による被害もあることから，そのような地域で企業がどのような地域貢献活動を行えるかといった視点である。

第3に，本書では，建設や住宅といった業界・産業の震災時および復旧・復興過程における役割について，あえて捨象して議論を進めてきた。なぜなら，沿岸部の高台移転や復興公営住宅などの政策的関連性，とくに建設業における下請構造という複雑性，事業と復興が極めて密接に関係するだけでなく非被災地域を巻き込んだ多様な利害関係が構築されているため，研究を進める上での困難があるからである。それゆえ，改めて考察枠組みの構築が必要であることから，今後の課題になると考えている。このようなことから，今後の研究の方向性としては，被災三県や建設・住宅産業なども踏まえたトータル的な視点が重要になってくると考えている。

二重ローン問題が被災地企業において，その再建の大きな足かせになっている。東北大学の調査によると，被災三県における被災地企業のうち，二重ローンを抱える企業の割り合いは3分の1に及んでいるという（『日本経済新聞朝刊』2012年10月16日）。震災時において，そのような問題を抱えた場合，被災地企業単独での再建が困難になる可能性があり，金融機関や取引先などのステークホルダーもビジネス・ライクではなく，震災支援の観点も含めて倫理的な活動をする必要がある。もちろん，理想としては，借入金に依存しない経営体制を日頃から構築できていることが重要になるのだが，そのような企業は稀有であろう。また，東日本大震災では，地域社会が壊滅的な被害を受け，あるいは風評被害により，被災地企業は従来のマーケットを喪失してしまうケースもあっ

た。そのような状況下では，事業を再建・復興して地域経済の活性化に資することが困難になる場合があるであろう。それゆえ，第4の課題として，そのような債権者や消費者の行動も含めた協力体制を含めて考えること，二重ローン問題やマーケット喪失からの被災地企業の復興を考えていく必要があるであろう。

第5に，スマトラ島沖地震やトルコ東部地震など，海外の大規模災害における多国籍企業や現地企業の活動を考察することで，震災時に求められる企業の社会性やCSR活動の特性や枠組みを精緻化していき，震災時や復旧・復興期におけるより実践的な企業活動について示唆を得ることも重要なテーマになってくると考えられる。

東日本大震災からの復興はこれからも続く課題であるが，その風化が懸念されている。東京オリンピック熱が今後高まっていけば，ますますその傾向は高くなっていくであろう。また，繰り返しになるが，南海トラフ地震のように，より大きな震災が発生することも想定されている。このようなことを踏まえると，震災の性質は，「有事」でも「想定外」でもない。平時においても，それらを想定して企業経営に織り込んでいく必要がある。それゆえ，筆者は，経営学の観点から，今後とも震災と企業経営について研究を進めていきたいと考えている。また，このような研究を継続的に発表していくことで，東日本大震災の風化阻止に少しでも貢献していくことも，被災地域の研究機関で研究活動に従事する研究者の社会的責任であると考えている。

【注】
1）シムズ＝ブリンクマンは，「組織文化の倫理性」と「企業倫理・CSRの制度化状況」のそれぞれの高低という両側面を考慮に入れて，企業が有する道徳的文化を4つに分類している。なお，ここで取り上げた「粉飾された倫理」はこの4分類のなかの1つである。詳細については，シムズ＝ブリンクマン（2003）を参照されたい。
2）シェルのナイジェリア操業における問題点については，フリナス（Frynas, J. G., 2003）や矢口（2008b）などでも，CSRや経営戦略との関係で取り上げられている

ので参照されたい。
3）ヘイワードは，メキシコ湾原油流出事故に際して，「一体，どうして我々がこんな目に合うんだ」，「この災害の環境への影響は，おそらく非常に小さいだろう」など，大企業の経営者として倫理観や常識を欠く発言を繰り返してきた。詳細については，ニューズウィーク日本版ホームページを参照されたい。
4）残念ながら，被災地企業のすべてにおいて，このようなことが該当するわけではない。震災時の状況下において，売り惜しみや便乗値上げをする企業，さらに復旧・復興の過程で国のグループ化補助金を不正受給する企業も指摘されている（『石巻かほく』2013年11月14日）。
5）本書は，BCPの具体的な作成について考察していない。BCPについては，多くの研究や実践的な提案がさまざまな方面からなされているので，そのような研究成果を参照されたい。しかし，CSRとの観点からBCPを考えることは，重要なテーマであり，今後の課題になると考えている。
6）組織スラックとは，組織が保有している余剰資源のことであり，経営環境への変化に企業や組織が適応するためのクッション（緩衝材）として機能することが指摘されている（高橋，2000，44頁）。
7）法人に課せられる税制は，国税である法人税のほかに，地方自治体が企業に課す法人事業税と法人住民税がある。

引用文献一覧

〔外国語文献〕

Aaronson, S. A. (2003), "Corporate Social Responsibility in Global Village : The British Role Model and the American Laggard," *Business and Society Review*, Vol. 108 No. 3.

Albareda, L., Tencati, A., Lozano, J. M. and F. Perrini (2006), "The Governments Role in Promoting Corporate Responsibility : A Comparative Analysis of Italy and UK from the Relational State Perspective," *Corporate Governance*, Vol. 6 No. 4.

Anderson, C. L. and R. L. Bieniaszewska (2005), "The Role of Corporate Social Responsibility in an Oil Company's Expansion into New Territories," *Corporate Social Responsibility and Environmental Management*, Vol. 12 No. 1.

Antunovich, P. and D. S. Laster (2003), "Are Good Companies Bad Investments?," *Journal of Investing*, Spring, 2003.

Avina, J. (2013), "The Evolution of Corporate Social Responsibility (CSR) in the Arab Spring," *Middle East Journal*, Vol. 67 No. 1.

Barle, A. A. and G. Means (1932), *The Modern Corporation and Private Property*, The Macmillan Company.（北島忠男訳（1958）『近代株式会社と私有財産』文雅堂銀行研究社）

Boatright, J. R. (2003), *Ethics and the Conduct of Business*, Pearson Prentice-Hall.

BP plc (2012), "Annual Report andForm 20-F 2012".
(http://www.bp.com/content/dam/bp/pdf/investors/BP_Annual_Report_and_Form_20F_2012.pdf)

Carroll, A. B. and A. K. Buchholtz (1999), *Business and Society : Ethics and Stakeholder Management Forth Edition*, South-Western College Publishing.

Chong, M. (2009), "Employee Participation in CSR and Corporate Identity :

Insights from a Disaster-Response Program in the Asia-Pacific," *Corporate Reputation Review*, Vol. 12 No. 2.

Christian Aid (2004), "Behind the Mask : The Real Face of Corporate Social Responsibility".

(http://www.st-andrews.ac.uk/media/csear/app2practice-docs/CSEAR_behind-the-mask.pdf)

European Commission (2001), "Green Paper : Promoting a European Framework for Corporate Social Responsibility".

(http://eur-lex.europa.eu/LexUriServ/site/en/com/2001/com2001_0366en01.pdf)

European Multi-Stakeholder Forum on CSR (EMSF, 2004), "Final Results & Recommendations".

(http://ec.europa.eu/enterprise/policies/sustainable-business/files/csr/documents/29062004/emsf_final_rerepo_en.pdf)

Freeman, R. E. (1983), *Strategic Management : A Stakeholder Approach*, Cambridge University Press.

Friedman, M. (1970), "The Social Responsibility of Business is to Increase its Profits," *The New York Times*, September 13, 1970.

Frynas, J. G. (2003), "Global Monitor Royal Dutch/Shell," *New Political Economy*, Vol. 8 No. 2.

GlaxoSmithKline plc (2012), "Annual Report 2012".

(http://www.gsk.com/content/dam/gsk/globals/documents/pdf/GSK-Annual-Report-2012.pdf)

Greenwood, M. (2007), "Stakeholder Engagement : Beyond the Myth of Corporate Responsibility," *Journal of Business Ethics*, Vol. 74 No. 4.

GRI (2006), "Sustainability Reporting Guidelines : Version 3.0".

(https://www.globalreporting.org/resourcelibrary/G3-Sustainability-Reporting-Guidelines.pdf)

Guido, B., Riel, C. B. M. and J. Rekom (2007), "The CSR Quality Trade Off : When Can Corporate Social Responsibility and Corporate Ability Compensate Each Other," *Journal of Business Ethics*, Vol. 74 No. 3.

Jones, A. (2010), "United States of America," Visser, W. and N. Tolhurst eds.,

The World Guide to CSR : A Country-by-Country Analysis of Corporate Sustainability and Responsibility, Greenleaf Publishing.

Kinnicutt, S. and P. Mirvis (2009), "Trends in Corporate Citizenship : Global Versus Local Forces," Global Education Research Network ed., *Corporate Citizenship around the World : How Local Flavor Seasons the Global Practice.*

Kotler, P. and N. Lee (2005), *Corporate Social Responsibility : Doing the Most Good for Your Company and Your Cause*, John Wiley & Sons.（恩藏直人監訳（2007）『社会的責任のマーケティング—「事業の成功」と「CSR」を両立する—』東洋経済新報社）

Lin-Hi, N. and I. Blumberg (2011), "The Relationship between Corporate Governance, Global Governance, and Sustainable Profits : Lessons Learned from BP," *Corporate Governance*, Vol. 11 No. 5.

Maanavilja, L. (2010), "Europe," Visser, W. and Tolhurst, N. ed., *The World Guide to CSR : A Country-by-Country Analysis of Corporate Sustainability and Responsibility*, Greenleaf Publishing.

Moon, J. (2005), "An Explicit Model of Business-Society Relations," Habisch, A., Jonker, M. W. and R. Schmidpeter eds., *Corporate Social Responsibility across Europe*, Springer.

Nwete, B. (2007), "Corporate Social Responsibility and Transparency in the Development of Energy and Mining Projects in Emerging Markets : Is Soft Law the Answer?," *German Law Journal*, Vol. 8 No. 4.

OECD (2001), "The Well-beingof Nations : The Role of Human and Social Capital". (http://www.oecd.org/site/worldforum/33703702.pdf)

Porter, M. E. and M. R. Kramer (2006), "Strategy & Society : The Link between Competitive Advantage and Corporate Social Responsibility," *Harvard Business Review*, December 2006.（村井裕訳（2008）「競争優位の CSR 戦略」Diamond ハーバード・ビジネス・レビュー, 2008 年 1 月）

Porter, M. E. and M. R. Kramer (2011), "Creating Shared Value : How to Reinvent Capitalism - and Unleash A Wave of Innovation and Growth," *Harvard Business Review*, February 2011.（Diamond ハーバード・ビジネス・レビュー編集部訳（2011）「経済的価値と社会的価値を同時実現する共通価値の戦略」Diamond ハー

バード・ビジネス・レビュー，2011年6月）

Scalet, S. and T. F. Kelly (2009), "CSR Rating Agencies : What is Their Global Impact?," *Journal of Business Ethics*, No. 94.

Simon, D. (1992), "Lavour Law and Industrial Relations," Michie, J. ed., *The Economic Legacy 1979-1992*, Academic Press.

Sims, R. R. and J. Brinkmann (2003), "Enron Ethics (Or : Culture Matters More than Codes)," *Journal of Business Ethics*, Vol. 45 No. 3.

The Commission on Global Governance (1995), *Our Global Neighbourhood : The Report of the Commission on Global Governance*, Oxford University Press. (京都フォーラム監訳 (1995)『地球リーダーシップ―新しい世界秩序をめざして―』NHK 出版)

Thomas, A. and L. Fritz (2006), "Disaster Relief, Inc.," *Harvard Business Review*, November 2006. (鈴木泰雄 (2008)「災害援助と CSR」Diamond ハーバード・ビジネス・レビュー，2008年1月)

Todeschini, M. M. (2011), ""Webs of Engagement" : Managerial Responsibility in a Japanese Company," *Journal of Business Ethics*, Vol. 3 No. 4.

Tschopp, D. J. (2005), "Corporate Social Responsibility : A Comparison Between the United States and the European Union," *Corporate Social Responsibility and Environmental Management*, Vol. 12 No. 1.

Ulrich, P. und E. Fluri (1978), *Management : Eine Konzentrierte Einführung*, Verlag Paul Haupt Bern.

Virakul, B., Koonmee, K. and G. N. McLean (2009), "CSR Activities in Award-Wining Thai Companies," *Social Responsibility Journal*, Vol. 5 No. 2.

Weaver, G. R., Trevino, L. K. and P. L. Cochran (1999), "Integrated and Decoupled Corporate Social Performance : Management Commitments, External Pressures, and Corporate Ethics," *Academy of Management Journal*, Vol. 42 No. 5.

〔日本語文献〕

Calonger, J. L. (2011)「特別寄稿震災復興に向けて―災害の事実を理解し，達成すべき目標に向けたプロセス（手順）―」『仙台経済界』2011年11-12月号，仙台経済界。

ISO/SR 国内委員会監修・日本規格協会編 (2011)『ISO26000 : 2010 社会的責任に関す

る手引き』日本規格協会。

KPMG（2011）「CSR 報告に関する国際調査 2011」。
（http://sus.kpmg.or.jp/knowledge/newsletter/2011/__icsFiles/afieldfile/2013/02/07/r_azsus201111.pdf）

インターリスク総研（2012）『東日本大震災から1年―企業のリスクマネジメントに求められたもの―』インターリスク総研。

グロービス経営大学院・田久保善彦（2012）『日本型「無私」の経営力―震災復興に挑む七つの現場―』光文社新書。

青木崇（2006）「国際機関の CSR に関する企業行動指針」法政大学イノベーション・マネジメント研究センター編『イノベーション・マネジメント』No. 4。

赤羽真紀子・竹井善昭（2011）「これからの社会貢献活動はどうなるか？」宣伝会議編『広報会議』2011 年 7 月。

味の素（2012）「味の素グループサステナビリティレポート 2012」。
（http://www.ajinomoto.com/jp/activity/csr/pdf/2012/ajinomoto_csr12.pdf）

安斎富太郎（2012）「IT スキルを活かして被災地の就業を支援」宣伝会議編『環境会議』春号 2012。

伊丹敬之（1987）『人本主義企業―変わる経営変わらぬ原理―』筑摩書房。

井出万仁（2012）『これならできる！農業法人設立と運営のすべて』農文協。

伊藤義高（2005）「企業における地震減災」近代消防社編『近代消防』No. 527。

井上邦夫（2012）「コーポレート・アイデンティティ再考」東洋大学経営学部編『経営論集』第 80 号。

伊吹英子（2005）『CSR 経営戦略―「社会的責任」で競争力を高める―』東洋経済新報社。

上谷佳宏（2011）「内部統制・BCP・CSR の観点からみた震災対応」商事法務編『NBL』No. 950。

上田三夫・矢代晴美（1997）「企業の危機管理―特に地震対策について―」安全工学会編『安全工学』別冊 1997 年 1 月号。

浦野倫平（2011a）「現代企業の諸形態」佐久間信夫編著『経営学概論』創成社。

浦野倫平（2011b）「現代企業とステークホルダー」佐久間信夫編著『経営学概論』創成社。

大八木成男（2011）「震災後の CSR のかたち」宣伝会議編『環境会議』秋号 2011。

小笠原勝（2013）「津波被災農地の雑草植生と復旧に向けた植生管理について」日本農学会編『シリーズ21世紀の農学東日本大震災からの農林水産業と地域社会の復興』養賢堂。

岡田悟（2011）「被災中小企業の復旧・復興支援策」国立国会図書館編『調査と情報－ISSUE BRIEF－』No. 723。

岡村東洋光（2004）「ジョーゼフ・ラウントリーのガーデン・ビレッジ構想」経済学史学会編『経済学史学会年報』第46号。

岡本享二（2004）『CSR入門－「企業の社会的責任」とは何か－』日本経済新聞社。

奥村剛史・塚本奈穂子・重信あゆみ（2011）「東日本大震災後の企業のCSR活動についての調査結果」トーマツ企業リスク研究所編『企業リスク』第33号。

小崎浩信（2012）「東北福祉大学のボランティア会による災害支援活動」日本福祉教育・ボランティア学習学会監修『ふくしと教育』Vol. 13。

小畑史子（2007）「環境CSRと労働CSR」稲上毅・連合総合生活開発研究所編『労働CSR－労使コミュニケーションの現状と課題－』NTT出版。

折橋伸哉・村山貴俊（2012）「大震災と東北の自動車産業－実態調査に基づく危機管理能力と競争力の同時構築に向けた一考察－」東北学院大学学術研究会編『東北学院大学経営学論集』第2号。

上林正矩（1969）『経営学総論』春秋社。

川村雅彦（2005）「日本の『企業の社会的責任』の系譜（その2）－CSRの"うねり"は企業経営の価値転換へ－」ニッセイ基礎研究所編『ニッセイ基礎研REPORT』2005年5月号。

菊池敏夫（2007）『現代企業論－責任と統治－』中央経済社。

木谷宏（2011）「企業の社会的責任（CSR）としての人的資源管理（12）大震災と人的資源管理」労働調査会編『労働基準広報』2011年6月21日。

北見幸一（2008）「コーポレート・レピュテーションとCSR－レピュテーションを高めるCSRに向けて－」国際広報メディア・観光学ジャーナル編集委員会編『国際広報メディア・観光学ジャーナル』第6号。

工藤啓（2012）「『復興時代』に問われる企業の社会貢献－CSR先進企業の震災対応－」塚本一郎・関正雄編著『社会貢献によるビジネス・イノベーション－「CSR」を超えて－』丸善出版。

黒川保美・赤羽新太郎編著（2009）『CSRグランド戦略』白桃書房。

桑山三恵子・蟻生俊夫・加藤美香保・杉田純一（2013）「CSR の視点による東日本大震災後の消費者の意識・価値観，消費者行動分析」日本経営倫理学会編『日本経営倫理学会誌』第 20 号。

経済産業省（2004a）「『企業の社会的責任（CSR）に関する懇談会』中間報告書」。
　（http://www.meti.go.jp/policy/economic_industrial/press/0005570/0/040910csr.pdf）

経済産業省（2004b）「通商白書 2004」。
　（http://www.meti.go.jp/policy/trade_policy/whitepaper/html/2004html.html）

経済同友会（2010）「日本企業の CSR―進化の軌跡―（自己評価レポート 2010）」。
　（http://www.doyukai.or.jp/policyproposals/articles/2010/pdf/100413b.pdf）

国民生活審議会調査部会コミュニティ問題小委員会（1969）「コミュニティ―生活の場における人間性の回復―」。
　（http://www.ipss.go.jp/publication/j/shiryou/no.13/data/shiryou/syakaifukushi/32.pdf）

今一生（2011）「社会起業家を支援しよう―企業価値を高める CSR のために―」システム規格社編『アイソス』No. 162。

齋藤憲監修（2007）『企業不祥事事典―ケーススタディ 150―』日外アソシエーツ。

坂田宏（1999）「会社は誰のもの？―株主代表訴訟をめぐって―」横浜国立大学経営学会編『横浜経営研究』第 20 巻第 1 号。

佐久間信夫（2003）『企業支配と企業統治』白桃書房。

櫻井克彦（2010）「企業存続の概念と今日的意義」日本経営教育学会編『日本経営教育学会全国研究大会研究報告集』第 62 号。

佐藤邦廣（2000）「理念に基づく企業経営」佐藤邦廣・石川文康・半田正樹編著『ビジネスをめぐる知の饗宴』学文社。

佐藤邦廣（2003）『戦略的マーケティングと経営理念―ビジョンから製品コンセプトへ―』同文館。

清水正道・明石雅史・斉藤全彦（2013）「地域社会と人を守る『協働・連携の経営』」田中宏司・水尾順一編著『人にやさしい会社―安全・安心，絆の経営―』白桃書房。

新村出編（1998）『広辞苑第 5 版』岩波書店。

鈴木由紀子（2010）「アメリカの企業倫理」佐久間信夫・水尾順一編著『コーポレート・ガバナンスと企業倫理の国際比較』ミネルヴァ書房。

関満博編（2012）『震災復興と地域産業 1 東日本大震災の「現場」から立ち上がる』新評論。
関満博編（2013）『震災復興と地域産業 2 産業創造に向かう「釜石モデル」』新評論。
総務省（2013）「平成 25 年 9 月 9 日平成 23 年（2011 年）東北地方太平洋沖地震（東日本大震災）について（第 148 報）」。
　　（http://www.fdma.go.jp/bn/higaihou/pdf/jishin/148.pdf）
総務省（2013）「経済センサス－活動調査－」。
　　（http://www.stat.go.jp/data/kouhyou/e-stat_e-census2012.xml）
高浦康有（2013）「ポスト 3.11 の日本企業の CSR－東日本大震災に対する日経平均構成銘柄 225 社の社会貢献活動の分析－」日本経営倫理学会編『日本経営倫理学会誌』第 20 号。
高橋邦丸（2000）「組織スラックによる利益平準化行動」日本原価計算学会編『原価計算研究』第 26 巻第 1 号。
高橋俊夫（2006）『株式会社とは何か－社会的存在としての企業－』中央経済社。
高橋俊夫（2007）『企業論の史的展開』中央経済社。
多田祐美（2012）「三井化学グループにおける東日本大震災の支援」日本芳香族工業会編『アロマティックス』Vol. 64 夏季号。
谷本寛治（2004）「新しい時代の CSR」谷本寛治編著『CSR 経営－企業の社会的責任とステイクホルダー－』中央経済社。
谷本寛治編著（2006）『ソーシャル・エンタープライズ－社会的企業の台頭－』中央経済社。
谷本寛治（2013）『責任ある競争力－CSR を問い直す－』NTT 出版。
中央経済社編（2005）『会社法（平成十七年六月成立）』中央経済社。
駐日欧州委員会代表部広報部（2010）「企業の社会的責任－EU の CSR 政策－」駐日欧州委員会代表部広報部編『月刊ヨーロッパ』2010 年秋号。
角野信夫（2001）「企業倫理と経営学の研究および教育」明治大学商学研究所編『明大商学論叢』第 83 巻第 2 号。
露木真也子（2012）「社会起業家事例における社会的責任と震災復興」塚本一郎・関正雄編著『社会貢献によるビジネス・イノベーション－「CSR」を超えて－』丸善出版。
寺尾淳（2011）「地域に愛される企業は残る，同業者との連携で生産を復旧－山崎醸造

（株）―」商工中金経済研究所編『商工ジャーナル』2011 年 6 月号。

東北学院大学経営学部おもてなし研究チーム編著（2013）『おもてなしの経営学〔震災編〕―東日本大震災下で輝いたおもてなしの心―』創成社。

戸村智憲（2012）『危機管理・事業継続ガイド―東日本大震災の命の教訓と復興への対応―』税務経理協会。

戸室健作・殷勇・山口昌樹（2013）『東日本大震災の地域経済への影響―企業経営・雇用・金融―』山形大学人文学部。

中村秀一郎（1990）『新中堅企業論』東洋経済新報社。

中村瑞穂（2003）「企業倫理と企業統治―概念的基礎の確認―」中村瑞穂編著『企業倫理と企業統治―国際比較―』文眞堂。

梨岡英理子（2011）「CSR レポートの読み方に関する一考察―震災関連の CSR 対応に関する情報開示―」日本内部監査協会編『月刊監査研究』No. 453。

日本経営学会編（2012）『〔経営学論集第 82 号〕リーマン・ショック後の企業経営と経営学』千倉書房。

日本経営学会編（2013）『〔経営学論集第 83 号〕新しい資本主義と企業経営』千倉書房。

日本経済新聞社編（2011）『日経プレミアシリーズ 134　東日本大震災，その時企業は』日本経済新聞社。

日本経済団体連合会自然保護協議会編著（2008）『環境 CSR 宣言―企業と NGO―』同文舘出版。

農業農村工学会（2011）「農地等被害状況（仙台市若林区）」。
　（http://www.jsidre.or.jp/touhokujishin/pdf/sendai.pdf）

野宮大志郎（2012）「大学と社会との新しい往還，教員・職員・学生の新しい関係」日本私立大学連盟編『大学時報』第 344 号。

服部篤子（2012）「復興とソーシャルイノベーション」塚本一郎・関正雄編著『社会貢献によるビジネス・イノベーション―「CSR」を超えて―』丸善出版。

針生信夫（2013）「仙台市近郊に於ける舞台ファームの取り組みと今後の展望」農業・食品産業技術総合研究機構東北農業研究センター編『東北農業研究センター農業経営研究』2013 年 3 月号。

広田純一（2013）「地域コミュニティの現状と再建をめぐる課題―2012 年 9 月現在の状況―」日本農学会編『シリーズ 21 世紀の農学東日本大震災からの農林水産業と地域社会の復興』養賢堂。

藤井敏彦（2005）『ヨーロッパのCSRと日本のCSR―何が違い，何を学ぶのか。―』日科技連出版社。

富士フイルムホールディングス（2011）「サステナビリティレポート2011」。（http://www.fujifilmholdings.com/ja/sustainability/pdf/2011/ff_sr_2011_all.pdf）

富士フイルムホールディングス（2012）「サステナビリティレポート2012」。（http://www.fujifilmholdings.com/ja/sustainability/pdf/2012/ff_sr_2012_all.pdf）

富士フイルムホールディングス（2013）「サステナビリティレポート2013」。（http://www.fujifilmholdings.com/ja/sustainability/pdf/2013/ff_sr_2013_all.pdf）

藤本隆宏（2012）「サプライチェーンの『バーチャル・デュアル化』―頑健性と競争力の両立へ向けて―」組織学会編『組織科学』第45巻第4号。

藤本雅彦（2012）「農家が主導する農作物の流通・加工イノベーション―株式会社舞台ファーム―」地域発イノベーション事例調査研究プロジェクト編著『地域発イノベーションⅠ 東北からの挑戦』河北新報出版センター。

古江晋也（2011）『地域金融機関のCSR戦略』新評論。

古舘晋（1995）「時代の変化および阪神大震災と企業の社会貢献」公益事業学会編『公益事業研究』第47巻第1号。

堀千珠（2011）「農林漁業の6次産業化」みずほ総合研究所編『みずほリサーチ』February 2011。

前田浩・渡瀬裕哉・吉田卓生（2011）「連載サプライチェーンCSRの現実的な取り組み―ISO26000対応―＜その2＞①CSR第一歩：CSRの成長の木，②大震災時の事業継続上の対応はCSRで」日刊工業出版プロダクション編『ISOマネジメント』Vol. 12 No. 8。

正木久司（1983）『株式会社支配論の展開―アメリカ編―』文眞堂。

松田健（2010）「ドイツの企業統治と金融危機」明治大学経営学研究所編『経営論集』第57巻第4号。

松村尚彦（2012）「旅館の事業再生と再生ファイナンス―家業から企業への転換―」東北学院大学経営学部おもてなし研究チーム著『おもてなしの経営学〔理論編〕―旅館経営への複合的アプローチ―』創成社。

水尾順一（2005）「CSR マネジメント－企業の社会的責任経営－」日本経営士会編『MANAGEMENT CONSULTANT』Vol. 635。

峯猛（2011）「東日本大震災における救援物資供給停滞の発生とその要因」流通経済大学物流科学研究所編『物流問題研究』第 56 号。

宮城県公表資料（2012）「復興頑念・宮城県における震災復興への取り組みについて－再生からさらなる発展へ－」（2012 年 6 月 15 日，於サンプラザ仙台）。

矢口義教（2006）「イギリス企業：BP－コーポレート・ガバナンスを中心に－」高橋俊夫編著『コーポレート・ガバナンスの国際比較－米・英・独・仏・日の企業と経営－』中央経済社。

矢口義教（2007）「近年のイギリスにおける CSR の展開－政策面に注目して－」明治大学大学院経営学研究科編『経営学研究論集』第 27 号。

矢口義教（2008a）「企業戦略としての CSR－イギリス石油産業の事例から－」経営学史学会編『現代経営学の新潮流－方法，CSR・HRM・NPO－〔経営学史学会年報第 15 輯〕』文眞堂。

矢口義教（2008b）「ロイヤル・ダッチ・シェル－スーパー・メジャーの戦略－」高橋俊夫編著『EU 企業論－体制・戦略・社会性－』中央経済社。

矢口義教（2009）「石油産業と CSR－イギリス石油産業における CSR の制度化－」明治大学情報基盤本部編『Informatics』Vol. 2 No. 2。

矢口義教（2010）「アメリカ石油産業における CSR－エクソンモービルの CSR と政策的関与－」明治大学経営学研究所『経営論集』第 57 巻第 4 号。

矢口義教（2012）「ホテル・旅館業の社会的責任－東日本大震災における取り組みと CSR－」東北学院大学経営学部おもてなし研究チーム著『おもてなしの経営学〔理論編〕－旅館経営への複合的アプローチ－』創成社。

山口二郎（2005）『ブレア時代のイギリス』岩波新書。

山﨑幹夫（2012）「企業倫理・CSR の実例シリーズ（53）NEXCO 東日本グループの CSR の取組み－東日本大震災への対応－」経営倫理実践研究センター編『経営倫理』第 66 号。

山村武彦（2012）『防災・危機管理の再点検－進化する BCP（事業継続計画）－』金融財政事情研究会。

山本安次郎（1967）『経営学の基礎理論』ミネルヴァ書房。

横山廣人（2012）「岩機ダイカスト工業の震災被害と復旧への取り組み」東北学院大学

学術研究会編『東北学院大学経営学論集』第 2 号。
吉森賢（2001）『日米欧の企業経営－企業統治と経営者－』放送大学教育振興会。

〔雑誌・新聞記事〕

『Automotive Technology』2011 年 7 月，日経 BP 社。
『ユニフォームプラス』2012 Mar. 1 Vol. 5，ダイセン。
『月刊ウィズビズ』2011 年 9 月号，インクグロウ。
『週刊ダイヤモンド』2011 年 11 月 12 日号，ダイヤモンド社。
『仙台経済界』2011 年 5‐6 月号，2011 年 7‐8 月号，2011 年 9‐10 月号，2011 年 11‐12 月号，2012 年 3‐4 月号，2012 年 7‐8 月号，仙台経済界。
『日経トップリーダー』2012 年 3 月号，日経 BP 社。
『遊技通信』2005 年 1 月号，遊技通信社。
『朝日新聞朝刊』2011 年 4 月 2 日，2011 年 9 月 8 日。
『朝日新聞夕刊』2013 年 3 月 13 日。
『石巻かほく』2013 年 1 月 24 日，2013 年 11 月 14 日。
『河北新報朝刊』2008 年 4 月 10 日，2011 年 3 月 13 日，2011 年 3 月 15 日，2011 年 3 月 16 日，2011 年 3 月 17 日，2011 年 4 月 11 日，2011 年 4 月 28 日，2011 年 8 月 4 日，2011 年 9 月 15 日，2011 年 12 月 9 日，2012 年 2 月 16 日，2012 年 7 月 25 日，2012 年 12 月 21 日，2013 年 1 月 19 日，2013 年 1 月 31 日，2013 年 4 月 13 日，2013 年 4 月 24 日，2013 年 8 月 30 日，2013 年 9 月 13 日。
『河北新報夕刊』2011 年 7 月 30 日，2011 年 9 月 17 日，2011 年 9 月 24 日。
『日経 MJ』（流通新聞）2011 年 6 月 27 日，2011 年 7 月 4 日，2011 年 11 月 18 日。
『日経産業新聞』2011 年 7 月 12 日。
『日本経済新聞朝刊』2009 年 2 月 8 日，2010 年 4 月 15 日，2010 年 9 月 9 日，2011 年 5 月 11 日，2011 年 6 月 5 日，2011 年 6 月 14 日，2011 年 6 月 15 日，2011 年 8 月 2 日，2011 年 9 月 8 日，2011 年 11 月 9 日，2012 年 4 月 17 日，2012 年 7 月 2 日，2012 年 7 月 19 日，2012 年 10 月 16 日，2013 年 3 月 19 日，2013 年 6 月 25 日，2013 年 9 月 2 日，2013 年 9 月 6 日，2013 年 9 月 10 日。
『日本経済新聞電子版』2012 年 10 月 24 日。
『毎日新聞朝刊』2013 年 1 月 3 日。
『毎日新聞夕刊』2011 年 12 月 26 日。

『読売新聞朝刊』2012年2月5日，2013年5月25日，2013年6月2日。

〔ホームページ〕

CERES Homepage　http://www.ceres.org/Page.aspx?pid=416（2011年1月18日アクセス）

CSR Europe Homepage　http://www.csreurope.org（2013年7月31日アクセス）

European Commission（EC）Homepage　http://ec.europa.eu/clima/ets（2012年11月15日アクセス）

Marshall University Homepage　http://muweb.marshall.edu/revleonsullivan/principled/principles.htm（2011年1月19日アクセス）

PRI Homepage　http://www.unpri.org/（2013年7月4日アクセス）

Social Investment Forum（SIF）Homepage　http://www.socialinvest.org（2011年1月20日アクセス）

State Department's Office of International Labor and Corporate Social Responsibility Homepage　http://www.state.gov/g/drl/lbr/（2011年2月3日アクセス）

The European Alliance for CSR Homepage　http://www.csreurope.org/pages/en/supporters.html（2011年1月15日アクセス）

The United Kingdom Government Homepage　http://www.societyandbusiness.gov.uk（2007年4月22日アクセス）

The United Kingdom Offshore Operators Association（UKOOA）Homepage　http://www.oilandgas.uk（2007年10月5日アクセス）

United Nations Global Compact Homepage　http://www.unglobalcompact.org/participants/（2013年7月5日アクセス）

BIZGATEホームページ　http://bizgate.nikkei.co.jp/webseminar/common/pdf/sap01.pdf（2011年1月19日アクセス）

CSOネットワークホームペー　http://www.csonj.org（2011年1月18日アクセス）

DHLホームページ　http://www.dhl.co.jp/ja.html（2013年8月27日アクセス）

EU環境法規制の概要と動向ホームページ　http://eudirective.net/（2011年1月6日アクセス）

ILOホームページ　http://www.ilo.org/public/japanese/region/asro/tokyo/down

loads/wow/6.pdf（2013 年 8 月 29 日アクセス）

International Business Times ホームページ　http://jp.ibtimes.com/articles/10139/20100919/60568.htm（2013 年 10 月 10 日アクセス）

SRI 社会的責任投資の基礎知識ホームページ　http://sri.kisokiso.info/030csrsri/csr/（2013 年 8 月 1 日アクセス）

Weblio ホームページ　http://www.weblio.jp/content/Rohs（2011 年 1 月 6 日アクセス）

イシイホームページ　http://www.ishi-i.co.jp/sustainability/menu4.html（2013 年 8 月 9 日アクセス）

キリンビールホームページ　http://www.kirin.co.jp/csr/kizuna/（2013 年 9 月 22 日アクセス）

サッポロ HD ホームページ　http://www.sapporobeer.jp/news_release/0000020570/index.html（2013 年 9 月 22 日アクセス）

ダブルストーンホームページ　http://www.w-stone.co.jp/shoproku.htm（2013 年 8 月 9 日アクセス）

トヨタ自動車ホームページ（トヨタ東日本学園の取り組みおよび写真転載）　http://www.toyota.co.jp/jpn/sustainability/csr/activities/society/feature/（2013 年 9 月 9 日アクセス）

トヨタ自動車ホームページ（ココロハコブプロジェクト）　http://www.toyota.co.jp/jpn/kokorohakobu/index.html（2013 年 9 月 9 日アクセス）

ニッセイ基礎研究所ホームページ　http://www.nli-research.co.jp/report/researchers_eye/2011/eye110513.html（2013 年 10 月 8 日アクセス）

ニューズウィーク日本版ホームページ　http://www.newsweekjapan.jp/stories/business/2010/06/post-1328.php（2013 年 10 月 10 日アクセス）

ファミリアホームページ　http://familiar-sendai.jimdo.com/（2013 年 10 月 4 日アクセス）

マルシェ・ジャポンセンダイホームページ（記事引用）　http://www.marche-sendai.net（2013 年 10 月 8 日アクセス）

マルシェ・ジャポンセンダイホームページ（写真引用）　http://www.marche-sendai.net/2011/07/28/（2013 年 10 月 16 日アクセス）

ロク・ファーム・アタラタホームページ　http://www.atalata.com/（2013 年 9 月 20

日アクセス）

味の素ホームページ　http://www.ajinomoto.com/jp/activity/csr/earthquake/（2013 年 9 月 11 日アクセス）

岩機ダイカスト工業ホームページ　http://www.iwakidc.co.jp/aboutus/access.html#a1（2013 年 8 月 12 日アクセス）

外務省ホームページ　http://www.mofa.go.jp/mofaj/gaiko/kankyo/sogo/kaihatsu.html（2013 年 9 月 6 日アクセス）

環境省ホームページ　http://www.env.go.jp/press/press.php?serial=6253（2011 年 1 月 26 日アクセス）

経済同友会ホームページ　http://www.doyukai.or.jp（2013 年 8 月 1 日アクセス）

厚生労働省ホームページ　http://www.mhlw.go.jp/stf/houdou/2r98520000032o5h.html（2013 年 9 月 20 日アクセス）

資生堂ホームページ　http://group.shiseido.co.jp/csr/shien_support/?rt_bn=130401fromcsrtoppc001（2013 年 9 月 10 日アクセス）

社会的責任に関する円卓会議ホームページ　http://sustainability.go.jp/forum/（2012 年 11 月 12 日アクセス）

仙台水産ホームページ　http://www.sendaisuisan.co.jp/grp_report/201103.html（2013 年 10 月 4 日アクセス）

高政ホームページ　http://www.takamasa.net/（2013 年 9 月 12 日アクセス）

中小企業庁ホームページ　http://www.chusho.meti.go.jp/koukai/chousa/chushoKigyouZentai9wari.pdf（2013 年 10 月 21 日アクセス）

帝国データバンクホームページ　http://www.tdb.co.jp/report/watching/press/pdf/s101201_10.pdf（2013 年 8 月 15 日アクセス）

東京大学 21 世紀 COE ホームページ　http://www.u-tokyo.ac.jp/coe/list23_j.html（2011 年 1 月 11 日アクセス）

統計局ホームページ　http://www.stat.go.jp/data/jigyou/2001/yougo.htm（2013 年 9 月 17 日アクセス）

東北電力ホームページ　http://www.tohoku-epco.co.jp/tomoni/onagawa_frk/（2013 年 11 月 10 日アクセス）

東洋経済新報社ホームページ　http://www.toyokeizai.net/corp/award/kankyo/k_14/index.php（2013 年 8 月 23 日アクセス）

東洋経済オンラインホームページ　http://toyokeizai.net/articles/-/5880/（2013 年 9 月 10 日アクセス）

特定非営利活動法人　ジャパン・プラットフォームホームページ　http://www.japanplatform.org/programs/sumatra/（2013 年 9 月 21 日アクセス）

特定非営利活動法人平和と安全ネットワークホームページ　http://www.jpsn.org/opinion/modern/475/（2013 年 8 月 8 日アクセス）

内閣府ホームページ　http://www.bousai.go.jp/jishin/syuto/taisaku_wg/5/pdf/（2013 年 8 月 28 日アクセス）

日本経済新聞社ホームページ　http://www.nikkei.co.jp/csr/pdf/latest/latest_eu15.pdf（2011 年 1 月 11 日アクセス）

日本経済団体連合会ホームページ　http://www.keidanren.or.jp（2013 年 8 月 1 日アクセス）

日本ブランド戦略研究所ホームページ　http://japanbrand.jp/dic/（2013 年 9 月 4 日アクセス）

日本貿易振興機構（JETRO）ホームページ　http://www.jetro.go.jp/world/japan/qa/export_12/04A-010733（2013 年 8 月 30 日アクセス）

農林水産省ホームページ（東日本大震災の被害状況）　http://www.maff.go.jp/j/pr/aff/1105/spe1_01.html（2013 年 8 月 19 日アクセス）

農林水産省ホームページ（高政万石の里　写真転載）　http://www.maff.go.jp/j/pr/aff/1203/koujou.html（2013 年 9 月 20 日アクセス）

東の食の会ホームページ　http://www.higashi-no-shoku-no-kai.jp（2013 年 11 月 19 日アクセス）

舞台ファームホームページ　http://butaifarm.co.jp/recruitment.html（2013 年 10 月 8 日アクセス）

復興大学ホームページ　http://www.fukkou-daigaku.jp/（2013 年 8 月 7 日アクセス）

みずほ情報総研ホームページ　http://www.mizuho-ir.co.jp/publication/report/2012/pdf/decentwork0719_01.pdf（2013 年 8 月 29 日アクセス）

三井物産ホームページ　http://www.mitsui.com/jp/ja/release/2012/1199370_3610.html（2013 年 9 月 22 日アクセス）

三菱商事ホームページ　http://www.mitsubishicorp.com/jp/ja/pr/archive/2013/html/0000018471.html（2013 年 9 月 21 日アクセス）

森トラストホームページ　http://www.mori-trust.co.jp/pressrelease/2011/20110318_3.pdf（2012 年 9 月 14 日アクセス）

宮城県庁ホームページ（イラスト転載）　http://www.r-info-miyagi.jp/r-info/area/（2013 年 8 月 20 日アクセス）

宮城県庁ホームページ（市町村の被害状況）　http://www.pref.miyagi.jp/uploaded/attachment/222789.pdf（2013 年 8 月 20 日アクセス）

索　引

A-Z

BOP ……………………………………44, 69
BP …………………………………………187
COP 3 ……………………………………54
CSR ………………………………5, 21, 53, 184
　───総合ランキング・トップ 500
　　……………………………………………114
　───の制度化 ………………………36
　───のための欧州アライアンス …59
　───のためのグローバル・サリバン
　　原則 ………………………………66
　───ピラミッド ………………22, 189
　───ブーム ……………………………68
　───報告書 ……………………………29
　───ヨーロッパ ………………………60
CSV ………………………44, 108, 127, 185, 189
DHL ………………………………………84
ELV 指令 …………………………………59
FMS オーディオ ………………………180
G 250 企業 ………………………………39
GRI …………………………………………64
IHI …………………………………………91
ILO …………………………………………32
ISO ……………………………………33, 55
　───9000 ………………………………33
　───14000 ……………………………33
　───26000 ………………………33, 55, 70
JIS（日本工業規格）……………………50
JISZ 26000 ………………………………50
JR 東日本びゅう ………………………163
JX 日鉱日石エネルギー…………………91
JX 日鉱日石ホールディングス ………112
KPMG ……………………………………39
NHK ……………………………………152
NTT ドコモ ……………………………111
OECD ……………………………………53
　───多国籍企業行動指針 …………63
PFOS 規制 ………………………………59
REACH 規則 ……………………………59
RoHS 指令 ………………………………59
SA 8000 …………………………………66
SAI …………………………………………66
SRI …………………………………………64
TOPIX 1000 CSR ………………………71
TPP（環太平洋経済連携協定）………172
UNEP（国連環境計画）…………………65
WEEE 指令 ………………………………59
WTO ………………………………………34

ア

アイリスオーヤマ………………………172
アヴィナ……………………………………83
アカウンタビリティ……………………29
アグリードなるせ………………………173
味の素 …………………………………114, 122
麻生太郎 …………………………………71
アナン ……………………………………54
アパルトヘイト政策 ……………………65
阿部長商店 …………………………92, 136
愛子観光バス ……………………………139
アルバレダ ………………………………27
アングロ＝サクソン ……………………185
　───・モデル ………………………9
暗黙的 CSR …………………37, 146, 175, 185
イギリス政府 ……………………………27
イシイ ………………………………91, 147
一元的企業概念 …………………………28
1L for 10L プログラム …………………46
一般的な社会課題 ………………………41
出光興産 …………………………………112
岩機ダイカスト工業 ………………91, 140
インド洋津波 ……………………………84
ヴィラクル ………………………………85

ウェスティンホテル仙台 …………138	───市民 …………………………63
内から内へ ……………………………93	───内マルシェ ………………118
───のアプローチ ………………87	───の社会的責任（CSR）に関する
内へ向けた PR ………………………196	懇談会 ………………………………68
エクソン ………………………………65	───の二重性 ……………………10
───モービルジャパン …………112	───不祥事 ………………………23
エルキントン …………………………29	───倫理の制度化 ………………37
エンタープライズ 2020 ……………61	───論 ……………………………77
エンロン …………………………63, 186	木の屋石巻水産 ………………92, 137
オイル・ショック ……………………21	キャップ・アンド・トレード ……59
欧州委員会 ……………………………57	キャドベリー ………………………38
欧州排出権取引制度 …………………59	───委員会 ………………………50
近江商人 ………………………………38	キャロル＝ブックホルツ ……21, 189
雄勝無線 ………………………………143	競争環境の社会的次元 ………………41
オークヴィレッジ社 …………………79	競争優位 ………………………………36
女川町復興連絡協議会 ………………161	共通価値 ………………………………43
温室効果ガス …………………………54	京都議定書 ……………………………54
	キリンビール …………………91, 126
カ	ギールケ ………………………………8
会社法近代化指令 ……………………59	金銭支援 ………………………………104
カインズホーム ………………………149	クエーカー教徒 ………………………38
カゴメ …………………………………171	クリスチャン・エイド ……………186
課題事項 ………………………………30	グリーン・ウォッシュ ……………185
金型 ……………………………………141	グリーン・ペーパー …………………57
カーネギー ……………………………62	グループ化補助金 ……………………199
カネキチ阿部源食品 …………………137	グローバル・ガバナンス …26, 55, 191
株式会社論 ……………………………101	経営戦略 ………………………………36
株主総会 ………………………………104	警戒区域 ………………………………3
仮面の下で―企業の社会的責任の真相―	経済産業省 ……………………………68
…………………………………186	経済的責任 ………………22, 155, 190
カロンジュ ……………………………13	経済同友会 ……………………………70
環境省 …………………………………69	経団連企業行動憲章 …………………69
環境と開発に関する世界委員会 ……74	経団連 1％クラブ ……………………106
環境に責任を持つ経済のための連合 …65	気仙沼きぼう基金 ……………………124
環境報告書ガイドラインと GRI ガイド	ケーヒン ………………………………140
ライン併用の手引き ………………69	ゴーイング・コンサーン ……23, 190
企業 ……………………………………6	公害問題 ………………………………21
───概念 …………………………7	コカ・コーラ ………………………186
───家精神 ………………………170	国際連合 ………………………………53
───公器説 ………………………8	国際労働と企業の社会的責任部 ……63
───行動基準 ……………………37	国連グローバル・コンパクト …54, 185
───支配 …………………………8	国連責任投資原則 ……………………54

ココロハコブプロジェクト …………116
コーズ・プロモーション ………45, 113
コスモ石油 ……………………………112
コーズ・リレイテッド・マーケティング
　………………………………46, 113
コセキ …………………………………135
コトラー＝リー …………………………45
コーポレート・アイデンティティ ……84
コーポレート・ガバナンス …5, 19, 50, 68
コメリ …………………………………149
コールドチェーン ……………………167
コンプライアンス …………………23, 68

サ

サヴィニー ………………………………7
サステナビリティ・レポート …………29
サッポロ ………………………………127
サービス支援 …………………………107
サプライ・チェーン ……………141, 142
サリバン …………………………………65
　──原則 ……………………………65
さんいちファーム ……………………173
事業所 …………………………………97
事業承継 ………………………………134
事業ドメイン …………………………148
資生堂 ……………………………114, 119
持続可能な発展 …………………………30
支店経済都市 …………………………195
児童労働 ………………………………24
シムズ＝ブリンクマン ………………186
社会起業家 ………………………………79
社会貢献的責任 …………………………24
社会性 ……………………………………5
社会的企業 ………………………………47
社会的コーズ ……………………………45
社会的生産 ………………………………10
社会的責任投資フォーラム ……………64
社会的責任に関する円卓会議 …………71
社会的責任（持続可能な環境と経済）
　に関する研究会 ……………………69
社会的存在としての企業 …………8, 192
社会的損失 ………………………………63

社会的排除を根絶する欧州ビジネス宣言
　………………………………………57
社会民主主義 ……………………………56
写真救済プロジェクト ………………121
写真でつながるプロジェクト ………122
私有財産説 ………………………………7
私有財産としての企業 …………………7
受動的CSR ……………………………43
準公共的 ………………………………151
紹介予定派遣 …………………………133
消極倫理 …………………………………49
上場企業会計改革および投資家保護法
　（通称SOX法） ……………………63
昭和シェル石油 ………………………112
所有と経営の分離 ………………………8
白謙蒲鉾 ………………………………180
人材派遣 ………………………………104
新自由主義 ………………………………56
人的資源管理 ……………………………79
新日鉄住金 ……………………………91
人本主義企業 …………………………50
スカーレット＝ケリー …………………85
スクリーニング …………………………65
ステークホルダー ………6, 30, 153, 184
　──・エンゲージメント …………29
スマトラ島沖地震 ………………………84
政策文書（白書） ………………………57
セキュリティと人権に関する自発的規則
　………………………………………63
積極倫理 …………………………………49
ゼネラル・モータース …………………63
セレクティ ……………………………180
仙台水産 ………………………………132
仙台東部地域6次化産業研究会 ………171
仙台放送 ………………………………168
専門経営者 ………………………………8
戦略的CSR ……………………………43
戦略的フィランソロピー ……………111
総合ランキングNICES ………………71
組織スラック …………………………194
ソーシャル・イノベーション ……47, 79
ソーシャル・キャピタル ………………3

ソーシャル・ビジネス ……………47
ソーシャル・マーケティング ………46
外から内へ …………………………93
　　――のアプローチ ……………87
外へ向けた PR ……………………196
ソニー …………………………91, 126
ソフトバンク ………………………111
ソフトロー …………………………55

タ

第 1 次サプライヤー（Tier 1）……140
ダイカスト …………………………141
第 2 次サプライヤー（Tier 2）……140
ダイバーシティ ………………46, 119
太平洋セメント ……………………91
ダウ・ジョーンズ・サステナビリティ・
　インデックス ……………………64
高政 ……………………………91, 158
多元的企業概念 ……………………28
脱私化 ………………………………8
谷本寛治 ……………………………28
ダブルストーン ……………………148
地域再投資法 ………………………63
地域社会 ………………3, 32, 44, 146
地買地消 ……………………………162
チャリティ …………………………107
中堅企業 ……………………………147
チョン ………………………………84
ディスクロージャー ………………65
ディーセント・ワーク ……………32
デューコム …………………………112
天道木工 ……………………………180
東京証券取引所 ……………………71
東京電力 ……………………………2
東北学院大学 ………………………1
東北大学 ………………………97, 197
東北放送 ……………………………152
東北 ROKU プロジェクト …………134
トデシニ ……………………………86
トーマス＝フリッツ ………………84
豊田章男 ……………………………114
トヨタ自動車 ……………114, 125, 140
　　――東日本 ………………114, 125
トヨタ東日本学園 …………………115
トリプル・ウィン …………………28
トルコ東部地震 ……………………84
ドロール ……………………………57

ナ

ナショナル・コンタクト・ポイント …63
南海トラフ大地震 …………………12
21 世紀宣言 …………………………71
二重ローン …………………………197
日経 225 社 …………………………106
日産自動車 …………………………140
日本 IBM ……………………………171
日本経営学会 ………………………5
日本経団連 ……………24, 67, 69, 104
日本精機 ……………………………140
日本製紙 ………………………91, 125
日本ワークショップチェーン ……156
農業生産法人 ………………………165
ノードストローム …………………46

ハ

パキスタン洪水 ……………………84
ハードロー …………………………55
バーリ＝ミーンズ …………………19
バリュー・チェーン …41, 111, 114, 192
　　――の社会的影響 ……………41
バリュー・プロポジション ………44
バルディーズ原則 …………………65
バローゾ ……………………………60
ハローワーク ………………………136
東の食の会 …………………………170
被災地企業 …………4, 90, 132, 190
ピースミール ………………………12
ビッグ・ビジネス …………………8
非被災地企業 …………4, 78, 90, 189
ヒューレックス ……………………133
ピンク・リボン活動 ………………135
ファミリア …………………………134
フィランソロピー …21, 24, 43, 62, 118, 143
風化 …………………………………2

索　引 | 223

風評被害……………………118, 159
フェイスブック………………………113
福島第 1 原子力発電所…………………2
富士フイルム………………114, 121
舞台アグリイノベーション………172
舞台ファーム………………………165
復興大学………………………………1
物資提供……………………………104
プライベート・ブランド…………169
ブラウン……………………………187
ブランド・ポジショニング…………45
ブリティッシュ・アメリカン・タバコ 186
フリードマン…………………25, 191
ブルー・ウォッシュ………………185
プロクター・アンド・ギャンブル…113
粉飾された倫理……………………186
ヘイワード…………………………187
ベン・アンド・ジェリーズ…………46
法人擬制説……………………………7
法人事業税…………………………195
法人実在説……………………………8
法人（格）……………………………6
法律的責任……………………………23
ポーター＝クラマー……………41, 189
ボッシュ……………………………140
ボートライト…………………………27
堀尾製作所……………………91, 142
ボルビック……………………………46
ホンダ………………………………140

マ

埋没コスト…………………………115
マーケティング・ミックス…………46
マッチング・ギフト………………107
マルシェ・ジャポンセンダイ……168
マルチステークホルダー・フォーラム
　………………………………27, 58
マルチステークホルダー・プロセス…34

万石の里……………………………158
みちさき……………………………171
三井物産……………………………126
三菱自動車……………………………67
三菱商事……………………107, 124
南三陸ホテル観洋…………………138
宮城県北部地震……………………142
宮城交通……………………………139
みやぎ発展税………………………195
みやぎ復興パーク…………………126
未来椿プロジェクト………………120
ムーン…………………………………37
明示的CSR……………………37, 185
メガソーラー………………………126
メセナ……………………………21, 24

ヤ

ヤマト運輸…………………………111
ヤマニシ………………………………92
有効求人倍率………………………134
雪印乳業………………………………67

ラ

ラウントリー…………………………38
リスボン戦略2010……………………57
リーマン・ショック……126, 141, 158
倫理的責任……………………………24
レピュテーション……………………64
ロイヤル・ダッチ・シェル………186
6 次産業………………………134, 165
ロックフェラー………………………62
ロビンソン・クルーソー……………6
ロレアル……………………………113

ワ

ワークマン…………………………148
1％（ワンパーセント）クラブ………24

《著者紹介》

矢口義教（やぐち・よしのり）

2008年3月	明治大学大学院経営学研究科博士後期課程修了。博士（経営学）。
2008年4月	明治大学経営学部兼任講師。
2009年4月	富山短期大学経営情報学科講師。
2011年4月	東北学院大学経営学部講師。
2012年4月	東北学院大学経営学部准教授。
2018年4月	東北学院大学経営学部教授（現在に至る）。

主要著書

『EU企業論―体制・戦略・社会性―』（共著）中央経済社，2008年。
『コーポレート・ガバナンスと企業倫理の国際比較』（共著）ミネルヴァ書房，2010年。
『経営学概論』（共著）創成社，2011年。
『現代CSR経営要論』（共著）創成社，2011年。
『おもてなしの経営学〔理論編〕―旅館経営への複合的アプローチ―』（共著）創成社，2012年。
『よくわかる環境経営』（共著）ミネルヴァ書房，2014年。
『現代経営組織要論』（共著）創成社，2017年。
『地方創生のビジョンと戦略』（共著）創成社，2017年。

（検印省略）

2014年3月20日 初版発行
2015年9月20日 二刷発行
2018年4月20日 三刷発行
2021年4月20日 四刷発行

略称－震災と企業

震災と企業の社会性・CSR
― 東日本大震災における企業活動とCSR ―

著　者　矢口義教
発行者　塚田尚寛

発行所　東京都文京区春日2-13-1　株式会社　創成社

電　話　03（3868）3867　　FAX　03（5802）6802
出版部　03（3868）3857　　FAX　03（5802）6801
https://www.books-sosei.com　　振替　00150-9-191261

定価はカバーに表示してあります。

©2014 Yoshinori Yaguchi　　組版：緑舎　印刷：エーヴィスシステムズ
ISBN978-4-7944-2433-4 C3034　製本：宮製本所
Printed in Japan　　落丁・乱丁本はお取り替えいたします。

―――――― 経 営 選 書 ――――――

震災と企業の社会性・CSR ―東日本大震災における企業活動とCSR―	矢 口 義 教	著	2,400 円
おもてなしの経営学［実践編］ ―宮城のおかみが語るサービス経営の極意―	東北学院大学経営学部 おもてなし研究チーム みやぎ おかみ会	編著 協力	1,600 円
おもてなしの経営学［理論編］ ― 旅館経営への複合的アプローチ ―	東北学院大学経営学部 おもてなし研究チーム	著	1,600 円
おもてなしの経営学［震災編］ ―東日本大震災下で輝いたおもてなしの心―	東北学院大学経営学部 おもてなし研究チーム みやぎ おかみ会	編著 協力	1,600 円
東北地方と自動車産業 ―トヨタ国内第3の拠点をめぐって―	折 橋 伸 哉 目 代 武 史 村 山 貴 俊	編著	3,600 円
スマホ時代のモバイル・ビジネスと プ ラ ッ ト フ ォ ー ム 戦 略	東 邦 仁 虎	編著	2,800 円
テ キ ス ト 経 営 ・ 人 事 入 門	宮 下 　 　 清	著	2,400 円
知識経営時代のマネジメント ― 経 営 学 の フ ロ ン テ ィ ア ―	中 山 　 　 健 丹 野 　 　 勲 宮 下 　 　 清	著	2,400 円
経 　 営 　 戦 　 略 ― 環 境 適 応 か ら 環 境 創 造 へ ―	伊 藤 賢 次	著	2,000 円
転職とキャリアの研究 ― 組織間キャリア発達の観点から ―	山 本 　 　 寛	著	3,200 円
昇 　 進 　 の 　 研 　 究 ―キャリア・プラトー現象の観点から―	山 本 　 　 寛	著	3,200 円
イ ノ ベ ー シ ョ ン と 組 織	首 藤 禎 史 伊 藤 友 章 平 安 山 英 成	訳	2,400 円
経営情報システムとビジネスプロセス管理	大 場 允 晶 藤 川 裕 晃	編著	2,500 円
グローバル経営リスク管理論 ―ポリティカル・リスクおよび異文化 　　　ビジネス・トラブルとその回避戦略―	大 泉 常 長	著	2,400 円

（本体価格）

―――――― 創 成 社 ――――――